ALFONS SCHMID

Möglichkeiten und Probleme der fiskalpolitischen Effizienzkontrolle

Volkswirtschaftliche Schriften

Herausgegeben von Dr. J. Broermann, Berlin

Heft 226

Möglichkeiten und Probleme der fiskalpolitischen Effizienzkontrolle

Von

Dr. Alfons Schmid

DUNCKER & HUMBLOT / BERLIN

Gedruckt 1975 bei Bartholdy & Klein, 1 Berlin 65
Printed in Germany
ISBN 3 428 03330 2

Inhaltsverzeichnis

Tabellenverzeichnis

Abbildungsverzeichnis

Einleitung

Die Ansichten über die stabilisierenden oder destabilisierenden Wirkungen der in praxi betriebenen Fiskalpolitik sind in der Wissenschaft und in der interessierten und kritischen Öffentlichkeit geteilt. Die Möglichkeiten der fiskalpolitischen Stabilisierung werden daher unterschiedlich beurteilt. Worauf ist die unterschiedliche Beurteilung zurückzuführen? Die Gründe hierfür sind vielfältiger Natur. Ein wesentlicher Grund liegt in der unzureichenden Information über die konjunkturellen Wirkungen der Haushaltspolitik.

Zur Verbesserung der Informationsgrundlagen über die Fiskalwirkungen und zur Erhöhung der fiskalpolitischen Effizienz wurden in verschiedenen Ländern im letzten Jahrzehnt eine Anzahl an Meßkonzepten entwickelt. Mit diesen Budgetkonzepten sollen das Verständnis der Öffentlichkeit für fiskalpolitische Probleme erhöht, die Beurteilung erleichtert und die Erfolgsbedingungen der Fiskalpolitik verbessert werden[1]. Entsprechend dieser, auf die praktische Verwendbarkeit abgestellten Zielsetzungen versuchen diese Konzepte, anhand einer Kennziffer die konjunkturellen Wirkungen des öffentlichen Haushalts zu erfassen. Diese eindimensionale Messung[2] soll dem Bedürfnis der politisch Verantwortlichen und der Öffentlichkeit Rechnung tragen, durch ein einfaches und „korrektes" Konzept eine verbesserte Grundlage für die Beurteilung der Fiskalpolitik zu erhalten.

In der Bundesrepublik ist erst in jüngster Zeit ein zunehmendes Interesse an den Möglichkeiten und Problemen der eindimensionalen Messung festzustellen. Daher haben die in anderen Ländern entwickelten Konzepte und die Erfahrungen, die mit einigen von ihnen bei der praktischen Verwendung gemacht wurden, bisher keinen breiteren Niederschlag in der Diskussion gefunden. Die Möglichkeiten und Probleme, denen die Schätzung der konjunkturellen Wirkungen öffentlicher Haushalte auf der Grundlage dieser einfachen Budgetkonzepte begegnet, sind noch nicht ausführlich analysiert worden.

Die vorliegende Arbeit beschäftigt sich mit diesen Aspekten der Fiskalpolitik. Es wird ein Überblick über die Entwicklung und den

---

[1] Vgl. W. *Lewis* jr. (Hrsg.), Budget Concepts for Economic Analysis, Washington 1968, S. 6 f.

[2] Vgl. O. *Gandenberger*, Zur Messung der konjunkturellen Wirkungen öffentlicher Haushalte, Tübingen 1973, S. 23.

gegenwärtigen Stand der Diskussion der einzelnen Budgetkonzepte gegeben, und es werden die Probleme analysiert, die sich bei der empirischen „Auffüllung“ ergeben. Die Herausarbeitung der Möglichkeiten und Grenzen dieses mit den Budgetkonzepten angestrebten, einfachen Meßanspruchs gestattet die Beantwortung der Frage, ob damit die Beurteilung der Fiskalpolitik verbessert, die öffentliche Diskussion versachlicht und die fiskalpolitischen Erfolgsbedingungen erhöht werden.

Aus dieser Zielsetzung ergibt sich die Vorgehensweise in der vorliegenden Untersuchung. Zuerst werden die einzelnen Konzepte und ihre Entwicklung dargestellt. Die kritische Würdigung der einzelnen Budgetkonzepte richtet sich darauf, ob die Maßstäbe methodisch und empirisch so weit abgesichert sind, daß bei einer Übernahme in die Praxis die fiskalpolitische Effizienz gegenüber den bisher verwandten Konzepten erhöht wird. Die folgende Diskussion der Problembereiche, denen die Operationalisierung der Budgetkonzepte begegnet, erfolgt im Spannungsfeld zwischen den theoretischen Anforderungen und den empirischen Beschränkungen. Den theoretischen Hintergrund bildet die „Theory of Fiscal Policy“[3], auf die hier nicht näher einzugehen ist. Bei der Analyse der empirischen Probleme wird auf vorhandene Untersuchungen zurückgegriffen oder es werden eigene Berechnungen durchgeführt, um die Praktikabilität der Budgetkonzepte überprüfen zu können.

Die vorliegende Untersuchung bleibt auf die Analyse der Nachfrageeffekte beschränkt. Es werden nur die Möglichkeiten diskutiert, die konjunkturellen Wirkungen der Haushaltspolitik auf die binnenwirtschaftlichen Ziele, die Vollbeschäftigung und die Stabilität des Preisniveaus, zu schätzen. Einflüsse auf das außenwirtschaftliche Gleichgewicht bleiben ebenso unberücksichtigt wie die Rückwirkungen auf das Produktionspotential. Die Effekte anderer wirtschaftspolitischer Maßnahmen werden nicht in die Analyse einbezogen. Die Arbeit ist auf eine kritische Diskussion der Möglichkeiten und Grenzen des mit den Budgetkonzepten intendierten Meßanspruchs beschränkt. Ein neues Konzept wird nicht entwickelt.

Der Aufbau der Arbeit ergibt sich aus der gewählten Problemstellung. Im ersten Kapitel werden die in einzelnen Ländern entwickelten Budgetkonzepte dargestellt und kritisiert. Darüber hinaus wird, ausgehend von den bisher in der Praxis verwandten Konzepten, die Entwicklung dieser Maßstäbe aufgezeigt. Das zweite Kapitel hat eine detaillierte Analyse des Konzepts des konjunkturneutralen Haushalts,

---

[3] Vgl. z. B. *A. T. Peacock, G. K. Shaw*, The Economic Theory of Fiscal Policy, London 1971.

der vom Sachverständigenrat zur Begutachtung der gesamtwirtschaftlichen Entwicklung vorgestellt wurde, zum Gegenstand. Am konjunkturneutralen Haushalt werden die Probleme expliziert, denen die Konzipierung eines der stabilitätspolitischen Zielsetzung adäquaten Budgetkonzepts begegnet.

Erstes Kapitel

Die Entwicklung der Budgetkonzepte

Das folgende Kapitel gibt einen Überblick über die in den USA und in Holland anzutreffenden Budgetmaßstäbe. Die einzelnen Konzepte werden in ihren Grundzügen dargestellt und hinsichtlich ihrer Aussagefähigkeit und Brauchbarkeit für die praktische Fiskalpolitik einer kritischen Würdigung unterzogen.

Nach einem kurzen Abriß der verschiedenen Budgeteffekte wird auf das klassische Prinzip des jährlichen Budgetausgleichs eingegangen. Dann erfolgt eine Diskussion der Saldentheorie. Aus der Kritik der Saldentheorie wurde das Konzept des Vollbeschäftigungsüberschusses entwickelt. Einwände gegen diesen Maßstab führten zur Konzipierung des Fiskalstimulus und des finanzpolitischen Hebels. Das Konzept der „fiscal adequacy" sowie der „pure-cycle"-Maßstab sind Weiterentwicklungen des finanzpolitischen Hebels. Eine Modifizierung des „pure-cycle"-Ansatzes erfolgt beim Konzept der potentiellen Stabilisierung. Die beiden holländischen Konzepte der strukturellen Budgetregel und des Budgetimpulses entstanden ebenfalls aus der Kritik der Saldentheorie.

1. Kurzer Abriß der Budgeteffekte

Die finanzwissenschaftliche Literatur unterscheidet verschiedene Arten von Budgeteffekten[1]. Da mit den einzelnen Konzepten zum Teil verschiedene Fiskaleffekte geschätzt werden, wird zur Verdeutlichung eine kurze Darstellung der einzelnen Budgeteffekte im Gesamtzusammenhang gegeben.

Zur Illustration dient das folgende einfache Modell:

$$Y = C + I + A$$

$$C = cY_d$$

$$Y_d = Y - T$$

$$T = t \cdot Y$$

[1] Vgl. z. B. *A. T. Peacock, G. K. Shaw*, The Economic Theory of Fiscal Policy, S. 188 ff.; *A. Lindbeck*, Fiscal Policy as a Tool of Economic Stabilization, „Kyklos", Bd. 23 (1970), S. 7 ff.

Daraus folgt für die Definitionsgleichung:

$$Y = \frac{1}{1 - c}(I + A - ctY)$$

Nach totaler Differentiation ergibt sich, wenn $dI = 0$ gesetzt wird:

$$dY = \frac{1}{1 - c}(dA - ctdY - cYdt) \tag{1}$$

Hierbei bedeuten:

Y = Sozialprodukt
C = Konsumausgaben
I = Investitionsausgaben
A = Staatsausgaben
Y_d = verfügbares Einkommen der Privaten
T = Steueraufkommen
c = marginale Konsumquote
t = Grenzsteuersatz

Aus Gleichung (1) lassen sich die verschiedenen Arten der Budgeteffekte ohne Schwierigkeiten herauslesen. Die Größen dA und $cYdt$ in der Klammer auf der rechten Seite der Gleichung zeigen den direkten Effekt oder *Primäreffekt* („first round effect") auf das Sozialprodukt an, der sich aus einer Veränderung der Staatsausgaben und/oder des Steuersatzes ergibt. Der Primäreffekt erfaßt die sofortigen Nachfragewirkungen, die mit einer Variation der staatlichen Parameter verbunden sind.

Der Multiplikator bestimmt die Größe des indirekten oder *Sekundäreffektes.* Seine Wirkung auf die Gesamtnachfrage erstreckt sich auf einen längeren Zeitraum. Die Länge des Zeitraums hängt von den institutionellen Gegebenheiten, wie z. B. den Ausgabegewohnheiten der Wirtschaftssubjekte ab. Der *Gesamteffekt* der Budgetwirkungen berechnet sich aus dem Produkt von direktem und indirektem Effekt (Multiplikand mal Multiplikator). Eine Beschränkung der Untersuchung auf die direkten Nachfragewirkungen (Primäreffekt) des öffentlichen Haushalts wird als Multiplikandenanalyse bezeichnet, während die Einbeziehung der Multiplikatoreffekte eine Multiplikatoranalyse indiziert[2].

Von wesentlicher Bedeutung für eine rationale Fiskalpolitik ist die Unterscheidung zwischen diskretionären und automatischen Effekten. *Diskretionäre* Wirkungen ergeben sich dann, wenn die staatlichen Akteure aufgrund von fallweisen Entscheidungen ihre Aktionsparameter verändern[3]. Nach Gleichung (1) führt die Veränderung der Staatsausgaben dA und des Steuersatzes dt zu diskretionären Effekten auf

---

[2] Vgl. *A. Lindbeck*, Fiscal Policy as a Tool of Economic Stabilization, S. 8 ff.

[3] Vgl. *F. Neumark*, Ermessensfreiheit oder Automatismus?, Zürich 1971, S. 4.

die Gesamtnachfrage[4]. dA und $cYdt$ zeigen den direkten Effekt einer diskretionären Veränderung an. Das Produkt aus dem diskretionären direkten Effekt mit dem Multiplikator ergibt den diskretionären Gesamteffekt.

Der *automatische* Effekt kennzeichnet die Nachfragewirkungen des öffentlichen Haushalts, die sich bei gleichbleibendem Steuerrecht ohne ad-hoc-Maßnahmen ergeben[5]. Bekanntestes Beispiel ist die „built-in-flexibility“. $ctdY$ in Gleichung (1) zeigt den automatischen direkten Effekt an. In $ctdY$ kommt die passive Flexibilität[6] der Besteuerung zum Ausdruck. In Gleichung (1) erscheint $ctdY$ nur aus analytischen Gründen auf der rechten Seite der Gleichung, um die einzelnen Budgeteffekte zeigen zu können. Durch Umformen erhält man die aus der Theorie der Fiskalpolitik bekannte Form:

$$dY = \frac{1}{1 - c + ct}(dA - cYdt) \tag{1 a}$$

2. Der jährliche Budgetausgleich

Die klassische Finanzwissenschaft verlangt einen jährlichen Ausgleich des öffentlichen Haushalts[7]. Der in der Klassik dem Staat zugewiesene Aufgabenkatalog, wie z. B. die Sicherungsfunktion nach außen, bestimmt die Höhe der staatlichen Ausgaben. Die für das jeweilige Haushaltsjahr bewilligten Ausgaben sind voll durch reguläre Einnahmen aus Steuern, sonstigen Abgaben und Vermögenserträgen zu finanzieren. Nach dem Postulat des jährlichen Budgetausgleichs soll sich weder ein Haushaltsdefizit noch ein -überschuß ergeben. Weicht die tatsächliche Einnahmenentwicklung von den Vorausschätzungen ab, so sind entsprechend dem klassischen Prinzip die Steuern oder sonstigen Abgaben entweder zu erhöhen oder zu senken. Für die Besteuerung gilt das Neutralitätspostulat. Danach ist die Besteuerung so zu gestalten, daß der Marktmechanismus in seiner Funktionsweise möglichst nicht beeinträchtigt wird.

---

[4] Einige Autoren bezweifeln den diskretionären Charakter der Staatsausgaben und rechnen sie zumindest für den nominalen Bereich den automatischen Effekten zu. Vgl. *W. Albers*, Automatische Stabilisierungswirkung, in: H. C. Recktenwald (Hrsg.), Finanzpolitik, Köln—Berlin 1969, S. 282 f.

[5] Vgl. *F. Neumark*, Grundsätze gerechter und ökonomisch rationaler Steuerpolitik, Tübingen 1970, S. 284.

[6] Im Zusammenhang mit den diskretionären Effekten spricht Neumark von der aktiven Flexibilität. Vgl. S. 283 ff.

[7] Vgl. hierzu *J. Burkhead*, The Balanced Budget, in: Readings in Fiscal Policy, London 1955, S. 3 ff.; Vgl. auch H. Haller, Finanzpolitik, 4. Aufl., Tübingen—Zürich 1968, S. 151 ff.

In ökonomischer Sicht entsprach das Postulat des jährlichen Budgetausgleichs dem klassischen System. Danach führt die ‚unsichtbare Hand' des Marktmechanismus zur Vollausnutzung der vorhandenen Ressourcen. Das System tendiert zum Vollbeschäftigungsgleichgewicht. Unter dieser Voraussetzung ist die Forderung nach einem jährlichen Ausgleich des Haushalts nur konsequent. Eine Ausdehnung der öffentlichen Ausgaben erfordert eine entsprechende Beschränkung der privaten Nachfrage, soll eine inflationäre Entwicklung vermieden werden. Daher lehnten die Vertreter der klassischen Finanzpolitik die Finanzierung mit Notenbankkredit grundsätzlich ab. Aber auch die Verschuldung beim privaten Publikum stößt auf Ablehnung. Die jetzigen Steuerzahler würden dadurch als Nutznießer der mit den Krediten finanzierten zusätzlichen Staatsleistungen zu Lasten künftiger Generationen bevorzugt. Außerdem führt die Kreditaufnahme des Staates bei den Privaten unter der Prämisse der Vollbeschäftigung dazu, daß die privaten Investitionen zurückgedrängt werden. Dies steht zu der klassischen Auffassung im Widerspruch, nach der die staatliche Aktivität „unproduktiver" als die privatwirtschaftliche Tätigkeit ist.

Abweichungen vom Prinzip des jährlichen Haushaltsausgleichs sind lediglich in einigen Sonderfällen zugelassen[8]. In Kriegszeiten sollen die erhöhten Staatsausgaben durch Kredite finanziert werden, um die jetzige Generation wenigstens teilweise zu entlasten. Eine weitere Ausnahme bezieht sich auf rentable öffentliche Investitionen. Der Zinsendienst und die Tilgung sind aus den Erträgen dieser Investitionen zu finanzieren.

Das klassische Budgetkonzept ist primär an der Allokationsfunktion ausgerichtet. Das Budgetvolumen bestimmt die Aufteilung der vorhandenen Ressourcen auf den privaten und öffentlichen Sektor. Es ist durch reguläre Einnahmen zu finanzieren. Damit erfolgt eine Umlenkung der Produktionsfaktoren in den öffentlichen Bereich.

Analysiert man das klassische Budgetkonzept auf dem Hintergrund der modernen Kreislauftheorie, so ist es in stabilitätspolitischer Hinsicht nur dann zieladäquat, wenn die Prämisse des Vollbeschäftigungsgleichgewichts zutrifft. Da sich die wirtschaftliche Entwicklung tatsächlich unter ständigen Schwankungen vollzog, war die Bedingung für den jährlichen Ausgleich des Budgets nicht erfüllt. Bei einem zyklischen Wirtschaftsablauf unterliegt das Steueraufkommen, Konstanz des Steuersystems vorausgesetzt, ständigen Schwankungen. Unter den strengen Bedingungen des klassischen Deckungsprinzips müssen bei einem Kontraktionsprozeß entweder die Staatsausgaben reduziert und/oder die Steuern erhöht werden. Im Boom ist dementsprechend

[8] Vgl. *H. Haller*, Finanzpolitik, S. 152 f.

eine Ausdehnung der staatlichen Nachfrage und/oder eine Steuersenkung erforderlich. Damit werden aber die im privaten Bereich erzeugten Wirtschaftsschwankungen sowohl im Expansions- als auch im Kontraktionsprozeß verstärkt.

Ein Verhalten des Staates nach der Maxime des jährlich ausgeglichenen Budgets führt zu der bekannten Parallelpolitik. Eine solche Parallelpolitik muß allerdings nicht immer destabilisierend wirken. In der Auf- und Abschwungsphase ist sie bis zum Erreichen des Vollbeschäftigungsgleichgewichts erwünscht. Geht die wirtschaftliche Entwicklung über diesen Punkt hinaus, dann wirkt die Parallelpolitik destabilisierend[9]. Eine Politik des ausgeglichenen Haushalts führt aber nicht dazu, daß mit Erreichen der Vollbeschäftigung vom klassischen Budgetprinzip abgegangen wird. Unter stabilitätspolitischem Gesichtspunkt ist daher der jährlich ausgeglichene Haushalt ein ungeeignetes Budgetkonzept.

Warum dieses Prinzip nicht bereits vor der Weltwirtschaftskrise zu einer Katastrophe führte, wird dahingehend beantwortet, daß die Interdependenz zwischen Staat und Privatwirtschaft noch relativ gering war. Außerdem verfügte die Marktwirtschaft noch über eine größere Elastizität und überwand deshalb die Krisen schneller. Schließlich wurde die Politik des ausgeglichenen Budgets nicht bis zur letzten Konsequenz durchgehalten[10].

3. Die Saldenorientierung

Ein grundlegender Wandel vollzog sich im finanzwissenschaftlichen Denken mit der Abkehr von den klassischen Deckungsprinzipien und der Hinwendung zur Politik des unausgeglichenen Budgets. In diesem Wandel kommt die veränderte Aufgabenstellung des öffentlichen Sektors zum Ausdruck. Die Stabilisierungsfunktion des Staates rückte in den Vordergrund. Maßstab für diesen neuen Aufgabenbereich ist der Budgetsaldo.

3.1 Die diagnostische Basis

Die aus dem Postulat des jährlichen Haushaltsausgleichs folgende Parallelpolitik des Staates war eine der wesentlichen Ursachen dafür,

---

[9] Vgl. *H. Haller*, Bemerkungen zur sogenannten Parallelpolitik der öffentlichen Hand, „Jahrbuch für Nationalökonomie und Statistik", Bd. 180 (1967), S. 164 ff.

[10] Vgl. *F. Neumark*, Grundsätze und Arten der Haushaltsführung und Finanzbedarfsdeckung, in: Handbuch der Finanzwissenschaft, Bd. I, 2. Aufl., Tübingen 1952, S. 615.

daß die Weltwirtschaftskrise, die bisher schwerste Erschütterung des marktwirtschaftlichen Systems, nicht früher überwunden wurde. Das Verhalten des öffentlichen Sektors, auf die konjunkturell bedingten Mindereinnahmen mit Ausgabenkürzungen und/oder Steuererhöhungen zu reagieren, führte zu einer Verschärfung der krisenhaften Entwicklung.

Die Erfahrungen mit der Weltwirtschaftskrise zerstörten den Glauben an die selbstregulierenden Kräfte des Marktmechanismus. Das marktwirtschaftliche System konnte mit seinen Grundpfeilern, dem Egoismus- und Konkurrenzprinzip, aus sich heraus die Vollbeschäftigung nicht gewährleisten. Eine „Rettung" der Marktwirtschaft war nur möglich, wenn der Staat aktiv in den Wirtschaftsprozeß eingriff. Den hierzu notwendigen Wandel des öffentlichen Bewußtseins hatte die Weltwirtschaftskrise bewirkt.

Die theoretische Bewältigung der Weltwirtschaftskrise lieferte Keynes[11]. Er zeigte, daß vor allem wegen der institutionell bedingten Starrheit der Löhne und Preise nach unten und den unterschiedlichen Bestimmungsfaktoren der privaten Ersparnis und Investition auch ein Unterbeschäftigungsgleichgewicht möglich ist. Der Marktmechanismus kann von sich aus diese Unterbeschäftigung nicht überwinden. Nur der Staat hat die Möglichkeit, für die notwendige Nachfrageexpansion zu sorgen. Während dem Staat nach der „New Economics" die Niveausteuerung zufällt, hat der Marktmechanismus weiterhin für die mikroökonomische Allokation zu sorgen. Keynes schreibt:

> „Die zentralen Leitungen, die für die Sicherung von Vollbeschäftigung erforderlich sind, bringen natürlich eine Ausdehnung der überlieferten Aufgaben der Regierung mit sich. Außerdem hat die moderne klassische Theorie selbst die Aufmerksamkeit auf verschiedene Zustände gelenkt, in denen es notwendig sein mag, das freie Spiel der wirtschaftlichen Kräfte zu zügeln oder zu leiten. Aber es wird immer noch ein weites Feld für die Ausübung der privaten Initiative und Verantwortung bleiben. Innerhalb dieses Feldes werden die überlieferten Vorteile des Individualismus immer noch Geltung haben[12]."

3.2 Der „Saldenmechanismus"

Die Notwendigkeit der staatlichen Stabilisierungspolitik erforderte die Abkehr von der Politik des jährlich ausgeglichenen Haushalts. Als Meßkonzept zur Bestimmung der konjunkturellen Wirkungen diente der Budgetsaldo. Die Differenz zwischen den Staatsausgaben und -einnahmen gibt den nachfragewirksamen Budgeteffekt (*BS*) an:

---

[11] Vgl. *J. M. Keynes*, Allgemeine Theorie der Beschäftigung, des Zinses und des Geldes, Berlin 1966.

[12] Ebenda, S. 320.

(2) $$BS = T - A$$

Nach saldenorientierter Auffassung wirkt der öffentliche Haushalt expansiv, wenn die Staatsausgaben höher als die Einnahmen sind. Ein kontraktiver Effekt ergibt sich, wenn *BS* positiv ist, die Einnahmen also die Ausgaben übersteigen.

Aus der makroökonomischen Gleichgewichtstheorie kann die Höhe des Budgetsaldos ermittelt werden, die zur Aufrechterhaltung des Vollbeschäftigungsgleichgewichts erforderlich ist[13]:

(3) $$I_f = S_f + BS$$

Sind die Investitionen und die Ersparnis bei Vollbeschäftigung (I_f, S_f) bekannt, so kann die zur Aufrechterhaltung der Vollbeschäftigungssituation notwendige Höhe des Budgetsaldos bestimmt werden.

Einem im Zeitablauf gleichbleibendem Budgetsaldo wird ein unveränderter konjunktureller Nachfrageeffekt zugerechnet. So werden z. B. bei einem konstanten Haushaltsdefizit dem Kreislauf ständig in Höhe des Überschusses der Ausgaben über die Einnahmen mehr Mittel zugeführt als entzogen. Das Budget wirkt expansiv. Dieses einfache Saldenkonzept stellt einen groben Indikator für die Fiskalwirkungen dar. Die Multiplikandenbetrachtung, nach der die Nachfrageeffekte der Größe der Multiplikanden gleich sind, kann auf die Multiplikatoranalyse ausgedehnt werden, indem man neben den Primäreffekten auch die Sekundärwirkungen berücksichtigt.

Einem im Zeitablauf unveränderten absoluten Saldo können nur dann gleichbleibende Nachfrageeffekte zugeordnet werden, wenn *Y* ebenfalls konstant bleibt. Diese Voraussetzung trifft nicht zu. Eine Modifizierung des Saldenkonzepts besteht deshalb darin, den relativen Budgetsaldo als Quotient aus der absoluten Größe des Budgetsaldos und dem Sozialprodukt zu berechnen. Danach sind die Fiskalwirkungen unverändert, wenn der relative Budgetsaldo konstant bleibt.

Gegenüber der Vorperiode wirkt der öffentliche Haushalt nach dem einfachen Saldenkonzept expansiver, wenn sich der Ausgabenüberschuß erhöht hat oder der Einnahmenüberschuß kleiner geworden ist. Eine kontraktive Wirkung wird durch eine Verringerung des Budgetdefizits bzw. durch eine Erhöhung des Budgetüberschusses angezeigt. Für den relativen Budgetsaldo gelten die gleichen Überlegungen.

Die Schätzung der Budgetwirkungen auf der Grundlage des einfachen Saldenkonzepts soll kurz am Beispiel der Bundesrepublik illustriert werden. Als Budgetsaldo wird der in der Abgrenzung der Fi-

---

[13] Es wird unterstellt, daß Export und Import gleich groß sind.

nanzstatistik berechnete Nettofinanzierungssaldo für den konsolidierten öffentlichen Gesamthaushalt verwandt. Aus den öffentlichen Ausgaben und Einnahmen sind die nicht kreislaufwirksamen Transaktionen eliminiert[14]. Der Gesamthaushalt umfaßt die öffentlichen Gebietskörperschaften[15] und ist von Doppelzählungen bereinigt.

Abbildung 1

Die Entwicklung des Budgetsaldos und des Sozialprodukts in der Bundesrepublik, 1962—72 (in Mrd. DM bzw. in Wachstumsraten)

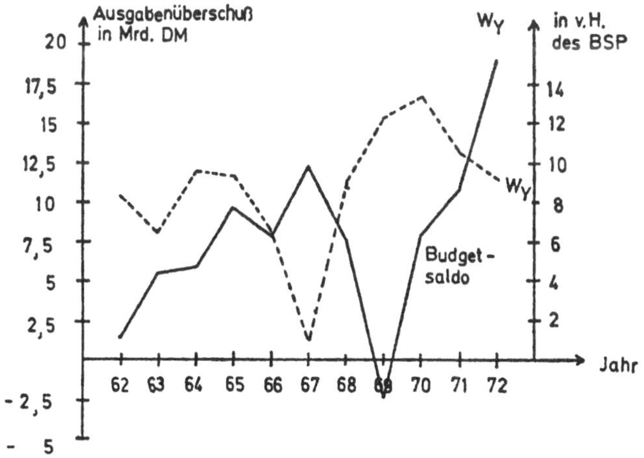

w_Y = Wachstumsrate des nominalen Bruttosozialprodukts

Quelle: Bundesministerium der Finanzen, Finanzbericht 1973, S. 36.

Eine Beurteilung der Haushaltspolitik legt nach Abbildung 1 den Schluß nahe, daß die öffentliche Hand nach dem Saldenkonzept im Beobachtungszeitraum im großen und ganzen eine antizyklische Fiskalpolitik betrieben hat. In Zeiten des Konjunkturabschwungs, wie z. B. 1967, ging von den Gebietskörperschaften gegenüber der Vorperiode ein expansiver Effekt aus. In den Aufschwungphasen verringerte sich,

---

[14] Ausgabenseite: Ohne Zuführung an Rücklagen und ohne Schuldentilgung, ohne Zahlungen an den Internationalen Währungsfonds und den Europäischen Fonds.

Einnahmenseite: Ohne Entnahme aus Rücklagen, Schuldenaufnahme am Kreditmarkt und bei den Trägern der Sozialversicherung, ohne Einnahmen aus dem Münzwesen, ohne Sonderkredite der Bundesbank für Kapitaleinzahlungen an den Internationalen Währungsfonds, ohne innere Darlehen der Gemeinden.

Einschließlich dem Saldo der durchlaufenden Mittel.

[15] Bund, Lastenausgleichsfonds, Öffa, ERP-Sondervermögen, Europäische Gemeinschaft, Länder, Gemeinden (Gemeindeverbände).

von einigen Ausnahmen, wie z. B. 1970, abgesehen, der absolute Ausgabenüberschuß. Das Budget wirkte kontraktiv.

Mit der hier durchgeführten Schätzung der konjunkturellen Wirkungen des öffentlichen Haushalts ist kein endgültiges Urteil über die Fiskalwirkungen für die Bundesrepublik in dem hier ausgewählten Zeitraum verbunden. Berechnungen auf der Basis anderer Budgetmaßstäbe haben teilweise zu völlig verschiedenen Ergebnissen geführt[16]. Außerdem hängt der konjunkturelle Nachfrageeffekt der Gebietskörperschaften davon ab, welchen Budgetsaldo man wählt[17].

3.3 Budgetkonzepte auf saldentheoretischer Grundlage

Die saldentheoretischen Überlegungen führten zu einer weitgehenden Einigkeit darüber, daß der Staat eine stabilitätspolitische Funktion erfüllen kann und soll[18]. Uneinigkeit bestand darüber, welchen Stellenwert die Stabilitätszielsetzung einnehmen sollte. Im folgenden werden kurz die zwei „Extrempositionen" angesprochen, das Prinzip des zyklischen Budgetausgleichs und das staatliche Verhalten auf der Grundlage der „Functional Finance".

3.3.1 Der zyklische Budgetausgleich

Das Postulat des zyklischen Budgetausgleichs („cyclically balanced budget") versucht zwei Zielsetzungen miteinander zu vereinbaren[19]. Es

---

[16] Vgl. *D. Biehl, G. Hagemann, K.-H. Jüttemeier, H. Legler*, Zu den konjunkturellen Wirkungen der Haushaltspolitik in der Bundesrepublik Deutschland 1960—1970, „Die Weltwirtschaft", Heft 2, 1971, S. 141; Zitierweise: BHJL, Zu den konjunkturellen Wirkungen der Haushaltspolitik. Vgl. auch das Jahresgutachten 1972 des Sachverständigenrates zur Begutachtung der gesamtwirtschaftlichen Entwicklung, Tabelle 28; Zitierweise: Jahresgutachten; *M. J. M. Neumann*, Zur relativen Bedeutung fiskalischer und monetärer Impulse, Evidenz vom Konjunkturzyklus 1967 bis 1971, „WSI-Mitteilungen", 26. Jhrg. (1973), Heft 1, S. 14 ff.

[17] Instruktiv sind hierzu die Ausführungen von Veselsky: „Wenn auch der Budgetsaldo Jahr für Jahr im Mittelpunkt der wirtschaftspolitischen Entscheidungen stand, waren doch die Saldenvorstellungen nicht immer dieselben. Das eine Mal bezogen sie sich auf die Gegenüberstellung von Gesamtausgaben und laufenden Einnahmen, ein anderes Mal auf ordentliche Ausgaben und Einnahmen. Manchmal war von laufender, Vermögens- oder Anleihensgebarung, dann wieder von wirksamer und unwirksamer, von Haushalts- und Kassengebarung, von Voranschlags- und Erfolgssalden und zuletzt von inlandseinkommenswirksamen und finanziellen Transaktionen die Rede. Hinter dem Begriff des Budgetsaldos verbirgt sich also entweder immer etwas anderes oder ein Chamäleon." *E. E. Veselsky*, Vom Saldenfetischismus zu rationaler Finanzpolitik, „Konjunkturpolitik", 13. Jhrg. (1967), S. 13.

[18] Vgl. *F. Neumark*, Grundsätze und Arten der Haushaltsführung und Finanzbedarfsdeckung, S. 636.

[19] Vgl. *G. Myrdal*, Fiscal Policy in the Business Cycle, in: Readings in Fiscal Policy, S. 67 ff.; Vgl. auch *H. Haller*, Finanzpolitik, S. 156 ff.

wird grundsätzlich am traditionellen Ausgleichsgedanken festgehalten. Die „klassische“ Allokationsfunktion des Staates und die Kontrollfunktion des Parlaments bleiben damit erhalten. Um das aus der Parallelpolitik folgende, prozyklische Verhalten zu vermeiden, soll das Budget nicht jährlich, sondern über einen Zyklus hinweg ausgeglichen werden. Die Defizite in der Depression sind durch die Überschüsse im Boom zu kompensieren.

Das Hauptproblem einer am Konzept des zyklischen Budgetausgleichs ausgerichteten Fiskalpolitik besteht darin, „to design formulas for public finance which, as part of the regular system, make room for defecit spending during depressions by securing the building up of corresponding surpluses in good years“[20]. Zur Lösung dieses Problems sind grundsätzlich zwei Varianten möglich.

Die erste Variante kommt den klassischen Deckungsprinzipien am nächsten[21]. Es steht nach wie vor das Ausgleichsprinzip im Vordergrund. Lediglich der Zeitraum wird auf einen Konjunkturzyklus ausgedehnt. In Abkehr von der Politik des jährlich ausgeglichenen Haushalts werden jedoch die sich aufgrund der konjunkturell bedingten Einnahmenschwankungen ergebenden automatischen Defizite und Überschüsse in Kauf genommen. Damit wird lediglich die Wirkungsweise der „built-in-flexibility“ zugelassen. Die Rolle des Staates bleibt weiterhin auf eine passive Funktion beschränkt. Eine aktive Beeinflussung des Konjunkturablaufs durch die öffentliche Hand wird abgelehnt.

Demgegenüber sind die Vertreter der zweiten Variante der Auffassung, daß die konjunkturellen Schwankungen nur durch eine aktiv betriebene Fiskalpolitik zu überwinden sind[22]. Hierzu können neben den einnahmepolitischen Aktionsparametern auch die Ausgaben antizyklisch variiert werden. Der sich automatisch ergebende Saldo soll bewußt durch Ausgabe- und/oder Einnahmevariationen vergrößert werden. Die in der Depression notwendige Verschuldung wird durch die im Boom entstehenden Überschüsse zurückgezahlt.

3.3.2 „Functional Finance“

Das Budgetkonzept der „Functional Finance“ bricht völlig mit den klassischen Deckungsprinzipien. Es zielt darauf ab, „that the government budget be used to promote macroeconomic objectives without

---

[20] G. *Myrdal*, Fiscal Policy in the Business Cycle, S. 72.

[21] Vgl. hierzu *F. Neumark*, Grundsätze und Arten der Haushaltsführung und Finanzbedarfsdeckung, S. 637.

[22] Vertreter dieser Richtung ist Myrdal.

regard to balance"[23]. Im Vordergrund steht die Stabilitätszielsetzung. Die allokative und distributive Funktion des Staates bleiben weitgehend unberücksichtigt. „The central idea is that government fiscal policy, its spending and taxing, its borrowing and repayment of loans, its issue of new money and its withdrawal of money, shall be undertaken with an eye only to the *results* of these actions on the economy and not to any established traditional doctrine about what is sound or unsound[24]."

Die Vertreter der „Functional Finance", nicht zuletzt von der Theorie der säkularen Stagnation[25] beeinflußt, fordern, daß der öffentliche Sektor immer den Saldo anstreben sollte, der erforderlich ist, um Vollbeschäftigung und Stabilität des Preisniveaus zu gewährleisten. Der Ausgleichsgedanke spielt hier keine Rolle mehr. Nach dieser Lehre des kompensatorischen Budgets[26] wird die ständige Zunahme der Staatsschuld nicht als nachteilig, sondern als Vorbedingung für eine konjunkturstabilisierende Fiskalpolitik angesehen.

3.4 Kritik der Saldentheorie

Ein wesentlicher Vorzug des Saldenkonzepts liegt in seiner Einfachheit. Anhand der Veränderungen des Budgetsaldos kann auf dem Hintergrund der wirtschaftlichen Situation beurteilt werden, ob die Fiskalpolitik stabilisierend oder destabilisierend gewirkt hat. Diese Einfachheit trug dazu bei, daß sich in Politik und Öffentlichkeit das Saldenkonzept weitgehend durchsetzen konnte. Dies trotz der erheblichen Mängel, denen der Budgetsaldo als Indikator der Fiskalwirkungen unterliegt.

Den schwerwiegendsten Mangel des Saldenkonzepts zeigte Brown in einem grundlegenden Beitrag auf[27]. Der Budgetsaldo ist keine Variable, die direkt verändert werden kann, sondern lediglich das Ergebnis einnahmen- und ausgabenpolitischer Maßnahmen des Staates[28]. Damit hängt aber die Höhe des Saldos nicht nur von den Aktions-

---

[23] *B. P. Herber*, Modern Public Finance, 3. Aufl., Homewood, Illinois 1968, S. 413.

[24] *A. P. Lerner*, Functional Finance and the Federal Debt in: Readings in Fiscal Policy, S. 469. Im Original hervorgehoben.

[25] Vgl. z. B. *A. H. Hansen*, Fiscal Policy and Business Cycles, New York—London 1941, S. 38 ff.

[26] Vgl. *F. Neumark*, Grundsätze und Arten der Haushaltsführung und Finanzbedarfsdeckung, S. 638 f.

[27] Vgl. *E. C. Brown*, Fiscal Policy in the ‚Thierties': A Reappraisal, „American Economic Review", Vol. 46 (1956), S. 857 ff.

[28] Vgl. z. B. *H. Haller*, Staatsbudgetsalden und Konjunktur, „Konjunkturpolitik", Bd. 7 (1961), S. 323.

parametern des staatlichen Sektors ab. Nur das Ausgabenniveau kann direkt festgelegt werden[29], während die Einnahmenseite nur indirekt über die Festlegung der Steuersätze, Bemessungsgrundlagen und Zahlungsmodalitäten zu beeinflussen ist. Das Einnahmevolumen hängt vom Niveau der gesamtwirtschaftlichen Aktivität ab. Diese Aussage sei kurz anhand der Abb. 2 erläutert.

Abbildung 2

Budgetsaldo und gesamtwirtschaftliche Aktivität

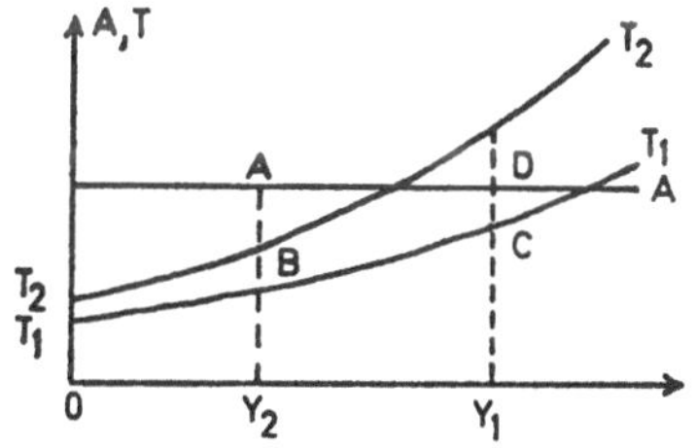

Die Staatsausgaben sind in Abb. 2 in einer bestimmten Größenordnung fixiert. T_1 und T_2 spiegeln zwei verschiedene Steuersysteme wider, von denen T_2 bei jeder Höhe des Volkseinkommens stärkere Entzugseffekte hat als T_1. Wie aus Abb. 2 zu ersehen ist, schwanken die Steuereinnahmen in Abhängigkeit von der Höhe des Sozialprodukts.

Der fundamentale Mangel des Saldenkonzepts besteht darin, daß ein einheitlicher Bezugspunkt fehlt. Budgetsalden bei unterschiedlicher Höhe des Volkseinkommens sind aber, wie eben gezeigt wurde, nicht vergleichbar. Nimmt man an, daß bei Y_1 das Steuersystem T_1 gegeben ist, bei Y_2 das Steuersystem T_2, so sind die entsprechenden Budgetsalden *CD* und *AB*. In saldentheoretischer Sicht würde T_2 expansiver wirken als T_1, da das Haushaltsdefizit *AB* in Y_2 größer ist als der Saldo *CD* in Y_1. Tatsächlich wirkt aber das Steuersystem T_1 durchgehend expansiver als T_2. Dies wird sofort ersichtlich, wenn man für beide Systeme als einheitlichen Bezugspunkt Y_1 oder Y_2 wählt. In beiden Fällen wirkt T_1 expansiver als T_2.

In den Budgetsalden schlägt sich neben der staatlichen Aktivität auch die gesamtwirtschaftliche Entwicklung nieder. Damit spiegelt aber der Saldo die Fiskalwirkungen des Budgets nur unzureichend wider. In Abschwungphasen gehen die Steuereinnahmen zurück. Hält der Staat sein Ausgabenniveau aufrecht, so vergrößert sich der Haushaltssaldo. Nach der Saldentheorie wirkt die öffentliche Hand expansiv. In Wirk-

---

[29] Eine Ausnahme bilden die konjunkturabhängigen Staatsausgaben. Bekanntes Beispiel ist die Arbeitslosenversicherung.

lichkeit wird nur der Konjunkturabschwung gedämpft. Ein expansiver Effekt im Sinne einer antizyklischen Fiskalpolitik tritt nicht ein.

Die Saldentheorie unterscheidet nicht zwischen der automatischen Reaktion des öffentlichen Haushalts auf die konjunkturelle Entwicklung und der aktiven Einflußnahme durch Variation der staatlichen Ausgaben- und Einnahmenparameter[30]. Diese Unterscheidung ist aber für die Stabilitätszielsetzung von besonderer Bedeutung: „To interpret the economic significance of a given budget it is, therefore, essential to distinguish the automatic changes in revenues and expenditures from the discretionary changes when the government varies tax rates or changes expenditures programs[31].“

Auf dem Hintergrund der hier vorgebrachten Kritik ist der Einwand zu verstehen, daß eine Orientierung der Fiskalpolitik am Budgetsaldo zu einem prozyklischen Verhalten des Staates führt[32]. Eine Verminderung des Saldos im Boom zeigt nach der Saldentheorie eine restriktive Haushaltspolitik an. Diese Verminderung kann jedoch Folge einer expansiven, also prozyklischen Fiskalpolitik sein. Eine Ausdehnung der Staatsausgaben in Boomzeiten führt zu einer überproportionalen Zunahme der Steuereinnahmen, da in der Regel die Aufkommenselastizität des Steuersystems größer als eins ist. Der Saldo wird geringer, obwohl sich die öffentliche Hand prozyklisch verhalten hat. Die nach Abb. 1 zu treffende Feststellung, daß in der Bundesrepublik der Staatshaushalt weitgehend antizyklisch wirkte, erhält nach dieser Kritik einen anderen Stellenwert. Die antizyklische Veränderung des Saldos kann gerade Folge einer prozyklischen Haushaltspolitik gewesen sein. Ein eindeutiges Urteil über die Rationalität der Fiskalpolitik läßt demnach das Saldenkonzept nicht zu.

Die Aussagefähigkeit des Saldenkonzepts wird auch dadurch beschränkt, daß in praxi die unterschiedlichen konjunkturellen Wirkungen auf der Ausgaben- und Einnahmenseite des Budgets nicht berücksichtigt werden. Die an die Entwicklung des Haavelmo-Theorems anknüpfende Diskussion[33] hat ergeben, daß in der Regel die konjunkturellen Effekte der staatlichen Ausgaben und Einnahmen verschieden sind.

---

[30] Diese Aussage ist nur für die zweite Variante (vgl. Abschnitt 3.1.1) gültig.

[31] *Council of Economic Advisers*, The Full Employment Surplus Concept, in: W. L. Smith, R. L. Teigen (Hrsg.), Readings in Money, National Income, and Stabilization Policy, Homewood, Illinois 1970, S. 331. Reprinted from the Annual Report 1962.

[32] Vgl. z. B. Jahresgutachten 1969, Ziff. 114.

[33] Vgl. *T. Haavelmo*, Multiplier Effects of a Balanced Budget, „Econometrica“, Bd. 13 (1945), S. 311 ff. Einen Überblick über die kritische Diskussion zum Haavelmo-Theorem gibt *G. Lehnert*, Zur Weiterentwicklung des Haavelmo-Theorems, „WISU“, 2. Jhrg. (1973), Heft 1, S. 23 ff., Heft 2, S. 75 ff., Heft 3, S. 127 ff.

Aber nicht nur eine Differenzierung nach dem Ausgaben- und Einnahmenvolumen, sondern auch nach den unterschiedlichen Multiplikatorwirkungen der einzelnen Ausgaben- und Einnahmenkategorien kann notwendig sein. So ist nicht davon auszugehen, daß Transferzahlungen und Bauinvestitionen gleich hohe Fiskaleffekte haben. Vergrößert sich beispielsweise ein Budgetdefizit, dann kann entgegen der „naiven" Saldentheorie mit diesem Ausgabenüberschuß ein gleichbleibender, ein expansiver oder auch ein kontraktiver Effekt verbunden sein. Eine Vergrößerung des Budgetdefizits wirkt nicht immer expansiv, ein Haushaltsüberschuß nicht immer kontraktiv, sofern nicht die unterschiedlichen Nachfragewirkungen einzelner Einnahme- und Ausgabekategorien berücksichtigt werden[34].

Die auf der saldenorientierten Betrachtungsweise basierenden Budgetprinzipien, von denen hier der zyklische Haushaltsausgleich und die „Functional Finance" skizziert wurden, sind keine brauchbaren Konzepte, um die stabilitätspolitische Effizienz der Fiskalpolitik adäquat wiederzugeben. Bei beiden Prinzipien wird nicht nach den aktiven und passiven Einflüssen auf das Budget differenziert.

4. Das Vollbeschäftigungsüberschußkonzept

Die Mängel der Saldentheorie führten zur Entwicklung neuer Budgetkonzepte. Der Anstoß hierzu erfolgte in den Vereinigten Staaten mit dem Vollbeschäftigungsüberschußkonzept („full employment budget surplus"). Dieses bildete u. a. die Grundlage zur Erklärung der relativ hohen Arbeitslosigkeit in den USA am Ende der fünfziger und zu Beginn der sechziger Jahre. Eine Orientierung der Fiskalpolitik an diesem Konzept sollte zur Überwindung der Unterbeschäftigung beitragen.

4.1 Das Stabilitätsbudget

In den fünfziger Jahren war das fiskalpolitische Verhalten in den Vereinigten Staaten durch das vom Committee for Economic Development vorgeschlagene Budgetkonzept des „stabilizing budget" oder

---

[34] Eine Berücksichtigung der unterschiedlichen Multiplikatorwirkungen einzelner Einnahmen- und Ausgabenkategorien kann prinzipiell auch beim Saldenkonzept erfolgen. Als Beispiel sei auf den finanzpolitischen Hebel Musgrave's verwiesen. Musgrave's Konzept ist allerdings in einem anderen Zusammenhang zu sehen (vgl. Punkt 6 dieses Kapitels). In der praktischen Fiskalpolitik erfolgte eine Differenzierung bisher nicht. Dies dürfte nicht zuletzt auf das mangelnde empirische Wissen zurückzuführen sein. Dies sei aber nicht als „Rechtfertigung" der Saldentheorie verstanden.

„full employment balanced budget" bestimmt[35]. Das Stabilitätsbudget basiert auf dem Prinzip vom zyklischen Budgetausgleich und entspricht der im Zusammenhang mit der Saldentheorie bereits diskutierten ersten Variante[36]. Es stellt auf die Wirksamkeit der „built-in-flexibility" ab.

Die „Budgetphilosophie" des Committee for Economic Development geht davon aus, „that human frailties and institutional deficiencies — reflected in imperfections and errors of forecasting, slow-moving executive and legislative processes in taxation, and a tendency of human beings to be timid, unpredictable, and based towards inflation — make it necessary to utilize autonomic rather than discretionary fiscal changes in national stabilization policy"[37]. Die Steuersätze und die Ausgaben sollten so festgelegt werden, daß sich bei Vollbeschäftigung ein geringer Haushaltsüberschuß ergab[38]. Dieser diente zur Rückzahlung der Staatsschulden. Die fixierten Steuersätze sollten im Konjunkturablauf unverändert bleiben, ebenso die Staatsausgaben. Bei rückläufiger konjunktureller Entwicklung vermindern sich dann die Steuereinnahmen, das Haushaltsdefizit wird größer. Das Budget wirkt stabilisierend. Die entsprechende Wirkungsweise gilt bei einer überschäumenden Konjunktur. Über die automatischen Stabilisatoren werden die konjunkturellen Ausschläge gedämpft.

Das Stabilitätsbudget kommt den klassischen Vorstellungen am nächsten. Die Rolle des Staates bleibt weitgehend passiver Natur. Diskretionäre Maßnahmen zur Verminderung der zyklischen Schwankungen sind im Konzept des Committee for Economic Development nur in Ausnahmefällen zugelassen.

Dieses Prinzip des „full employment balanced budget" wird durch das Postulat des „marginal budget balancing" ergänzt[39]. Danach sollte eine Variation der Staatsausgaben durch entsprechende Steuererhöhun-

---

[35] Vgl. *Committee for Economic Development*, Taxes and the Budget: A Program for Prosperity in a Free Economy, A Statement on National Policy by the Research and Policy Committee of the Committee for Economic Development, in: Readings in Fiscal Policy, S. 360 ff.; Vgl. auch *W. W. Heller*, CED's Stabilizing Budget Policy after Ten Years, „American Economic Review", Bd. 47 (1957), S. 634 ff.; *B. P. Herber*, Modern Public Finance, S. 419 ff.

[36] Vgl. 3.3.1.

[37] *W. W. Heller*, CED's Stabilizing Budget Policy after Ten Years, S. 637.

[38] Bei Vollbeschäftigung (4 % Arbeitslosigkeit) sollte ein Haushaltsüberschuß von ca. 3 Mrd. Dollar erzielt werden. Vgl. *Committee for Economic Development*, Taxes and the Budget: A Program for Prosperity in a Free Economy, S. 377.

[39] Vgl. *W. W. Heller*, CED's Stabilizing Budget Policy after Ten Years, S. 636.

gen oder -senkungen kompensiert werden[40]. Damit waren einer antizyklischen Fiskalpolitik enge Grenzen gesetzt.

4.2 Die „neue Stagnationstheorie"

Das Konzept des Committee for Economic Development richtete sich in seiner Wirkung mehr auf die Stabilität des Preisniveaus als auf die Vollbeschäftigungszielsetzung[41]. Diese Intention wurde in den USA Ende der fünfziger und zu Beginn der sechziger Jahre auch erreicht (vgl. Tabelle 1). Dafür war die Arbeitslosigkeit relativ hoch. An diesem Punkt setzt die Kritik des Council of Economic Advisers an.

Tabelle 1

Ausgewählte Indikatoren zur Kennzeichnung der wirtschaftlichen Entwicklung in den USA von 1956—66

Jahr	Arbeitslosenquote (in %)	BSP-Preisindex (in %)	Wachstumsrate des realen BSP (in %)
1956	4,1	3,4	1,8
1957	4,3	3,7	1,4
1958	6,8	2,5	− 1,0
1959	5,5	1,7	6,4
1960	5,5	1,6	2,5
1961	6,7	1,3	1,9
1962	5,5	1,1	6,6
1963	5,7	1,3	4,0
1964	5,2	1,6	5,5
1965	4,5	1,9	6,2
1966	3,8	2,8	6,5

Quelle: Council of Economic Advisers, Annual Report 1972, S. 196/198/223.

Tabelle 1 zeigt die Entwicklung einiger ausgewählter Indikatoren in den Vereinigten Staaten, die in der Regel zur Kennzeichnung der wirtschaftlichen Situation herangezogen werden. Die Stabilität des Preisniveaus war seit 1958 annähernd erreicht. Die Arbeitslosenquote wich vor allem zwischen 1958 und 1964 von der bei 4 Prozent Arbeitslosigkeit festgelegten Vollbeschäftigung erheblich ab. Der reale Zuwachs des Sozialprodukts war bis 1961 relativ gering. Eine Ausnahme bildet das Jahr 1959.

---

[40] Ausnahmen waren zulässig „(a) to the extent to the growth of tax yields with the rise of population and productivity, (b) for large temporary disbursements, and (c) for advancing the execution of public works and conservation in a time of depressed total construction activity; *Committee for Economic Development*, Taxes and the Budget: A Program for Prosperity in a Free Economy, Fußnote 4, S. 375.

[41] Vgl. *W. W. Heller*, CED's Stabilizing Budget after Ten Years, S. 637.

Die Ursache für das geringe Wachstum und die hohe Arbeitslosigkeit liegt nach der „neuen Stagnationstheorie“ an einem fiskalpolitischen Verhalten, „which attempts to balance the budget over the business cycle by the simple rule of ‚budget deficits during recessions, budget surpluses during prosperity‘“[42]. Für die Unterauslastung wurde die „built-in-flexibility“ des Steuersystems verantwortlich gemacht. Die Flexibilität des Steuersystems, vor allem die der Einkommensteuer, und die „built-in-flexibility“ der Arbeitslosenversicherung glätteten die Schwankungen des persönlich verfügbaren Einkommens. Diese waren geringer als die Schwankungen des Sozialprodukts und wirkten deshalb stabilisierend[43].

Die auf der „built-in-flexibility“ basierende Wirksamkeit der automatischen Stabilisatoren[44] dämpft zwar die konjunkturellen Schwankungen, sie können aber wegen ihres reaktiven Charakters weder den Zyklus verhindern noch eine Wende in der Rezession und im Boom herbeiführen. Ist die wirtschaftliche Situation durch eine mangelnde Kapazitätsauslastung gekennzeichnet, so erschweren die automatischen Stabilisatoren das Erreichen der Vollbeschäftigung[45]. Darauf wird z. B. die relativ schwache Erholung in den USA 1959 und 1960 zurückgeführt (vgl. Abb. 3).

Aber nicht nur in konjunktureller Hinsicht, sondern auch langfristig wirken die automatischen Stabilisatoren. Bewegt sich die Wirtschaft entlang des mittelfristigen Wachstumspfades, so steigen wegen der „built-in-flexibility“ die Steuereinnahmen stärker als das Wachstum des Produktionspotentials. Gilt das Prinzip des „marginal balanced budgeting“, dann führt dieses als „fiscal drag“ bezeichnete Problem dazu, daß die zur Aufrechterhaltung des gleichgewichtigen Wachstums notwendige Expansion der Gesamtnachfrage verhindert wird[46].

Abb. 3 zeigt die Lücke zwischen dem tatsächlichen und dem potentiellen Bruttosozialprodukt, die von der „neuen Stagnationstheorie“

---

[42] *M. E. Levy*, Fiscal Policy, Cycles and Growth, New York 1963, S. 10.

[43] Vgl. *Council of Economic Advisers*, Fiscal Policy in Perspective, in: J. Lindauer (Hrsg.), Macroeconomic Readings, Toronto 1968, S. 378. Reprinted from the Annual Report 1963.

[44] Vgl. hierzu *N. F. Keiser*, The Development of the Concept of ‚Automatic Stabilizers‘, „Journal of Finance“, Bd. 11 (1956), S. 422 ff.; *D. A. L. Auld*, Automatic Fiscal Stabilizers: Problems of Identification and Measurement, „Public Finance“, Bd. 26 (1971), S. 513 ff.

[45] Zu den destabilisierenden Wirkungen der automatischen Stabilisatoren, vgl. z. B. *D. J. Smyth*, Can „Automatic Stabilizers“ be Destabilizing?, „Public Finance“, Bd. 19 (1964), S. 357 ff.

[46] Vgl. *Council of Economic Advisers*, Automatic Stabilizers and Fiscal Drag, in: W. L. Smith, R. L. Teigen (Hrsg.), Readings in Money, National Income, and Stabilization Policy, S. 328 f. Reprinted from the Annual Report 1969.

Abbildung 3

Entwicklung des tatsächlichen und des potentiellen Bruttosozialprodukts[a]) in den USA von 1956—66 (in Mrd. Dollar), in Preisen von 1958

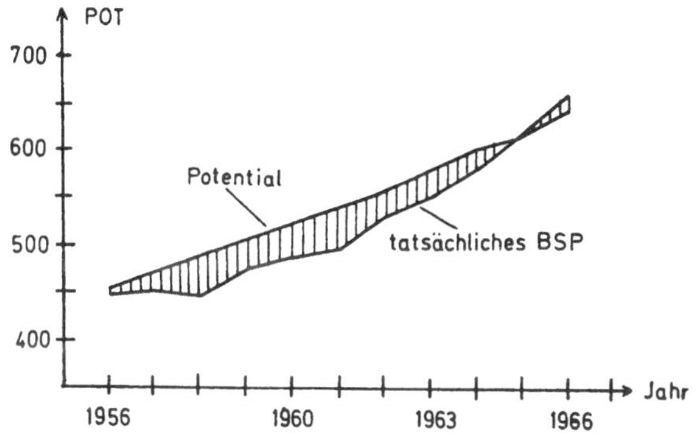

POT = Produktionspotential

a) Der Trendlinie des Produktionspotentials liegt entsprechend den Berechnungen von Okun und dem Vorgehen von Teeters bis 1962 eine Wachstumsrate von 3,5 Prozent und ab 1962 von 3,75 Prozent zugrunde. Vgl. *N. H. Teeters*, Estimates of the Full-Employment Surplus, 1955—1964, „Review of Economics and Statistics", Bd. 47 (1965), Fußnote 2, S. 309; *A. M. Okun*, Potential GNP: Its Measurement and Significance, in: W. L. Smith, R. L. Teigen (Hrsg.), Readings in Money, National Income, and Stabilization Policy, S. 319.

Quelle: Annual Report 1972, S. 196.

auf die Wirkungsweise der automatischen Stabilisatoren zurückgeführt wird.

Zusammenfassend kann mit Levy festgehalten werden, daß „the new stagnation theory appears ultimately to attribute the sluggish growth rate and the underutilization of economic resources to an excessively restrictive federal budget structure, which limits investment incentive directly as well as through its dampening effect on consumer spending"[47].

4.3 Berechnung des Vollbeschäftigungsüberschusses

Die Wirkungsweise der automatischen Stabilisatoren führt dazu, daß sich mit der konjunkturellen Entwicklung auch der Budgetsaldo verändert. Bei Abschwächung der Konjunktur vergrößert sich dadurch der Saldo. Nach der Saldentheorie wirkt der öffentliche Haushalt damit expansiv. Tatsächlich wird aber nur, wie gezeigt wurde, der zyklische Ablauf gedämpft. Der Haushalt wirkt nicht antizyklisch. Zur Ausschaltung des konjunkturellen Einflusses muß deshalb der Budgetsaldo jeweils für ein bestimmtes Sozialprodukt berechnet werden. Erst mit der Wahl eines einheitlichen Bezugspunktes ist es möglich, die anti-

[47] *M. E. Levy*, Fiscal Policy, Cycles and Growth, S. 10.

zyklischen oder prozyklischen Fiskalwirkungen verschiedener Budgetsalden miteinander zu vergleichen.

In den USA wählte man in der Tradition des Committee of Economic Development die Vollbeschäftigungssituation als einheitlichen Bezugspunkt. Es wurde ein hypothetischer Budgetüberschuß als Differenz zwischen den Vollbeschäftigungseinnahmen und -ausgaben berechnet[48]. Der Einfluß konjunktureller Schwankungen soll damit ausgeschaltet werden.

Die Berechnung der Vollbeschäftigungsausgaben ist einfach. Ausgehend von der Auffassung, daß die Staatsausgaben von der konjunkturellen Situation unabhängig sind, werden die tatsächlich in einem Budgetprogramm geplanten oder ex-post realisierten Ausgaben als Vollbeschäftigungsausgaben deklariert. Eine Ausnahme bilden die Zahlungen der Arbeitslosenversicherung, die konjunkturabhängig sind. Diese werden aus den tatsächlichen Staatsausgaben eliminiert[49].

Größere Schwierigkeiten bereitet die Schätzung der Vollbeschäftigungseinnahmen[50]. Die tatsächlichen Steuereinnahmen sind u. a. durch die konjunkturelle Situation determiniert. Daher ist es notwendig, die Höhe der Steuereinnahmen für die hypothetische Vollbeschäftigungssituation zu ermitteln. Hierzu werden die Anteile verschiedener Einkommenskomponenten, wie z. B. Lohneinkommen und Unternehmergewinn, am Vollbeschäftigungseinkommen geschätzt. Eine Verwendung der Anteile dieser Komponenten am tatsächlichen Sozialprodukt ist nicht möglich, da diese mit der konjunkturellen Entwicklung variieren. Die Steuereinnahmen ergeben sich als Produkt aus den hypothetischen Einkommensanteilen mit den entsprechenden durchschnittlichen Steuersätzen.

---

[48] Die grundsätzlichen Überlegungen zum Konzept des Vollbeschäftigungsüberschusses gehen zurück auf *E. C. Brown*, Fiscal Policy in the ‚Thierties': A Reappraisal, S. 862 ff.; *C. L. Schultze*, Hearings on the Current Economic Situation and Short-Run Outlook, Joint Economic Committee, December 1960; *H. Stein*, Hearings on the President and Economic Situation and Outlook, Joint Economic Committee, Februar 1961; *Council of Economic Advisers*, The Full Employment Surplus Concept, S. 329 ff.

[49] Vgl. *R. Solomon*, A Note on the Full Employment Budget Surplus, „Review of Economics and Statistics", Bd. 46 (1964), S. 105. Sind noch andere Ausgabenkategorien von der konjunkturellen Entwicklung abhängig, so können die Vollbeschäftigungsausgaben entsprechend modifiziert werden. Dies kann erhebliche Folgen für die Größenordnung des Vollbeschäftigungssaldos haben. Vgl. *N. H. Teeters*, „Built-in-Flexibility" of Federal Expenditures, „Brookings Papers on Economic Activity", Heft 3, 1971, S. 647 f.

[50] Vgl. *A. M. Okun*, *N. H. Teeters*, The Full Employment Surplus Revisited, „Brookings Papers on Economic Activity", Heft 1, 1970, S. 98 ff.; *D. A. Dixon*, The Full Employment Budget Surplus Concept as a Tool of Fiscal Analysis in The United States, „IMF-Staff Papers", Bd. 20 (1973), S. 220 f.

Das Vollbeschäftigungseinkommen wird in den USA mit einer Arbeitslosigkeit von 4 Prozent gleichgesetzt[51]. Ein einfache Methode zur Berechnung des Vollbeschäftigungseinkommens wurde von Okun entwickelt. Danach führt eine Abnahme der Arbeitslosigkeit um 1 Prozent zu einer Zunahme des realen Sozialprodukts um etwa 3 Prozent[52]. Da die tatsächliche Höhe des Sozialprodukts und die Arbeitslosenquote bekannt sind, bereitet die Berechnung des Vollbeschäftigungseinkommens nach der Methode von Okun keine größeren Schwierigkeiten. Die Umrechnung der realen in nominale Größen erfolgt mit dem Preisindex des tatsächlichen Sozialprodukts.

Der Budgetsaldo bei Vollbeschäftigung (BS_f) bestimmt sich also nach den bisherigen Ausführungen aus der Differenz zwischen den Einnahmen (T_f) bei Vollbeschäftigung und den staatlichen Ausgaben (A_i):

(4) $$BS_f = T_f - A_i$$

Die Konzeption des Vollbeschäftigungsüberschusses steht somit in der Tradition der Saldentheorie. Sie eliminiert den Einfluß der konjunkturellen Entwicklung auf den Budgetsaldo, indem als einheitlicher Bezugspunkt die Situation der Vollbeschäftigung gewählt wird[53].

Unter Berücksichtigung des im Zeitablauf zunehmenden Produktionspotentials kann noch der relative Saldo bei Vollbeschäftigung berechnet werden, indem der absolute Vollbeschäftigungsüberschuß auf das Produktionspotential bezogen wird.

Die Berechnungen des Vollbeschäftigungsüberschusses basieren auf dem „national income accounts budget", das der Volkswirtschaftlichen Gesamtrechnung entspricht[54]. Das „national income accounts budget" erfaßt die Einkommensströme zwischen dem Staat und den Privaten. „These accounts present a consistent record and classification of the

---

[51] Vgl. *A. M. Okun, N. H. Teeters*, The Full Employment Surplus Revisited, S. 82.

[52] Vgl. *A. M. Okun*, Potential GNP: Its Measurement and Significance, S. 316. Zu einem kurzen Überblick über andere Methoden zur Schätzung des Produktionspotentials, vgl. Punkt 4.3.1 im II. Kapitel und die dort angegebene Literatur.

[53] Grundsätzlich kann natürlich jeder Beschäftigungsgrad als Bezugspunkt gewählt werden.

[54] Vgl. *Council of Economic Advisers*, The Full Employment Surplus Concept, S. 330 f.; vgl. auch *J. Hanschel*, Kreislauftheorie und Staatshaushalt, Zürich u. St. Gallen 1967, S. 96 ff. Weder das administrative Budget, der deutschen Haushaltsrechnung vergleichbar, noch das „consolidated cash budget", der Kassenrechnung der Bundesbank in etwa entsprechend, erfassen die Kreislaufwirkungen des Staatshaushalts in angemessener Weise. Beide Budgettypen erfassen die Transaktionen zum Zeitpunkt der Zahlungseingänge und -ausgänge. Nichtkreislaufwirksame Ströme sind nicht eliminiert. Eine detaillierte Diskussion der einzelnen Budgettypen unter dem Aspekt ihrer fiskalpolitischen Brauchbarkeit erfolgt im II. Kapitel, Abschnitt 4.2.

major flows of output and income for the entire economy, including the transactions of the Federal Government[55]." Dieser Budgettyp basiert auf der „accrual"-Basis, d. h., die Transaktionen werden zum Zeitpunkt des Entstehens von Forderungen und Verbindlichkeiten erfaßt. Die nichtkreislaufwirksamen Ströme sind eliminiert.

Die folgende Tabelle zeigt die Diskrepanz zwischen dem tatsächlichen Haushaltsaldo und dem hypothetisch errechneten absoluten und relativen Saldo bei Vollbeschäftigung. Die Unterschiede sind vor allem in den Jahren mit hoher Arbeitslosigkeit beträchtlich (vgl. Tab. 1). Während nach der naiven Saldentheorie den tatsächlichen Defiziten expansive Effekte zugerechnet werden, wirkte das Budget, dies zeigt der positive Vollbeschäftigungsüberschuß, eher kontraktiv.

Tabelle 2

Tatsächlicher Budgetsaldo, absoluter und relativer Saldo bei Vollbeschäftigung in den USA, 1956—66, in Mrd. Dollar bzw. in Prozent des Potentials

Jahr	Tatsächlicher Saldo	Vollbeschäftigungssaldo, absolut	Vollbeschäftigungssaldo, relativ
1956	5,7	5,1	1,2
1957	2,1	5,2	1,1
1958	– 10,2	3,3	0,7
1959	– 1,2	6,8	1,3
1960	3,5	13,2	2,5
1961	– 3,8	10,5	1,9
1962	– 3,8	5,6	1,0
1963	0,7	10,3	1,7
1964	– 3,0	3,3	0,5
1965	1,2	3,1	0,5
1966	– 0,2	– 3,7	– 0,5

Quelle: *A. M. Okun, N. H. Teeters*, The Full Employment Surplus Revisited, S. 104 f. Die Ergebnisse einzelner Berechnungen des Vollbeschäftigungsüberschusses weichen aufgrund methodischer Unterschiede voneinander ab. Vgl. auch *N. H. Teeters*, Estimates of the Full-Employment Surplus, 1955—1964, S. 316 ff.; *Council of Economic Advisers*, Measures of Changes in Fiscal Policy, Annual Report 1971, S. 73.

4.4 Das Vollbeschäftigungsüberschußkonzept als Maßstab diskretionärer Budgetveränderungen

Mit dem Vollbeschäftigungsüberschußkonzept soll der konjunkturell bedingte Einfluß auf den Haushaltsaldo vom diskretionär verursachten Einfluß getrennt werden. Dadurch wurde der Kritik an der Saldentheorie Rechnung getragen.

[55] *Council of Economic Advisers*, The Full Employment Surplus Concept, S. 330.

Die Staatsausgaben gelten als exogen fixierte Größe, die von der Höhe des Sozialprodukts unabhängig sind. Die Steuereinnahmen verändern sich dagegen mit der konjunkturellen Entwicklung. Damit kann für jede Höhe des Sozialprodukts der entsprechende Budgetsaldo ermittelt werden. Die Abhängigkeit des Saldos vom Niveau der wirtschaftlichen Aktivität läßt sich mittels einer Kurve darstellen (vgl. z. B. *AA* in Abb. 4).

Die Bewegung entlang dieser Linie zeigt die Veränderung des Budgetsaldos als Folge einer Veränderung der gesamtwirtschaftlichen Aktivität an[56]. Die Neigung der Kurve hängt von der „built-in-flexibility" des Steuersystems ab. Diese Kurve bringt die Wirkungsweise der automatischen Stabilisatoren zum Ausdruck.

Eine Verlagerung der Kurve indiziert eine diskretionäre Veränderung in der Haushaltspolitik. Sie kann durch eine Variation der Staatsausgaben und/oder der Steuersätze, Bemessungsgrundlagen und Zahlungsmodalitäten verursacht sein. Während eine Veränderung der Staatsausgaben die Neigung der Kurve nicht beeinflußt, kann durch diskretionäre Änderungen auf der Einnahmenseite die Neigung variiert werden. Diskretionäre Maßnahmen in der Besteuerung „may affect both the level of revenue collections at any given level of output and

Abbildung 4

Der Budgetsaldo in Abhängigkeit von der Höhe des Sozialprodukts

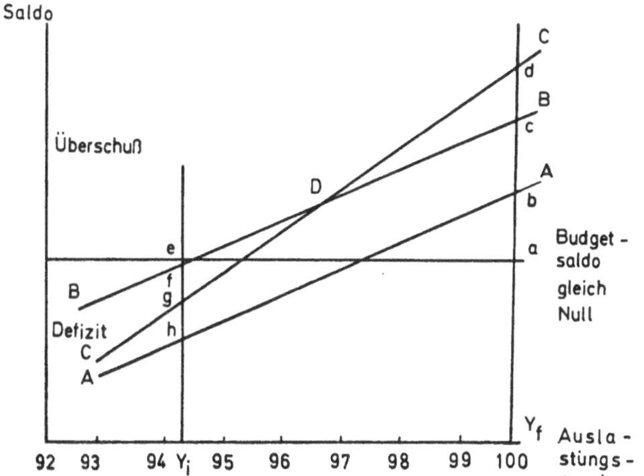

---

[56] Vgl. *D. A. Dixon*, The Full Employment Budget Surplus Concept as a Tool of Fiscal Analysis in the United States, S. 210 ff.

the income elasticity of the revenue system, and these would be reflected in the shape of the curve relating the size of the budget surplus to the level of GNP“[57].

Diese abstrakten Ausführungen seien kurz anhand von Abbildung 4 verdeutlicht. Die Kurve *AA* zeigt die Höhe des Budgetsaldos an, die sich bei fixierten staatlichen Aktionsparametern bei unterschiedlichem Auslastungsgrad des Produktionspotentials ergibt[58]. Der Vollbeschäftigungsüberschuß beträgt $\overline{ab}$. Liegt der tatsächliche Auslastungsgrad bei Y_i, so stellt sich ein Defizit von $\overline{eh}$ ein. Die Differenz zwischen dem Saldo bei Y_f und Y_i mißt den konjunkturellen Einfluß auf den Budgetsaldo. Die Funktionslinien *BB* und *CC* zeigen die diskretionären Veränderungen auf der Ausgaben- und/oder Einnahmenseite des Haushalts an. Werden z. B. die Staatsausgaben gesenkt, so ergibt sich nach der Kurve *BB* ein Vollbeschäftigungsüberschuß in Höhe von $\overline{ac}$. Bei Y_i verringert sich das Defizit auf $\overline{ef}$. Diskretionäre Variationen der einnahmepolitischen Aktionsparameter führen zur Kurve *CC*. Sie differiert sowohl hinsichtlich des Niveaus als auch der Neigung von *AA*. Durch die Lage von *CC* wird bereits eine der Schwächen des Vollbeschäftigungskonzepts sichtbar. Der Überschuß bei Vollbeschäftigung nach Budget *CC* beträgt $\overline{ad}$. Gegenüber *BB* wirkt demnach *CC* kontraktiv. $\overline{cd}$ ist die Differenz des Vollbeschäftigungsüberschusses, die sich aufgrund einer diskretionären Veränderung auf der Einnahmenseite gegenüber *BB* ergibt. Liegt dagegen das Einkommensniveau bei Y_i, so wirkt das Budget *CC* expansiver als *BB*, da das Defizit größer ist. Während also nach dem Konzept des Vollbeschäftigungsüberschusses ein kontraktiver Effekt von *CC* indiziert wird, wirkt das Budget *CC* gegenüber *BB* links von *D* wegen des stärkeren eingebauten Stabilisators expansiv[59].

Die drei Budgets in Abbildung 4 können statisch und dynamisch interpretiert werden. In statischer Sicht erfolgt ein Vergleich der drei verschiedenen Budgets zu einem bestimmten Zeitpunkt. In dynamischer Interpretation entsprechen *AA*, *BB* und *CC* den Budgets in drei aufeinanderfolgenden Perioden. $\overline{bc}$ zeigt den durch eine diskretionäre Ausgabensenkung bewirkten kontraktiven Effekt des Haushalts *BB* in Periode 2 gegenüber Haushalt *AA* in Periode 1 an. Die Variation der

---

[57] Ebenda, S. 211.

[58] In Abbildung 4 wird ein proportionales Steuersystem unterstellt.

[59] Vgl. hierzu z. B. *K.-P. Fox*, Das FEBS-Konzept — Fortschritt mit Einschränkungen, „Wirtschaftsdienst“, Heft 11 (1972), S. 612; *D. A. Dixon*, The Full Employment Budget Surplus Concept as a Tool of Fiscal Analysis in the United States, S. 212 ff.

einnahmepolitischen Parameter führt in der Periode 3 zu einer weiteren Kontraktion[60].

Die Veränderung des Vollbeschäftigungssaldos gegenüber der Vorperiode indiziert also die aufgrund diskretionärer Variation der staatlichen Aktionsparameter sich ergebenden expansiven oder kontraktiven Effekte des Budgets. Steigt der Überschuß bei Vollbeschäftigung, so wirkt der Haushalt kontraktiv, bleibt der Überschuß unverändert, so bleibt der fiskalische Effekt gleich, nimmt der Vollbeschäftigungsüberschuß ab, dann wird eine expansive Wirkung angezeigt.

Berücksichtigt man das wachsende Produktionspotential, so können die Haushaltssalden in Abbildung 4 als relative Salden interpretiert werden. An den eben gemachten Aussagen ändert dies nichts.

4.5 Die Bedeutung des Vollbeschäftigungsüberschusses für das gesamtwirtschaftliche Gleichgewicht

Die Schätzung der diskretionären Fiskalwirkungen, die durch eine Veränderung des Vollbeschäftigungsüberschusses indiziert werden, läßt nur eine Antwort auf die Frage nach den expansiven oder kontraktiven Effekten zu. Wie hoch der Budgetsaldo für die Vollbeschäftigungssituation sein soll, ist damit nicht beantwortbar. Nach Levy ist das Konzept auch zur Lösung dieses Problems geeignet[61].

Nach der Keynes'schen Nachfrageanalyse erfordert die Gleichgewichtsbedingung, daß geplante Ersparnis und geplante Investition bei Vollbeschäftigung gleich sind. Betrachtet man den Vollbeschäftigungsüberschuß als Ersparnis des Staates[62], so kann dieser auf die privaten Ersparnisse und Investitionen bezogen werden. Zur Aufrechterhaltung des Vollbeschäftigungsgleichgewichts hat der Staat einen Saldo in Höhe der Differenz zwischen privater Investition und Ersparnis zu realisieren[63]:

(5) $$BS_f = I_f - S_f$$

---

[60] Zur Erweiterung des Konzepts in Richtung einer dynamischen Betrachtungsweise, in der der Anpassungsprozeß an die Vollbeschäftigungssituation, der durch fiskalpolitische Maßnahmen in Gang gebracht wird, in die Analyse einzubeziehen ist, vgl. *F. W. Schiff*, Alternative Tax and Spending Policies 1971—1976, in: H. Giersch (Hrsg.), Fiscal Policy and Demand Management — Fiskalpolitik und Globalsteuerung, Symposium 1972, Tübingen 1973, S. 189 f.

[61] *M. E. Levy*, Budgetüberschuß bei Vollbeschäftigung, in: H. C. Recktenwald (Hrsg.), Finanzpolitik, S. 274.

[62] Natürlich spart der Staat nicht im gleichen Sinne wie die Privaten. Bezüglich der Kreislaufwirkungen sind die Folgen eines Budgetüberschusses und der privaten Ersparnis ähnlich, so daß in dieser Hinsicht von einer Ersparnis des Staates gesprochen werden kann. Beide Male wird dem Kreislauf Kaufkraft entzogen.

[63] Es wird unterstellt, daß Export und Import gleich sind.

Ein höherer Überschuß wirkt kontraktiv, ein kleinerer verursacht eine Nachfrageinflation.

Diese Vollbeschäftigungsanalyse begegnet jedoch erheblichen Schwierigkeiten. Zur Ermittlung des Budgetüberschusses bei Vollbeschäftigung müssen die potentiellen privaten Investitionen und Ersparnisse bei Vollbeschäftigung bekannt sein. Solche Schätzungen liegen bisher kaum vor, so daß keine empirische Aussage gemacht werden kann, ob ein bestimmter Vollbeschäftigungsüberschuß der Gleichgewichtsbedingung genügt.

Levy versucht eine indirekte Lösung dieses Problems, indem er auf die tatsächlich beobachteten Größen abstellt[64]. Bei Fehlen struktureller Ungleichgewichte wird eine hohe Unterbeschäftigung auf eine zu große Ersparnis des Staates zurückgeführt. Eine inflatorische Lücke verweist auf eine zu geringe staatliche Ersparnis. Diese Überlegungen Levy's dürften wesentlich durch die wirtschaftliche Situation in den Vereinigten Staaten am Ende der fünfziger und zu Beginn der sechziger Jahre beeinflußt sein. Wie Tabelle 1 zeigt, wurde der Aufschwung jeweils vor Erreichen der Vollbeschäftigung bereits gebremst. Dafür machte man die restriktive Budgetstruktur verantwortlich. Diese Ansicht wird durch die hohen Haushaltsüberschüsse bei Vollbeschäftigung in den entsprechenden Jahren erhärtet (Tabelle 2). Ein dem gesamtwirtschaftlichen Gleichgewicht adäquater Budgetüberschuß hätte demnach niedriger sein müssen. Wie hoch der Saldo für die Vollbeschäftigung hätte sein sollen, wird durch das indirekte Verfahren von Levy nicht beantwortet.

Weitere Schwierigkeiten für die Bedingungen der Vollbeschäftigungssituation ergeben sich daraus, daß die Investitionen von der Geldpolitik beeinflußt werden können. So sind unterschiedliche Konstellationen von privater Ersparnis und Investition bei Vollbeschäftigung vorstellbar. Will man einen dem Vollbeschäftigungsgleichgewicht adäquaten Budgetüberschuß bestimmen, so muß der Einfluß der Geldpolitik auf die Investitionen bekannt sein. Die Schätzung dieses Einflusses trifft ebenfalls auf erhebliche Schwierigkeiten.

Eine gewisse Bedeutung kommt der Schätzung des der Vollbeschäftigung entsprechenden Budgetsaldos in mittelfristiger Sicht zu. Schätzt man unter Berücksichtigung des Produktionspotentials die Entwicklung der von konjunkturellen Einflüssen unabhängigen privaten Investition und Ersparnis, so ist dadurch gleichzeitig der dem gleichgewichtigen Wachstum adäquate Budgetsaldo bestimmt. Damit sind die Grenzen für das staatliche Einnahme- und Ausgabeverhalten festgelegt, soll

---

[64] Vgl. *M. E. Levy*, Budgetüberschuß bei Vollbeschäftigung, S. 275 f.

nicht von staatlicher Seite eine Störung des gleichgewichtigen Wachstums verursacht werden. Aber weder vom Council of Economic Advisers noch in der praktischen Fiskalpolitik in den USA ist die mittelfristige Orientierung im Rahmen des Vollbeschäftigungsüberschußkonzepts angewandt worden.

4.6 Zur praktischen Verwendbarkeit

Die wirtschaftliche Stagnation in den Vereinigten Staaten wurde auf die zu hohe „Sparstruktur" der öffentlichen Hand zurückgeführt. Diese Schlußfolgerung zog man aus den hohen Budgetüberschüssen bei Vollbeschäftigung.

Auf dem Hintergrund dieser diagnostischen Basis forderte der Council of Economic Advisers drastische Steuersenkungen[65]. Damit sollte die durch die restriktive Budgetstruktur verursachte Lücke zwischen potentiellem und tatsächlichem Sozialprodukt geschlossen werden. Mit der Verabschiedung des „Revenue Act" von 1964 wurden die Vorschläge der „new economics" in die Realität umgesetzt[66]. Dieser große Schritt in Richtung Vollbeschäftigung[67] brachte auch das gewünschte Ergebnis. Im Jahr 1965 war man der Vollbeschäftigung ein großes Stück näher gekommen[68] (vgl. Tabelle 1). Das Ansehen der Wirtschaftswissenschaft hatte einen Höhepunkt erreicht, „kaum jemals vorher war Wirtschaftspolitik so sehr angewandte Wirtschaftstheorie"[69].

Die Ernüchterung auf diese Euphorie ließ jedoch nicht lange auf sich warten. Während das Problem der konjunkturellen Arbeitslosigkeit durch die Diagnose und Therapie des Council of Economic Advisers

---

[65] Vgl. *Council of Economic Advisers*, The Effects of Tax Reduction on Output and Employment, in: W. L. Smith, R. L. Teigen (Hrsg.), Readings in Money, National Income, and Stabilization Policy, S. 339 ff. Retrinted from the Annual Report 1963.

[66] So neu war allerdings die „new economics" nicht. Einer ihrer wichtigsten Vertreter hat sie treffend klassifiziert: „Thus the rationale of the 1964 tax-cut proposal came straight out of the country's postwar economics text books." *W. W. Heller*, New Dimensions of Political Economy, New York 1967, S. 72. Zur „new economics" vgl. auch *H. Stein*, The Fiscal Revolution in America, Chicago 1969.

[67] Vgl. *A. M. Okun*, Measuring the Impact of the 1964 Tax Reduction, in: W. L. Smith, R. L. Teigen (Hrsg.), Readings in Money, National Income and Stabilization Policy, S. 345.

[68] Der 1964 erfolgten Steuersenkung werden schon lange vor ihrer Durchführung günstige Einflüsse auf die konjunkturelle Entwicklung zugeschrieben; dies ist ein mögliche Erklärung für die hohen Wachstumsraten von 1962 und 1963 (vgl. Tabelle 1). Vgl. *F. J. Clauss*, Konjunktur und Klassik, Berlin 1968, S. 142.

[69] *B. Strümpel*, Der Primat der Fiscal Policy. Wirtschaftspolitische Lehren aus der Ära Kennedy—Johnson, in: H. Haller, H. C. Recktenwald (Hrsg.), Finanz- und Geldpolitik im Umbruch, Mainz 1969, S. 149.

gelöst wurde, trat zunehmend das Inflationsproblem in den Vordergrund. Mit der Eskalation des Vietnamkrieges stiegen die Staatsausgaben stark an. Obwohl der Council of Economic Advisers die Expansion der Gesamtnachfrage unterschätzt hatte, plädiert er bereits 1966 für eine Steuererhöhung. Aber erst 1968 wurde die „surcharge tax“ eingeführt. Die Folge dieser Verzögerung war eine starke inflationäre Entwicklung[70]. Dies war die erste Niederlage der „new economics“[71].

Obwohl das Versagen der Fiskalpolitik nach 1966 in den USA der politischen Ebene zugerechnet wird, beinhaltet das Vollbeschäftigungskonzept doch Mängel, die das politische Versagen mit verursacht haben. Die Veränderungen des Vollbeschäftigungsüberschusses zeigen an, ob die diskretionären Variationen der staatlichen Aktionsparameter expansiv, neutral oder kontraktiv gewirkt haben. Sie geben aber nicht an, ob diese Veränderung konjunkturgerecht war oder nicht. Das Konzept des Vollbeschäftigungsüberschusses beinhaltet keine Vorschrift zur Schätzung der Konjunkturgerechtigkeit, d. h., es gibt nicht an, ob die Veränderung des Vollbeschäftigungsüberschusses zwischen zwei Perioden stabilisierend oder destabilisierend gewirkt hat. Es kann nur auf die allgemeine wirtschaftliche Situation verwiesen werden. Bestand z. B. eine stärkere Arbeitslosigkeit und hatte sich der Vollbeschäftigungsüberschuß vermindert, so kann angenommen werden, daß die Fiskalpolitik zur Stabilisierung beitrug. Wie hoch der Stabilitätsbeitrag war, ist nicht feststellbar.

Für eine prophylaktische Fiskalpolitik wird gefordert, daß ein Budgetmaßstab eine Norm für Konjunkturgerechtigkeit beinhalten sollte. Dieser Zielsetzung wird das Vollbeschäftigungsüberschußkonzept nicht gerecht. Es kann nicht abgeleitet werden, wie hoch der Vollbeschäftigungssaldo sein soll, damit Vollbeschäftigung und Preisniveaustabilität erreicht werden. Bei Erfüllung dieser Anforderung hätte die Notwendigkeit einer Steuererhöhung zur Finanzierung der steigenden Ausgaben für den Vietnamkrieg im politischen Raum mit stärkerem Nachdruck vertreten werden können.

Die Gründe für diese konzeptionellen Mängel liegen darin, daß das Konzept auf einer bestimmten Neutralitätsvorstellung basiert. Danach

[70] Eine gute Beschreibung des fiskalpolitischen Fehlverhaltens ab 1966 gibt *C. E. McLure* jr., Fiscal Failure: Lessons of the Sixties, in: P. Cagan, M. Estey, W. Fellner, C. E. McLure jr., T. T. Moore, Economic Policy and Inflation in the Sixties, Washington 1972, S. 7 ff.; vgl. auch *A. M. Okun*, Have Fiscal and/or Monetary Policies Failed?, „American Economic Review“, Papers and Proceedings, Bd. 62 (1972), S. 24 ff.

[71] Vgl. *A. M. Okun*, The Political Economy of Prosperity, New York 1970, S. 71.

verhält sich die Fiskalpolitik konjunkturneutral, wenn der Vollbeschäftigungsüberschuß im Zeitablauf konstant bleibt[72]. Welcher Vollbeschäftigungssaldo allerdings konjunkturneutral ist, kann, wie bereits gezeigt wurde, nicht gemessen werden, da die privaten Investitionen und Ersparnisse bei Vollbeschäftigung in der Regel nicht bekannt sind.

Ein weiterer wesentlicher Punkt der Kritik wurde bereits angesprochen. Er bezieht sich auf den hypothetischen Charakter des Konzepts, nach dem die öffentlichen Einnahmen auf die Situation der Vollbeschäftigung umgerechnet werden. Differiert das tatsächliche Sozialprodukt vom Vollbeschäftigungsniveau, so können anhand der Veränderung des Vollbeschäftigungsüberschusses keine eindeutigen Aussagen gemacht werden, wie der öffentliche Haushalt auf das tatsächliche Einkommensniveau gewirkt hat (vgl. die Kurven *BB* und *CC* in Abbildung 4). Dieser kritische Einwand gilt allerdings nur, wenn durch Variation der einnahmepolitischen Aktionsparameter die „built-in-flexibility" des Steuersystems verändert wurde. Bleibt das Steuersystem und damit die Neigung der Funktionslinie unverändert, geht also die Veränderung des Vollbeschäftigungssaldos lediglich auf die Ausgabenseite zurück, so trifft dieser Einwand nicht zu. In diesem Fall erfaßt das Konzept die Fiskalwirkungen richtig.

Die Intention des Vollbeschäftigungsüberschußkonzepts richtet sich auf die Trennung von automatischen und diskretionären Budgeteffekten. Hierzu werden die realen Größen zugrunde gelegt. Die Umrechnung in nominale Größen erfolgt mit dem Preisindex des Sozialprodukts. Liegt das tatsächliche Volkseinkommen nicht nahe am Vollbeschäftigungsniveau, so werden die Vollbeschäftigungseinnahmen tendenziell unterschätzt, da das Preisniveau bei Vollbeschäftigung eher höher ist als das des tatsächlichen Sozialprodukts. Der Vollbeschäftigungsüberschuß wird dadurch zu niedrig ausgewiesen. Damit spiegelt aber eine Veränderung des Vollbeschäftigungsüberschusses den diskretionären Effekt des Haushalts auf das tatsächliche Einkommensniveau nur unzureichend wider. Notwendig wäre die Schätzung eines hypothetischen Preisindex bei Vollauslastung der Produktionsfaktoren. Dies begegnet aber erheblichen Schwierigkeiten.

Weitere Probleme entstehen bei einer inflationären Entwicklung[73] dadurch, daß die Einnahmen- und Ausgabenseite des Haushalts von der

---

[72] Vgl. BHJL, Zu den konjunkturellen Wirkungen der Haushaltspolitik in der Bundesrepublik Deutschland, S. 130. Berücksichtigt man das wachsende Produktionspotential, dann ist die Fiskalpolitik konjunkturneutral, wenn der relative Vollbeschäftigungsüberschuß konstant bleibt.

[73] Vgl. hierzu *A. M. Okun*, *N. H. Teeters*, The Full Employment Surplus Revisited, S. 90 ff.

Inflation unterschiedlich betroffen werden. Soll die reale Ausgabenstruktur konstant bleiben, worauf das Konzept des Vollbeschäftigungsüberschusses abgestellt ist, so müssen die Staatsausgaben mit dem Preisindex der staatlich nachgefragten Güter inflationiert werden. Dieser Preisindex differiert aber vom Preisindex des Sozialprodukts. Die Steuereinnahmen variieren dagegen mit den Preisbewegungen des Bruttosozialprodukts und der Aufkommenselastizität des Steuersystems[74]. Damit wird aber der Vollbeschäftigungssaldo von den konjunkturell bedingten Preisveränderungen beeinflußt.

Nimmt der Vollbeschäftigungsüberschuß gegenüber der Vorperiode zu oder ab, so kann daraus nicht in jedem Fall auf diskretionäre Maßnahmen des Staates geschlossen werden. Erhöht der Staat seine Ausgaben mit dem Preisindex des Sozialprodukts, so verändert sich die reale Struktur. Da der Preisindex des öffentlichen Sektors in der Regel über dem Preisindex des Bruttosozialprodukts liegt[75], verringert sich in diesem Fall der Auslastungsgrad des Produktionspotentials, wenn der Vollbeschäftigungssaldo konstant bleibt. Der Haushalt wirkt nicht konjunkturneutral, sondern kontraktiv.

Eine weitere Ursache, warum eine Veränderung des Vollbeschäftigungsüberschusses nicht auf diskretionäre Maßnahmen zurückgehen muß, liegt in der Wirkungsweise des „fiscal drag“. In einer wachsenden Wirtschaft und bei einem progressiven Steuersystem nimmt der Vollbeschäftigungsüberschuß automatisch zu. Zur Ausschaltung des „fiscal drag“ müssen daher entweder die Staatsausgaben erhöht und/oder die Steuern entsprechend gesenkt werden.

Das Vollbeschäftigungsüberschußkonzept basiert auf der Multiplikandenanalyse. Eine Gewichtung der einzelnen Einnahme- und Ausgabekategorien entsprechend ihrer unterschiedlichen konjunkturellen Effekte erfolgt nicht. Bei einer Periodenbetrachtung, bei der auf den relativen Vollbeschäftigungssaldo abgestellt wird, ist dies nur zulässig, wenn die Budgetstruktur unverändert bleibt. Während kurzfristig diese Prämisse in etwa zutrifft, kann mittelfristig ihre Gültigkeit nicht mehr unterstellt werden. Dann müßte aber eine Multiplikatoranalyse durchgeführt werden, die neben den unterschiedlichen Effekten der einzelnen Kategorien auch die Länge der Wirkungsperiode erfaßt.

Empirische Berechnungen eines gewichteten Vollbeschäftigungssaldos haben ergeben, daß das Niveau zwischen gewichtetem und ungewich-

---

[74] Vgl. *B. Rahmann*, Vom High Employment Budget Surplus zum konjunkturneutralen öffentlichen Haushalt (I), „WISU“ 1. Jhrg. (1972), Heft 3, S. 131.

[75] Vgl. z. B. Jahresgutachten 1971, Ziff. 188 ff.

tetem Vollbeschäftigungssaldo differiert[76]. Die zweite Zielsetzung des Konzepts, die Bestimmung eines der Vollbeschäftigungssituation adäquaten Budgetsaldos, ist bei mangelnder Gewichtung dann aber nicht erfüllbar. Dagegen hat die Berücksichtigung der Multiplikatorwirkungen für die Erfassung diskretionärer Effekte zu keinen wesentlich anderen Ergebnissen geführt als bei der Multiplikandenanalyse. Damit ist eine Multiplikatorrechnung nur dann notwendig, wenn eine stärkere Veränderung der Budgetstruktur eintritt.

Die Notwendigkeit der Gewichtung hängt davon ab, welche Bedeutung man der Indikatorfunktion des Vollbeschäftigungsüberschußkonzepts beimißt. Die Multiplikandenanalyse reicht für eine grobe Schätzung der Fiskalwirkungen aus. Dies zeigt der Aufschwung nach den Steuersenkungen von 1964. Unter dem Blickpunkt der Feinsteuerung erscheint eine Gewichtung dagegen notwendig zu sein, da dann bereits die Differenz von einigen Milliarden Dollars von Bedeutung ist.

Abschließend bleibt festzuhalten, daß das Konzept des Vollbeschäftigungsüberschusses gegenüber dem der herkömmlichen Saldentheorie einen erheblichen Fortschritt bedeutet, da zwischen passiven und aktiven Einflüssen auf den Haushalt unterschieden wird. Seine praktische Aussagefähigkeit und Verwendbarkeit ist jedoch beschränkt. An den kritischen Einwänden setzt die Entwicklung weiterer Budgetkonzepte an.

5. Der Fiskalstimulus

Ein wesentlicher Einwand gegen das Vollbeschäftigungsüberschußkonzept bezog sich auf dessen hypothetischen Charakter. An diesem Kritikpunkt setzt das Konzept des Fiskalstimulus („initial stimulus") an[77].

---

[76] Vgl. *A. M. Okun, N. H. Teeters*, The Full Employment Surplus Revisited, S. 85 ff. Gramlich hat 5 ökonometrische Modelle zur Berechnung des gewichteten Vollbeschäftigungssaldos verwandt. Während die absoluten Salden erheblich voneinander abweichen, sind die Veränderungen gegenüber der Vorperiode nicht allzu groß. In einigen Quartalen, in denen sich die Budgetstruktur verändert haben dürfte, sind allerdings zwischen dem ungewichteten Vollbeschäftigungssaldo einerseits und den Salden der 5 Modelle andererseits Unterschiede festzustellen. Vgl. *E. M. Gramlich*, Measures of the Economic Impact of the Budget, in: W. Lewis (Hrsg.), Budget Concepts for Economic Analysis, Tabelle 2, S. 125 und Tabelle 3, S. 142.

[77] Vgl. *W. H. Oakland*, Budgetary Measures of Fiscal Performance, „Southern Economic Journal", Bd. 35 (1969), S. 347 ff.; *E. G. Corrigan*, Budgetary Measures of Fiscal Performance — A Comment, „Southern Economic Journal", Bd. 36 (1970), S. 470 ff.; *E. G. Corrigan*, The Measurement and Importance of Fiscal Policy Changes, „Federal Reserve Bank of New York", „Monthly Review", June 1970, S. 133 ff. Die Entwicklung des Fiskalstimulus

Der Fiskalstimulus stellt auf das tatsächliche Einkommensniveau ab, denn „what matters is how many dollars will find their way into the pockets of consumers at the *current* depressed level of income“[78]. Um jedoch nicht den Fehler der Saldentheorie zu begehen, werden nur die diskretionären Wirkungen des Haushalts erfaßt. Die Zahlen basieren auf dem „national income accounts budget“.

Der Ausgabenseite des Fiskalstimulus liegt wie beim Vollbeschäftigungsüberschuß die Prämisse zugrunde, daß alle Staatsausgaben vom Niveau der wirtschaftlichen Aktivität unabhängig sind. Die Zahlungen für die Arbeitslosenunterstützung werden allerdings nicht eliminiert.

Der wesentliche Unterschied zum Vollbeschäftigungsüberschußkonzept besteht auf der Einnahmenseite. Der Fiskalstimulus mißt nur die Wirkung von Einnahmeveränderungen, die sich aus der Variation der Steuersätze, Bemessungsgrundlagen oder Zahlungsmodalitäten beim tatsächlichen Einkommensniveau ergeben. Bleibt das Steuersystem unverändert, so ist die Steuerkomponente des Fiskalstimulus gleich Null.

Die Nettoveränderung des Fiskalstimulus (ΔFS) für eine bestimmte Periode „is the sum of the change in expenditures and the revenue effect of the change in taxes“[79]:

$$\Delta FS = \Delta w_1 A - \Delta w_2 T \tag{6}$$

Um den unterschiedlichen konjunkturellen Effekten der Einnahmen- und Ausgabenseite des Haushalts Rechnung zu tragen, sind die Steuern mit w_2 und die Ausgaben mit w_1 gewichtet worden. Eine weitere Differenzierung der Einnahmen (z. B. direkte und indirekte Steuern) wie der Ausgaben (z. B. staatliche Käufe von Gütern und Diensten und Transferzahlungen) nach ihren unterschiedlichen Fiskalwirkungen ist ohne größere Schwierigkeiten möglich, sofern die Gewichtungsfaktoren der einzelnen Kategorien bekannt sind.

---

geht zurück auf die *Federal Reserve Bank of New York*, The Initial Effects of Federal Budgetary Changes on Aggregate Demand, „Monthly Review“, July 1965, S. 141 ff.; vgl. auch *P. F. Colwell, N. A. Lash*, Comparing Fiscal Indicators, „Review of Economics and Statistics“, Bd. 55 (1973), S. 321 ff. Der Terminus „Fiskalstimulus“ wurde von Neumann eingeführt. Vgl. *M. J. M. Neumann*, Zur relativen Bedeutung fiskalischer und monetärer Impulse, S. 14 ff.

[78] *W. H. Oakland*, Budgetary Measures of Fiscal Performance, S. 351. Im Original hervorgehoben.

[79] *E. G. Corrigan*, The Measurement and Importance of Fiscal Policy Changes, S. 136.

Tabelle 3

Veränderungen des Vollbeschäftigungssaldos und des gewichteten Fiskalstimulus in den USA gegenüber der Vorperiode 1964—66, in Mrd. Dollar, Quartalswerte

Periode		Veränderung des Vollbeschäftigungs-saldos	Veränderung des gewichteten Fiskalstimulus
1964	I	− 4,5	− 5,2
	II	− 7,2	− 6,2
	III	+ 1,7	+ 0,6
	IV	+ 2,4	+ 0,7
1965	I	+ 0,8	− 1,8
	II	− 0,5	− 1,3
	III	− 8,3	− 9,6
	IV	− 0,5	− 1,1
1966	I	+ 0,9	+ 1,1
	II	+ 0,9	− 4,5
	III	− 2,8	− 6,5
	IV	− 1,5	− 4,9

Quelle: *E. G. Corrigan*, Budgetary Measures of Fiscal Performance — A Comment, Tab. 1, S. 471.

Der Einfluß diskretionärer fiskalpolitischer Maßnahmen auf die gesamtwirtschaftliche Aktivität unterscheidet sich zwischen dem Vollbeschäftigungsüberschußkonzept und der Methode des Fiskalstimulus nach Tabelle 3 hinsichtlich der Größenordnung und in einigen Perioden auch beim Vorzeichen. Die meisten Quartalswerte differieren zwischen den beiden Konzepten nicht besonders stark.

Dem Fiskalstimulus werden gegenüber dem Vollbeschäftigungsüberschußkonzept zwei Vorteile zugeschrieben[80]. Der erste bezieht sich auf die Schätzmethode. Danach können die „initial effects" relativ leicht berechnet werden, und es entfallen die Schwierigkeiten der Umrechnung auf die Vollbeschäftigungsbasis. Der zweite Vorteil besteht darin, daß der Einfluß des „fiscal drag" und der Inflation ausgeschaltet ist.

In konzeptioneller Hinsicht ist gegen das Konzept des Fiskalstimulus einzuwenden, daß es lediglich etwas über die Richtung der Fiskalwirkungen aussagt. Inwieweit ein „initial effect" zur Stabilisierung oder Destabilisierung beigetragen hat, kann ebenso wie beim Vollbeschäftigungsüberschußkonzept nicht bestimmt werden. Eine Berücksichtigung des wachsenden Produktionspotentials erfolgt nicht.

Methodisch ergeben sich besondere Schwierigkeiten aus der Länge der Wirkungsperiode bei einer diskretionären Veränderung auf der Ausgaben- oder Einnahmenseite. Die Gewichtung einzelner Kategorien

[80] Vgl. ebenda.

nach ihrem Primäreffekt stellt zwar einen Fortschritt dar, reicht aber für eine genaue Erfassung der gesamten Budgeteffekte nicht aus. Erhöht der Staat z. B. seine Bauausgaben, so wird sich die dadurch bedingte Fiskalwirkung über einen längeren Zeitraum erstrecken. In empirischer Hinsicht ergeben sich sowohl bei der Bestimmung des Primär- als auch des Gesamteffekts erhebliche Schwierigkeiten. Dies betrifft die Schätzung der Ausgabeneignung der Wirtschaftssubjekte und die Länge der Wirkungsperiode einer fiskalpolitischen Maßnahme.

Eine Trennung zwischen Preis- und Beschäftigungswirkungen wird im Konzept des Fiskalstimulus ebenfalls nicht durchgeführt. Diese Trennung ist um so notwendiger, je früher bereits eine inflationäre Entwicklung vor Erreichen der Vollbeschäftigung einsetzt, also ein Zielkonflikt zwischen Vollbeschäftigung und Stabilität des Preisniveaus besteht. Die Auffassung, daß die Veränderung der Staatsausgaben eine diskretionäre Maßnahme darstellt, ist nicht unbestritten. Ein erheblicher Teil dieser Veränderung geht auf die konjunkturelle Entwicklung zurück.

Das Budgetkonzept des Fiskalstimulus hat gegenüber der Methode des Vollbeschäftigungsüberschusses hinsichtlich seiner relativen Einfachheit gewisse Vorteile. Den Anforderungen, den ein Budgetmaßstab vor allem unter dem Aspekt der Feinsteuerung und in mittelfristiger Sicht genügen sollte, wird es nicht gerecht[81].

6. Der finanzpolitische Hebel

Der kritische Ansatzpunkt für die Entwicklung des Fiskalstimulus waren die Schwierigkeiten, die relevanten Variablen beim Vollbeschäftigungsüberschußkonzept auf das Vollbeschäftigungsniveau umzurechnen. Ein zweiter wesentlicher Einwand am Budgetmaßstab des Council of Economic Advisers bezog sich darauf, daß keine Differenzierung der Haushaltskomponenten nach ihren unterschiedlichen Multiplikatorwirkungen erfolgte. Dies könne aber so weit führen, daß der Vollbeschäftigungsüberschuß selbst dann unverändert bleibe, „if the fiscal authority drastically changed the methods of taxation and the direction of expenditures while keeping the total revenue and expenditure con-

[81] In der Kontroverse zwischen Fiskalisten und Monetaristen wurde von Neumann der Fiskalstimulus verwandt, um in seiner Strategie der diskriminierenden Evidenz die Dominanz der monetären oder fiskalischen Impulse empirisch zu testen. Das Ergebnis von Neumann, daß die monetären Impulse eindeutig dominiert haben, wird durch die hier skizzierten Schwächen des Fiskulstimulus relativiert. Vgl. *M. J. M. Neumann*, Zur relativen Bedeutung fiskalischer und monetärer Impulse, S. 14 ff. Zur Kritik an Neumann vgl. *R. Pohl*, Bestätigt die westdeutsche Konjunktur von 1965 bis 1971 den Monetarismus?, „WSI-Mitteilungen“, 26. Jhrg. (1973), Heft 4, S. 153 ff.

stant"[82]. Eine Aussage über die Konjunkturgerechtigkeit der Fiskalpolitik ist mit diesem Maßstab ebenfalls nicht möglich. Ausgehend von dieser Kritik entwickelte Musgrave das Konzept des finanzpolitischen Hebels („fiscal leverage")[83].

6.1 Der methodische Ansatz

Ausgangspunkt der Überlegungen von Musgrave bildet die Multiplikatoranalyse. Auf dieser Grundlage werden die Fiskalwirkungen des Haushalts beurteilt. Der finanzpolitische Hebel (*FH*) umfaßt die automatischen und diskretionären Effekte des Budgets. Er berechnet sich als Produkt aus dem nach ihrem Primäreffekt gewichteten Multiplikanden (wM) und dem Multiplikator (k):

$$FH = k \cdot wM \tag{7}$$

Die Gewichtungsfaktoren des Multiplikanden sind durch die Wiederausgaberaten der betroffenen Wirtschaftssubjekte bestimmt[84]. Sie geben den Primäreffekt des Budgets an[85]. So ordnet z. B. Musgrave in den USA den staatlichen Käufen einen Gewichtungsfaktor von eins zu, den Transferzahlungen von 0,9, den Körperschaftssteuern von 0,5. Der Multiplikand ist die Differenz zwischen den gewichteten Staatsausgaben und -einnahmen, also der gewichtete Budgetsaldo.

Sind $A_1, A_2 \ldots, A_n$ die Ausgabekomponenten und $T_1, T_2 \ldots, T_n$ die Komponenten auf der Einnahmenseite sowie $w_1, w_2 \ldots, w_n$ die Gewichte für die Ausgaben und $z_1, z_2 \ldots, z_m$ die Gewichte für die Einnahmen, so kann der finanzpolitische Hebel in allgemeiner Form wie folgt ausgedrückt werden[86]:

$$FH = k\left[\left(\sum_{i=1}^{n} w_i A_i\right) - \left(\sum_{j=1}^{m} z_j T_j\right)\right] \tag{8}$$

Der Multiplikator k bezieht sich auf private Einkommen nach Steuerabzug und nicht wie üblicherweise auf das private Einkommen vor Steuerabzug. Damit stellt k nichts anderes als den Multiplikator „ohne

---

[82] *T. J. Courchene*, Measures of the Change in Secular Impact of Successive Federal Budgets, „The American Economist", Bd. 7 (1963), S. 17.

[83] Vgl. *R. A. Musgrave*, On Measuring Fiscal Performance, „Review of Economics and Statistics", Bd. 46 (1964), S. 213 ff.

[84] Bei Musgrave findet sich kein Hinweis, welches gesamtwirtschaftliche Modell er zur Schätzung der Multiplikatorwirkungen des Budgets verwandt hat.

[85] Vgl. ebenda, S. 213.

[86] Vgl. *D. A. L. Auld*, Budget Results and Theory of Fiscal Leverage, „Finanzarchiv", N. F. Bd. 31 (1972) S. 225, Fußnote 1. Der Ausdruck in der eckigen Klammer ist der mit den Primäreffekten gewichtete Budgetsaldo.

Staat" dar. Der finanzpolitische Hebel ist demnach das Produkt aus dem Multiplikator des Sozialprodukts ohne Staat und den gewichteten Nachfragewirkungen des Gesamtbudgets[87].

6.2 Messung der fiskalpolitischen Stabilisierungswirkung

Den Beitrag der Fiskalpolitik zur kurzfristigen Stabilisierung mißt Musgrave als Quotient aus der Veränderung des finanzpolitischen Hebels und der Differenz zwischen der Veränderung des Sozialprodukts und der des finanzpolitischen Hebels[88]. Die Interpretation dieser Meßziffer ist nicht einheitlich. Sie hängt von der konjunkturellen Situation ab.

In der Aufschwungphase wird der stabilisierende oder destabilisierende Effekt der Fiskalpolitik (St_u) durch folgenden Ausdruck gemessen:

(9) $$St_u = \frac{\Delta FH}{\Delta Y - \Delta FH}$$

Der Stabilitätsbeitrag bestimmt sich also aus dem Quotienten der Veränderung von *FH* und der Veränderung des Sozialprodukts, die sich ohne Veränderung des fiskalischen Einflusses ergeben hätte. Die Interpretation von St_u ist nicht ganz einfach. Ein negativer Wert bedeutet, daß durch die Veränderung des finanzpolitischen Hebels die sonst unvermeidliche Steigerung des Sozialprodukts verhindert bzw. gedämpft wurde. Ist z. B. ΔFH gleich -10 und ΔY gleich 30, so ergibt sich für St_u ein Wert von $-0{,}25$. Die Erhöhung des Sozialprodukts war also um 25 Prozent geringer als ohne fiskalischen Einfluß. Es lassen sich folgende Fälle unterscheiden:

a) $0 > St_u > -1$: In diesem Fall dämpft die Fiskalpolitik den Aufschwung, sie wirkt stabilisierend. Ist $St_u = -1$, so war der Stabilitätserfolg vollkommen. Die Veränderung des Sozialprodukts ist gleich Null. Dieser Stabilitätseffekt kann aber in einer wachsenden Wirtschaft unerwünscht sein, da er die Erreichung der Vollbeschäftigungssituation verhindert. Gerade diese ‚Perversität' ist es jedoch, „which measures the ‚goodness' of fiscal behavior"[89].

---

[87] Gramlich berechnet den finanzpolitischen Hebel aus der Differenz zwischen dem Sozialprodukt mit und ohne Staat. Dies folgt aus der Bedingung, daß *k* dem BSP-Multiplikator ohne Veränderung der staatlichen Parameter gleich ist. Vgl. *E. M. Gramlich*, Maßstäbe für den Einfluß des Budgets auf die Gesamtnachfrage, in: H. C. Recktenwald (Hrsg.), Finanztheorie, Köln—Berlin 1969, S. 192 ff.

[88] Vgl. *R. A. Musgrave*, On Measuring Fiscal Performance, S. 214 ff.

[89] Ebenda, S. 214 f.

b) $-1 > St_u$: Die Fiskalpolitik wirkt so kontraktiv, daß das ohne staatlichen Einfluß zunehmende Sozialprodukt sich tatsächlich vermindert hat.

c) $0 < St_u$: In diesem Fall trägt die Fiskalpolitik zu einer Verstärkung des Aufschwungs bei. Dies ist zwar ein destabilisierender Effekt hinsichtlich der Dämpfung der Konjunkturschwankungen. In einer unterbeschäftigten oder einer wachsenden Wirtschaft wirkt der Haushalt bis zur Erreichung der Vollbeschäftigung stabilisierend.

Im Abschwung wird der Stabilitätsbeitrag des öffentlichen Haushalts durch die folgende Kennziffer gemessen:

$$St_d = \frac{\Delta FH}{\Delta FH - \Delta Y} \tag{10}$$

Der Ausdruck in Gleichung (10) ist analog der Messung der Fiskalwirkungen in der Aufschwungphase, nur mit umgekehrtem Vorzeichen zu interpretieren. Es lassen sich wieder 3 Fälle unterscheiden:

a) $0 < St_d < 1$: Die Fiskalpolitik dämpft den Abschwung.

b) $1 < St_d$: Hier wirkt das Budget so expansiv, daß das tatsächliche Sozialprodukt zunimmt, obwohl es ohne Staat gesunken wäre.

c) $0 > St_d$: Die Fiskalpolitik verschärft den Abschwung.

In seinen empirischen Berechnungen bestimmt Musgrave die Veränderung des finanzpolitischen Hebels für zwei Fälle. Im ersten Fall geht er von der statischen Betrachtungsweise aus. Der Multiplikatoreffekt tritt in der gleichen Periode, die bei Musgrave 3 Monate beträgt, ein. Beim zweiten Fall wird eine Wirkungsverzögerung von einer Periode unterstellt. Die Ergebnisse schwanken in beiden Fällen beträchtlich[90]. Hier liegt bereits eine Schwäche des finanzpolitischen Hebels.

6.3 Finanzpolitischer Hebel und Vollbeschäftigungszielsetzung

Die Messung des fiskalischen Stabilitätsbeitrags anhand des finanzpolitischen Hebels sagt nichts darüber aus, inwieweit die öffentliche Hand zur Vollauslastung des Produktionspotentials beigetragen hat. Deshalb verwendet Musgrave einen Maßstab, der explizit die Vollbeschäftigungszielsetzung berücksichtigt. In diesem Zusammenhang sind nicht mehr die zyklischen Schwankungen des tatsächlichen Sozialprodukts relevant. Vielmehr richtet sich das Interesse darauf, ob die

[90] Vgl. ebenda, S. 215, Tabelle 2.

Fiskalpolitik die Lücke zwischen tatsächlichem und potentiellem Sozialprodukt vergrößert oder verkleinert hat.

Mit dem Konzept der „fiscal adequacy“ soll der Beitrag der Fiskalpolitik zur Verringerung der Lücke gemessen werden[91]. Hierzu berechnet Musgrave den Budgetsaldo, der sich bei der tatsächlich vorherrschenden Budgetstruktur für die Situation der Vollbeschäftigung ergeben würde. Analog dem Vorgehen beim Vollbeschäftigungsüberschuß werden die Staatsausgaben als exogene Größe betrachtet, während sich die Vollbeschäftigungseinnahmen als Produkt aus den tatsächlichen Steuersätzen und dem Vollbeschäftigungseinkommen ergeben. Nach den von Musgrave angegebenen Gewichtungsfaktoren wird der gewichtete Budgetsaldo für die Vollbeschäftigungssituation berechnet[92].

Der Beitrag der Fiskalpolitik zur Schließung der Nachfragelücke ergibt sich als Quotient aus dem finanzpolitischen Hebel, der sich bei der tatsächlichen Budgetstruktur für die Situation der Vollbeschäftigung ergeben würde (FH_{fa}), und dem finanzpolitischen Hebel, der zur Erreichung der Vollbeschäftigung notwendig ist (FH_{fn}):

$$St_f = \frac{FH_{fa}}{FH_{fn}} = \frac{k \cdot M_{fa}}{k \cdot M_{fn}} = \frac{M_{fa}}{M_{fn}} \tag{11}$$

Da der Multiplikator für beide Größen gleich ist, wird der Stabilitätsbeitrag der öffentlichen Hand zur Erreichung der Vollbeschäftigung auch durch den Quotienten aus dem gewichteten Multiplikanden der tatsächlichen Budgetstruktur (M_{fa}) und dem Multiplikanden, der notwendig ist, um Vollbeschäftigung zu erreichen (M_{fn}), gemessen. Ein Wert von 1 indiziert eine vollkommene Stabilitätspolitik. Liegt St_f zwischen Null und 1, so wurde die Lücke durch die Fiskalpolitik teilweise verringert.

Eine modifizierte Form zur Messung der „fiscal adequacy“, die ebenfalls auf dem Konzept des finanzpolitischen Hebels basiert, verwendet Auld[93]. Er berechnet den Teil der Nachfragelücke, der durch die Veränderung des finanzpolitischen Hebels ausgeglichen wird:

$$r = \frac{\Delta FH}{Y_f - Y + \Delta FH} \tag{12}$$

Hier wird also zunächst die Veränderung des finanzpolitischen Hebels bestimmt. Der Nenner der Gleichung (12) ist die Differenz zwi-

[91] Vgl. ebenda, S. 216 ff.

[92] Vgl. ebenda, S. 217.

[93] Vgl. *D. A. L. Auld*, Fiscal Policy Performance in Canada 1957—1967, „Public Finance“, Bd. 24 (1969), S. 428 f.; vgl. auch *D. A. L. Auld*, Budget Results and Theory of Fiscal Leverage, S. 230 ff.

schen dem Vollbeschäftigungseinkommen und der Höhe des Volkseinkommens, das sich ohne Veränderung des fiskalischen Einflusses ergeben hätte. Der Fiskalkoeffizient r mißt den Beitrag der Fiskalpolitik zur Verringerung dieser Lücke. Die Ableitung des Fiskalkoeffizienten sei kurz anhand der folgenden Abbildung illustriert[94].

Abbildung 5

Die Messung des Fiskalkoeffizienten

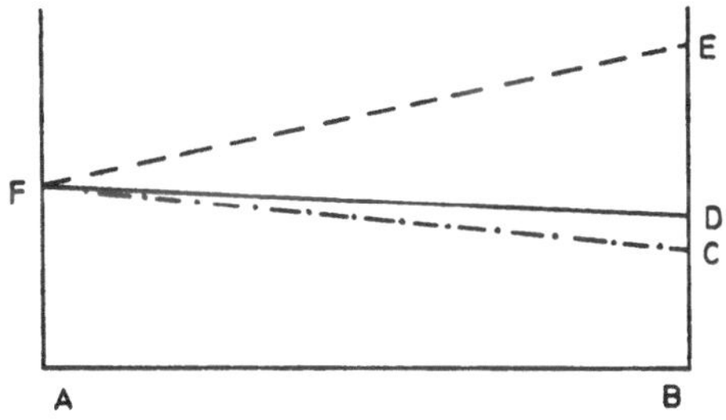

Zwischen zwei Perioden verringere sich das Sozialprodukt von AF auf BD. Das Produktionspotential vergrößere sich demgegenüber von AF auf BE. Ohne den fiskalischen Einfluß, gemessen durch den finanzpolitischen Hebel (CD), wäre das Sozialprodukt auf BC zurückgegangen. Der Teil der Lücke, der durch die Wirksamkeit der Fiskalpolitik ausgeglichen wird, beträgt $\frac{CD}{EC}$. Dies ist gleich $\frac{CD}{(BE - BD) + CD}$. Das entspricht dem Fiskalkoeffizienten, wenn die ökonomischen Termini eingesetzt werden. Verwendet man diesen Koeffizienten „to periods of recession and recovery, we can indicate the relative effects of budget policy on national income“[95].

6.4 Kritik des finanzpolitischen Hebels

Der finanzpolitische Hebel zielt darauf ab, ex post die Stabilisierungswirkungen des öffentlichen Haushalts zu messen und ex ante eine Orientierung für die Konzipierung eines konjunkturgerechten Budgets zu geben. Dies ist konzeptionell eine Verbesserung gegenüber dem Vollbeschäftigungsüberschußkonzept und dem Fiskalstimulus. Ein weiterer Vorzug besteht in der Berechnung der Multiplikatorwirkungen der Ausgabe- und Einnahmekategorien des Staatshaushalts.

Das Konzept des finanzpolitischen Hebels unterliegt allerdings einigen Einschränkungen, die seine Aussagefähigkeit und Verwendbarkeit

[94] Vgl. *D. A. L. Auld*, Fiscal Policy Performance in Canada 1957—1967, S. 429.

[95] Ebenda.

vermindern. Während in methodischer Hinsicht die Gewichtung einen wesentlichen Fortschritt darstellt, begegnet sie in empirischer Hinsicht erheblichen Schwierigkeiten. Die Schätzprobleme betreffen die unterschiedlichen Wiederausgaberaten und den allgemeinen Multiplikator. Sie sind kaum mehr zu bewältigen, wenn man die konjunkturell bedingten Änderungen der Gewichtungsfaktoren berücksichtigt.

Der finanzpolitische Hebel erfaßt den Gesamteffekt des Haushalts, trennt also nicht zwischen den automatischen und diskretionären Wirkungen. Zwar werden dadurch die Schwierigkeiten vermieden, die eine Trennung der beiden Effekte mit sich bringt. Andererseits erfordert eine rationale Fiskalpolitik die Kenntnis der diskretionären Wirkungen, da die staatlichen Lenkungsmöglichkeiten nur in diesem Bereich gegeben sind. Eine Erweiterung des Konzepts in dieser Richtung ist prinzipiell nicht ausgeschlossen. Sind die diskretionären Änderungen auf der Ennahmen- und Ausgabenseite, die sich aus einer Variation der staatlichen Aktionsparameter ergeben, bekannt, so kann die diskretionäre Veränderung des finanzpolitischen Hebels geschätzt werden. Zieht man die diskretionäre Veränderung von der Gesamtveränderung des finanzpolitischen Hebels ab, so ergibt sich als Restgröße der automatische Effekt[96].

Das Konzept mißt den Einfluß des Budgets auf die Entwicklung des realen Sozialprodukts[97]. Damit ist aber die Anwendbarkeit auf Situationen der Unterbeschäftigung beschränkt. Bei einer inflationären Entwicklung führt die Interpretation der Stabilitätsmaße zu zweifelhaften Schlußfolgerungen. Bei stark inflationärer Budgetpolitik ergibt sich ein finanzpolitischer Hebel, der die Nachfragelücke vollkommen ausgleicht und somit ein stabilitätsgerechtes Verhalten des Staates anzeigt. Damit wäre zwar die Vollbeschäftigungszielsetzung realisiert, nicht aber die Stabilität des Preisniveaus. Die Fiskalpolitik ist jedoch auf beide Ziele ausgerichtet.

Die Erfassung der Multiplikatorwirkungen in einer Periode verweist auf den statischen Charakter des Konzepts. Unter der Hinnahme einer weiteren Komplizierung und einer politisch kaum mehr gegebenen Verwendbarkeit können in das Konzept dynamische Multiplikatoren eingebaut werden, die die unterschiedliche Wirkungslänge einzelner Kategorien berücksichtigen.

Musgrave bezieht lediglich unterschiedliche Konsumneigungen in seine Berechnung ein. Die marginale Investitionsneigung bleibt außer Betracht. Ist die Summe aus marginaler Konsum- und Investitions-

---

[96] Vgl. *D. A. L. Auld*, Budget Results and Theory of Fiscal Leverage, S. 232.

[97] Vgl. *E. M. Gramlich*, Maßstäbe für den Einfluß des Budgets auf die Gesamtnachfrage, S. 195.

neigung größer als eins, so ist der finanzpolitische Hebel nicht mehr bestimmbar[98]. Ebenso unberücksichtigt bleiben außenwirtschaftliche Einflüsse sowie die liquiditätspolitischen Wirkungen der Veränderung des finanzpolitischen Hebels.

Unter dem Gesichtspunkt der Stabilisierung der gesamtwirtschaftlichen Nachfrage auf das Produktionspotential ist nur die Verwendung des finanzpolitischen Hebels beim Konzept der „fiscal adequacy“ und des Fiskalkoeffizienten relevant. Einerseits wird der Beitrag der Fiskalpolitik zur Schließung der Lücke zwischen tatsächlichem und potentiellem Sozialprodukt gemessen. Andererseits kann daraus die Höhe des Hebels abgeleitet werden, die erforderlich ist, um die Lücke zu schließen. Die Meßziffern für den Auf- und Abschwung stellen dagegen nur auf das tatsächliche Niveau des Sozialprodukts ab. Für die Stabilitätszielsetzung sind sie ungeeignet, da sie einen Stabilitätsbeitrag indizieren, der dafür verantwortlich sein kann, daß die Vollauslastung des Produktionspotentials nicht erreicht wird.

7. Das „pure-cycle“-Konzept

In einer umfangreichen Studie untersuchten Hansen und Snyder die stabilitätspolitische Effizienz der Fiskalpolitik in sieben westlichen Industrieländern für den Zeitraum von 1955—1965[99]. Zur Schätzung der Fiskalwirkungen verwenden sie einen Maßstab, der dem Ansatz von Musgrave entspricht. Die Schätzung der Multiplikatoren erfolgt anhand eines relativ einfachen Modells Keynesianischer Prägung.

7.1 Der methodische Ansatz

Den Ausgangspunkt des „pure-cycle“-Konzepts bildet die Überlegung, daß „estimates of the effects of the fiscal or budgetary inter-

---

[98] Vgl. ebenda, S. 195 f. Gramlich versucht einige der Schwierigkeiten des finanzpolitischen Hebels zu umgehen, indem er nicht vom realen Bruttosozialprodukt, sondern von Gesamtnachfragefunktionen ausgeht. Sein gewichtetes Vollbeschäftigungsbudget stellt eine Synthese aus dem Vollbeschäftigungsüberschußkonzept und dem finanzpolitischen Hebel dar. Mit anderen Worten: Er gewichtet den aufgrund der Nachfragefunktionen berechneten Überschuß mit den Gewichten des finanzpolitischen Hebels. Vgl. *E. M. Gramlich*, The Behaviour and Adequacy of the United States Federal Budget, 1952—1964, „Yale Economic Essays“, Bd. 6 (1966), S. 99 ff.

[99] Vgl. *B. Hansen* assisted by *W. W. Snyder*, Fiscal Policy in Seven Countries 1955—1965, OECD, Paris 1969. Zitierweise: *B. Hansen*, Fiscal Policy. Diese Untersuchung bildete die Grundlage für eine Studie, in der Empfehlungen für eine effizientere Fiskalpolitik erarbeitet wurden. Vgl. *W. Heller*, *C. Goedhart*, *G. Guindey*, *H. Haller*, *J. van Boutte*, *A. Lindbeck*, *S. Sayers*, *S. Steve*, *J. C. R. Dow*, Fiscal Policy for a Balanced Economy, OECD, Paris 1968.

vention which has actually taken place thus require comparison between the actual development and a hypothetical development which would have occured had the intervention not taken place“[100]. Der Gesamteffekt des Budgets auf die Gesamtnachfrage ist demnach die Differenz zwischen dem tatsächlichen Sozialprodukt und dem Sozialprodukt, das sich ohne Veränderung der staatlichen Einnahmen und Ausgaben gegenüber der Vorperiode ergeben hätte. Den methodischen Ansatz zur Berechnung der Budgeteffekte verdeutlicht das folgende einfache Modell[101].

Es wird von der bekannten Definitionsgleichung ausgegangen:

$$Y = C + I + A$$

$$C = c\,(Y - T)$$

$$T = t \cdot Y$$

Durch Differentiation erhält man:

$$dY = dC + dI + dA$$

$$dC = cdY - cdT$$

$$dT = tdY + Ydt$$

Nach einigen Umrechnungen ergeben sich die beiden folgenden Gleichungen:

$$dY = \frac{1}{1 - c\,(1 - t)}\,(dI + dA - cYdt) \tag{13}$$

$$dY = \frac{1}{1 - c}\,(dI + dA - cdT) \tag{14}$$

In Gleichung (14) wird T als staatlicher Aktionsparameter aufgefaßt. Es erfolgt keine Unterscheidung zwischen diskretionärem und automatischem Einfluß auf die Steuereinnahmen. Der Gesamteffekt der Budgetveränderung (E_t) errechnet sich aus der Differenz von Gleichung (14), der tatsächlichen Veränderung des Sozialprodukts, und Gleichung (14), wenn dA und dT gleich Null gesetzt werden, also keine Veränderung im Budget (einschließlich der automatischen Wirkung) stattgefunden hat:

$$E_t = dY - \frac{1}{1 - c}\,dI = \frac{1}{1 - c}\,(dA - cdT) \tag{15}$$

Der diskretionäre Budgeteffekt (E_d) als Differenz zwischen der tatsächlichen Veränderung des Sozialprodukts und der Veränderung, die

---

[100] *B. Hansen*, Fiscal Policy, S. 15.

[101] Vgl. ebenda, S. 21 ff.

sich ohne Variation der diskretionären staatlichen Aktionsparameter ergeben hätte (dA und dt gleich Null), ergibt sich aus Gleichung (13):

$$E_d = dY - \frac{1}{1 - c(1 - t)} dI$$

(16)
$$E_d = \frac{1}{1 - c(1 - t)} (dA - cYdt)$$

Die Differenz zwischen dem Gesamteffekt und dem diskretionären Effekt des Budgets ergibt den automatischen Budgeteffekt (E_a):

(17)
$$E_a = E_t - E_d$$

Zur Schätzung der Budgetwirkungen verwendet Hansen ein wesentlich komplizierteres Modell[102]. Er differenziert zwischen den staatlichen Käufen für Güter und Dienstleistungen sowie zwischen der volumen- und wertmäßigen Veränderung der Staatsausgaben. Auf der Einnahmenseite wird zwischen direkten und indirekten Steuern unterschieden. Neben der marginalen Konsumneigung berücksichtigt Hansen auch die marginale Importneigung. Das Modell basiert auf Jahreszahlen, da für alle Länder keine Vierteljahreswerte zur Verfügung standen. Lags bleiben unberücksichtigt, da die Schätzung einerseits mit erheblichen empirischen Schwierigkeiten verbunden ist und andererseits Untersuchungen den Schluß zulassen, daß 80—90 Prozent der Budgetwirkungen während der ersten vier Quartale eintreten[103]. Investitionen und Exporte gehen als exogene Variable in das Modell ein. Hansen begründet dies für die Investitionen damit, daß bisher keine brauchbare Investitionsfunktion vorliegt[104]. Damit werden die Fiskalwirkungen systematisch unterschätzt, da induzierte Veränderungen der Privatinvestitionen unberücksichtigt bleiben.

Die Schätzungen Hansen's erfassen den Einfluß der Budgetveränderungen auf die Konsumnachfrage. Es wird nur der Einkommenseffekt gemessen. Anreiz- und Vermögenseffekt werden vernachlässigt, obwohl, wie Hansen selbst schreibt, z. B. in der Bundesrepublik die Fiskalpolitik mehr auf den Anreiz- als auf den Einkommenseffekt

---

[102] Vgl. *B. Hansen*, Fiscal Policy, S. 28 ff. Einen Überblick geben auch *W. Heller u. a.*, Fiscal Policy for a Balanced Economy, S. 167 ff. und *A. Wagner*, Die Auswirkung der öffentlichen Haushalte auf den Konjunkturverlauf in der Schweiz, 1955—1970, „Schweizerische Zeitschrift für Volkswirtschaft und Statistik“, 109. Jhrg. (1973), S. 32 ff.

[103] Vgl. *B. Hansen*, Fiscal Policy, S. 35.

[104] Henseler hat versucht, die Fiskalwirkungen in Österreich unter Einbeziehung einer Investitionsfunktion zu berechnen. Dies erbrachte aber keine plausiblen Ergebnisse. Vgl. *P. Henseler*, Stabilisierungseffekte der Budgetpolitik des Bundes, 1956—1969, Wien 1972, S. 38 f.

abgestellt war[105]. Unberücksichtigt bleiben die Publikumsgesellschaften. Damit können die Wirkungen einer Veränderung der Körperschaftssteuern nicht explizit erfaßt werden. Dies geht sowohl auf statistische Schwierigkeiten als auch auf die mangelnde Kenntnis der Nachfragewirkungen von Veränderungen der Körperschaftssteuern zurück.

7.2 Bestimmung des Stabilisierungsbeitrags

Hansen benutzt in seiner Studie drei Maße, um den Einfluß der Budgetpolitik auf die wirtschaftliche Entwicklung zu erfassen. Zwei dieser Maßstäbe beziehen sich auf die längerfristigen Wirkungen und sind deshalb im Rahmen dieser Arbeit von untergeordnetem Interesse[106]. Die kurzfristigen Fiskalwirkungen mißt Hansen durch einen Stabilitätskoeffizienten.

Zur Berechnung dieses Koeffizienten werden nach der im letzten Punkt beschriebenen Methode die Budgeteffekte (e) bestimmt. Zieht man diese Budgeteffekte von den tatsächlichen Wachstumsraten des Bruttosozialproduktes (g) ab[107], so erhält man den „pure cycle", die hypothetischen Wachstumsraten (g') des Sozialprodukts, die sich ergeben hätten, wenn das Budget nicht verändert worden wäre:

$$g' = g - e \tag{18}$$

Zur Messung der fiskalpolitischen Stabilisierung berechnet Hansen die trendmäßige Entwicklung aus den tatsächlichen Zuwachsraten des Sozialprodukts. Der Stabilitätskoeffizient (q) gibt an, ob die Fiskalpolitik stabilisierend oder destabilisierend gewirkt hat, d. h., ob die Entwicklung des tatsächlichen Sozialprodukts näher an der Trendlinie liegt als der „pure cycle" oder nicht. Der Stabilitätskoeffizient wird nach folgender Formel berechnet[108]:

$$q = 100 \cdot \left[1 - \sqrt{\frac{\Sigma\,(g - g^*)^2}{\Sigma\,(g' - g'^*)^2}} \right]^{109} \tag{19}$$

---

[105] Vgl. *B. Hansen*, Fiscal Policy, S. 16.

[106] Das erste Maß erfaßt den durchschnittlichen Fiskaleffekt über einen längeren Zeitraum, während das zweite die Differenz in der Neigung der Trendgeraden des tatsächlichen und hypothetischen Sozialprodukts mißt, um festzustellen, ob die Budgeteffekte im Beobachtungszeitraum stärker oder schwächer geworden sind. Vgl. *B. Hansen*, Fiscal Policy, S. 56.

[107] Hansen verwendet hierzu die Budgeteffekte als prozentuale Veränderung des BSP, indem er die Budgeteffekte der Periode t auf das Bruttosozialprodukt der Periode $t - 1$ bezieht.

[108] Vgl. *B. Hansen*, Fiscal Policy, S. 56.

[109] $\Sigma\,(g - g^*)$ ist die Summe der Abweichungen der tatsächlichen Wachstumsraten von deren Durchschnittswert; $\Sigma\,(g' - g'^*)$ die Summe der Abweichungen der Wachstumsraten des „pure-cycle" vom Durchschnittswert des „pure-cycle" für den Zeitraum von 1955—1965.

Der Stabilitätskoeffizient ist durch die Quadratwurzel aus dem Quotienten der mittleren Abweichung der tatsächlichen und der hypothetischen Zuwachsrate definiert.

Die folgende Abbildung illustriert die Vorgehensweise von Hansen:

Abbildung 6

Der Stabilisierungseffekt der Fiskalpolitik nach dem „pure-cycle"-Konzept

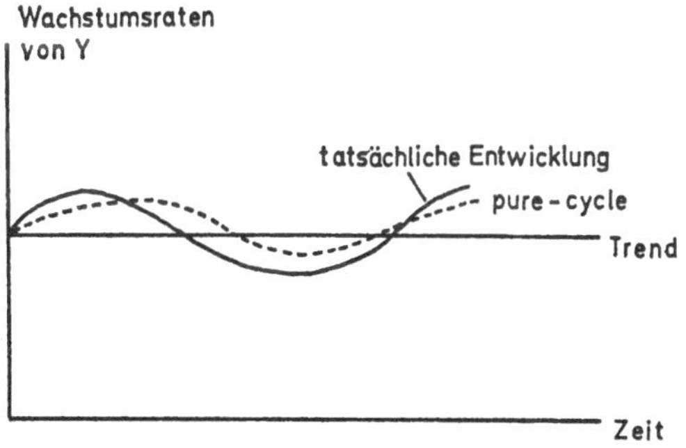

Die Fiskalpolitik hat stabilisierend gewirkt, wenn die tatsächliche Entwicklung des Sozialprodukts näher an der Trendlinie liegt als der „pure-cycle". Im umgekehrten Fall gehen vom öffentlichen Haushalt destabilisierende Effekte aus. Ist der Stabilitätskoeffizient gleich 100, so war die Stabilisierungswirkung vollkommen, die tatsächlichen Zuwachsraten liegen auf der Trendlinie. Bei einem Wert des Koeffizienten zwischen 0 und 100 wirkt die Fiskalpolitik stabilisierend. Ist der Koeffizient negativ, so führen die destabilisierenden Wirkungen der Budgetpolitik dazu, daß die Linie des „pure-cycle" näher am Trend liegt als die des tatsächlichen Sozialprodukts.

7.3 Die Berücksichtigung des Produktionspotentials im Rahmen des „pure-cycle"-Konzepts

Der Stabilitätskoeffizient mißt die fiskalpolitische Stabilisierung an einer Trendlinie, die aus den Wachstumsraten des tatsächlichen Sozialprodukts berechnet wird. Damit fehlt aber die Zielbezogenheit des Konzepts. Die Studie von Hansen sagt nichts darüber aus, welchen Beitrag die Fiskalpolitik zur Vollauslastung der Ressourcen geleistet hat. Eine stabilitätsorientierte Budgetpolitik ist aber auf die Vollbeschäftigung auszurichten. Die mangelnde Zielbezogenheit bei Hansen resultiert teilweise aus den fehlenden Statistiken über die Entwicklung des Produktionspotentials in einigen der sieben Länder.

Auf der Grundlage des „pure-cycle"-Ansatzes hat Snyder einen Maßstab entwickelt, der explizit auf das Produktionspotential Bezug nimmt[110]. Snyder berechnet analog dem oben skizzierten Verfahren den „pure-cycle", indem er die Budgeteffekte vom tatsächlichen Sozialprodukt abzieht. Die Differenz zwischen dem Produktionspotential und dem „pure-cycle" definiert er als die potentielle Stabilisierung („potential stabilization")[111]. Die Fiskalpolitik wirkt stabilisierend und damit konjunkturgerecht, wenn sie diese Lücke verkleinert. Sie wirkt destabilisierend, wenn die Differenz zwischen dem Produktionspotential und dem „pure-cycle" vergrößert wird.

Abbildung 7

Die potentielle Stabilisierung

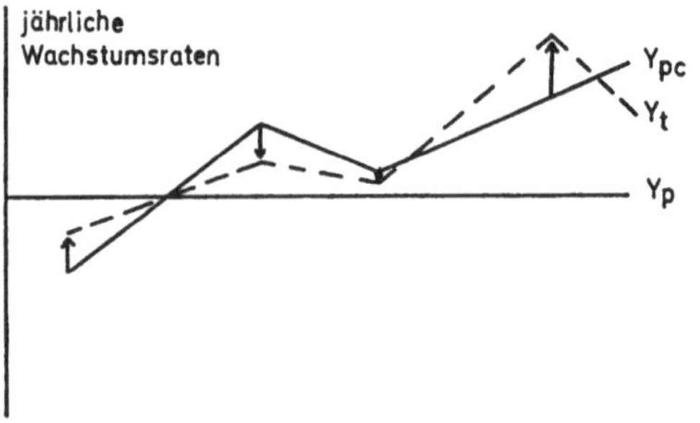

In Abbildung 7 sind die jährlichen Wachstumsraten des effektiven Sozialprodukts (Y_t), des „pure-cycle"-Einkommens (Y_{pc}) und des Produktionspotentials (Y_p) eingezeichnet. Die Pfeile in Richtung auf die Linie des Produktionspotentials zeigen eine konjunkturgerechte Fiskalpolitik an. Der öffentliche Haushalt hat dazu beigetragen, daß das tatsächliche Sozialprodukt näher am Produktionspotential liegt, als es ohne die Fiskalpolitik der Fall gewesen wäre. Weisen die Pfeile in die entgegengesetzte Richtung, so wird eine destabilisierende Wirkung der Fiskalpolitik indiziert.

In algebraischer Schreibweise wird Snyder's Maß für Konjunkturgerechtigkeit (z) durch folgende Formel ausgedrückt[112]:

---

[110] Vgl. *W. W. Snyder*, Measuring Economic Stabilization: 1955—1965, „American Economic Review", Bd. 60 (1970), S. 924 ff.; ders., Measuring the Effects of German Budget Policies, „Weltwirtschaftliches Archiv", Bd. 104 (1970), S. 302 ff.; ders., Measuring the Stabilizing Effects of Social Security Programs in Seven Countries, 1955—1965, „National Tax Journal", Bd. 23 (1970), S. 263 ff.; ders., Are the Budgets of State and Local Governments Destabilizing? A Six Country Comparison, „European Economic Review", Bd. 4 (1973), S. 197 ff.; ders., *T. Tanaka*, Budget Policy and Economic Stability in Postwar Japan, „International Economic Review", Bd. 13 (1972), S. 85 ff.

[111] Vgl. *W. W. Snyder*, Measuring Economic Stabilization: 1955—1965, S. 930.

[112] BHJL, Zu den konjunkturellen Wirkungen der Haushaltspolitik, S. 132.

$$z = \frac{E_t}{Y_p - Y_{pc}} \tag{20}$$

Ist $z = 1$, so hat die Fiskalpolitik die Differenz zwischen dem Vollbeschäftigungs- und dem „pure-cycle“-Einkommen gerade kompensiert. Zur genauen Interpretation der Werte ist allerdings die Kenntnis des effektiven Auslastungsgrades notwendig. Liegt z. B. z zwischen Null und eins, so indiziert Gleichung (20) ein konjunkturgerechtes Verhalten der öffentlichen Hand. Es kann damit aber noch kein Urteil darüber abgegeben werden, ob eine Überauslastung abgeschwächt oder eine Unterauslastung verringert wird[113].

7.4 Ergebnisse der Untersuchungen

Eine Zusammenfassung der Ergebnisse aus der Studie von Hansen für den Zeitraum von 1955—1965 bringt die folgende Tabelle. Die Zahlen geben die Höhe des Stabilitätskoeffizienten wieder. Dabei indiziert ein Wert von 100, wie bereits erwähnt, eine vollkommene Stabilisierung. Je näher der Koeffizient bei Null liegt, desto geringer war der fiskalische Stabilitätsbeitrag. Ein negativer Wert signalisiert eine destabilisierende Wirkung.

Nach Tabelle 4 wirkten die öffentlichen Haushalte mit Ausnahme Großbritanniens in den einzelnen Ländern im Beobachtungszeitraum stabilisierend, wenn auch die Stärke variierte. Ein wesentlicher Teil des Stabilisierungseffekts geht in fast allen Ländern auf die Sozial-

Tabelle 4

Die fiskalpolitischen Stabilisierungswirkungen in sieben westlichen Industrieländern nach Hansen, unterschiedliche Zeiträume

Land	Periode	öffentl. Sektor	Gebietskörperschaften		
		E_t	E_t	E_d	E_a
Belgien	55—65	31	21	5	16
Frankreich	58—65	12	13	− 35	48
BRD	58—65	42	26	14	12
Italien	56—65	30	15	− 17	32
Schweden	55—65	31	..	5	..
UK	55—65	− 11	− 13	− 10	− 3
USA	55—65	56	49	17	32

Quelle: B. *Hansen*, Fiscal Policy, Tabelle 2.6., S. 69. Der öffentliche Sektor schließt die Sozialversicherung ein, während bei den Gebietskörperschaften die Sozialversicherung eliminiert ist.

[113] Vgl. *A. Wagner*, Die Auswirkung der öffentlichen Haushalte auf den Konjunkturverlauf in der Schweiz, 1955—1970, S. 28 f.

versicherung zurück. Die Stabilitätskoeffizienten des gesamten öffentlichen Sektors liegen, von Frankreich abgesehen, bedeutend höher als die der Gebietskörperschaften. Relativ niedrig waren die diskretionären Effekte der Stabilisierung. Der größere Teil des öffentlichen Stabilisierungsbeitrags ist den automatischen Wirkungen zuzurechnen.

Überraschend hoch liegt der Stabilitätskoeffizient in der Bundesrepublik, obwohl während des Beobachtungszeitraums keine bewußte Stabilitätspolitik erfolgte. Hansen führt dies auf zufällige Ereignisse, wie z. B. die Wiederaufrüstung zurück[114].

Ebenso überraschend ist das Ergebnis für die USA. Nach den Berechnungen von Hansen hat das Budget sowohl bei den Gesamteffekten als auch bei den diskretionären Wirkungen den höchsten Stabilitätsbeitrag geleistet. Dies steht im Widerspruch zur Analyse und den Berechnungen des Council of Economic Advisers, der aufgrund des Vollbeschäftigungsüberschußkonzepts der Fiskalpolitik in den USA eher eine destabilisierende Wirkung zuordnet[115]. Die Ursache für diesen „Widerspruch" liegt darin, daß Hansen die Fiskaleffekte nicht auf das Produktionspotential, sondern auf die durchschnittliche tatsächliche Wachstumsrate des Sozialprodukts bezieht. Das Budget hat zwar die konjunkturellen Schwankungen gedämpft, damit aber das Erreichen der Vollbeschäftigung verhindert. An dieser Kritik setzte die neue „Stagnationstheorie" an. Das Ergebnis von Hansen stellt also keinen Widerspruch dar.

Die Auswirkungen der unterschiedlichen Bezugsgrößen bei Hansen und Snyder enthält die folgende Tabelle.

Tabelle 5

Der fiskalpolitische Stabilitätsbeitrag des öffentlichen Gesamtsektors in sieben westlichen Industrieländern nach Hansen und Snyder, 1955—65, Gesamteffekt

Land	Hansen	Snyder
Belgien	31	9,5
Frankreich	12a)	29,2
BRD	35	13,1
Italien	31	20,7
Schweden	31	63,8
UK	− 11	26,9
USA	56	17,3

a) 1956—65

Quelle: B. *Hansen*, Fiscal Policy, S. 69; W. W. *Snyder*, Measuring the Effects of German Budget Policies, 1955—65, S. 316.

[114] Vgl. B. *Hansen*, Fiscal Policy, S. 240.

[115] Vgl. Punkt 4.6.

Die Unterschiede nach den beiden Varianten des „pure-cycle“-Konzepts sind beträchtlich. Die höchste Stabilisierungswirkung erzielte nach Snyder das schwedische Budget. Aber auch die destabilisierenden Effekte, die Hansen für England errechnete, haben bei Berücksichtigung des Produktionspotentials zumindest etwas stabilisierend gewirkt. Am eklatantesten ist der Unterschied für die USA. Der hohe Stabilitätskoeffizient bei Hansen bringt zum Ausdruck, daß die Schwankungen des tatsächlichen Sozialprodukts relativ gering waren. Der niedrige Wert bei Snyder zeigt an, daß von der Fiskalpolitik in den USA nur ein geringer Beitrag zur Erreichung der Vollbeschäftigung geleistet wurde. Dies stimmt mit der Auffassung des Council of Economic Advisers überein. Nach Belgien hatte die Bundesrepublik nach den Berechnungen Snyders den geringsten Stabilisierungseffekt des Budgets. Die Ursache liegt darin, daß Snyder für die BRD eine Schätzung des Produktionspotentials von Lundberg[116] zugrunde legt, die einer Arbeitslosenquote von 2 Prozent entspricht[117]. Da jedoch die Norm für Vollbeschäftigung in der BRD bei ca. 1 Prozent Arbeitslosigkeit festgesetzt ist, lag in den Berechnungen von Snyder die Wachstumsrate des effektiven Sozialprodukts über dem geschätzten Zuwachs des Produktionspotentials. Die Fiskalpolitik wirkte daher fast durchgehend destabilisierend[118]. Wäre Snyder von einer stärkeren Zunahme des Produktionspotentials, wie es der Arbeitslosenquote von 1 Prozent entspricht, ausgegangen, so wäre der fiskalische Stabilisierungsbeitrag etwas höher ausgefallen.

7.5 Kritik des „pure-cycle“-Maßstabs

Die Budgetkonzepte von Hansen und Snyder stimmen in ihrem methodischen Ansatz in etwa mit dem finanzpolitischen Hebel von Musgrave überein. Bei beiden Maßstäben wird auf der Multiplikatoranalyse aufgebaut. Beide Konzepte basieren auf der gleichen Neutralitätsvorstellung. Danach ist die Fiskalpolitik dann neutral, wenn sich die Einnahmen und Ausgaben der öffentlichen Hand gegenüber der Vorperiode nicht ändern[119]. In diesem Fall sind die Veränderungen des finanzpolitischen Hebels und die der Budgeteffekte gleich Null. Beide Konzepte stellen darauf ab, welchen Stabilisierungsbeitrag die Fiskal-

---

[116] Vgl. *E. Lundberg*, Instability and Economic Growth, New Haven and London 1968.

[117] Vgl. *W. W. Snyder*, Measuring the Effects of German Budget Policies, 1955—65, S. 312.

[118] Vgl. ebenda, S. 314.

[119] Vgl. *J. R. Lotz*, Measuring the Effects of Fiscal Policy in Developing Countries, „Finanzarchiv“, Bd. 29 (1970), S. 238.

politik geleistet hat. Sie sind Maßstäbe zur Messung der Konjunkturgerechtigkeit in der Vergangenheit und dienen als Orientierung für die konjunkturgerechte Gestaltung des Haushalts für die Zukunft. Ein Unterschied in beiden Ansätzen besteht in der expliziten Berücksichtigung der diskretionären Budgeteffekte bei Hansen und Snyder.

Für eine zieladäquate Anwendung des „pure-cycle"-Konzepts kommt nur die Snyder'sche Erweiterung in Betracht, da dabei die Entwicklung des Produktionspotentials berücksichtigt wird. Die Berechnungen von Hansen können, wie am Beispiel der Vereinigten Staaten deutlich wurde, eine zielgerichtete Fiskalpolitik zu einem destabilisierenden Verhalten veranlassen.

Bei den in Tabelle 5 und 6 wiedergegebenen Zahlenangaben handelt es sich um Durchschnittswerte für den Zeitraum von 1955—65. Diese Werte lassen keinen Rückschluß auf den jährlichen Stabilitätsbeitrag der Fiskalpolitik zu, der unter konjunkturellen Gesichtspunkten von wesentlicher Bedeutung ist. Die Durchschnittswerte gehen aber auf die für die einzelnen Jahre berechneten Budgeteffekte zurück, so daß im Rahmen des „pure-cycle"-Konzepts auch der konjunkturpolitischen Zielsetzung Rechnung getragen werden kann.

Mit diesem Maßstab können die Budgeteffekte für die einzelnen Gebietskörperschaften und Parafisci wie Bund, Länder, Gemeinden und Sozialversicherung berechnet werden[120]. Damit besteht die Möglichkeit, die Stabilitätsbeiträge der verschiedenen Körperschaften zu erfassen. Für eine stabilitätsorientierte Fiskalpolitik ist dies von Bedeutung, da die Maßnahmen bei der Körperschaft ansetzen können, die den geringsten Stabilitätsbeitrag leistet oder destabilisierend wirkt.

Das „pure-cycle"-Konzept unterliegt allerdings einigen Einschränkungen, die aus den Modellprämissen folgen. Geht man von der nicht unrealistischen Annahme aus, daß auch die Investitionen durch die Veränderungen der Budgeteffekte teilweise beeinflußt werden, dann führt die Prämisse von exogen vorgegebenen Investitionen dazu, daß die Schätzungen „may systematically understate the full impact of budget changes on national expenditure by a sizeable fraction"[121].

Beschränkungen folgen auch aus der Vernachlässigung der liquiditätspolitischen Wirkungen der Budgeteffekte, die gerade für die Investitionsnachfrage von Bedeutung sein können. Auf die Ausklammerung der Publikumsgesellschaften und die sich daraus ergebenden Probleme wurde bereits hingewiesen.

---

[120] Vgl. z. B. W. W. *Snyder*, Measuring the Effects of German Budget Policies, 1955—65, S. 306.

[121] W. *Heller u. a.*, Fiscal Policy for a Balanced Economy, S. 175.

Der „pure-cycle" eliminiert lediglich die Budgeteffekte, er beinhaltet aber die Wirkungen anderer wirtschaftspolitischer Maßnahmen, wie z. B. der Geld- und Einkommenspolitik[122]. Damit entsteht das Problem, daß der Fiskalpolitik eine Stabilisierungswirkung zugerechnet wird, die in Wirklichkeit auf die anderen wirtschaftspolitischen Maßnahmen zurückgeht. So kann ein Extremfall konstruiert werden, in dem die Budgeteffekte ständig destabilisierend wirken. Wenn die Fiskalwirkungen genau bekannt sind und andere wirtschaftspolitische Instrumente eingesetzt werden, um die Lücke zwischen Produktionspotential und „pure-cycle" zu schließen, „then the economy would always be at its full potential but all the stabilizing effects would be attributed to the budgetary impact rather than the other policies which were the real reason for maintaining full employment"[123].

Dem Multiplikatormodell von Hansen und Snyder liegt die keynesianische Annahme zugrunde, daß eine Zunahme der Gesamtnachfrage zu einer Erhöhung des realen Outputs führt, also noch ungenutzte Kapazitäten zur Verfügung stehen[124]. Bei annähernder Vollbeschäftigung ist jedoch davon auszugehen, daß die Budgeteffekte sich in steigenden Preisen niederschlagen. Eine Trennung von Beschäftigungs- und Preiswirkungen findet beim „pure-cycle"-Konzept nicht statt. Diese Trennung ist aber gerade für die Situation der Voll- und Überbeschäftigung von Bedeutung, da in diesem Fall von der Fiskalpolitik eher Preis- als Beschäftigungswirkungen verursacht werden. Unter diesem Gesichtspunkt kann auch die Annahme konstanter Modellparameter nicht aufrechterhalten werden. Veränderte Preiserwartungen führen in der Regel zu einer Veränderung der marginalen Konsumneigung.

Die Schätzung der Budgeteffekte nach dem Modell von Hansen und Snyder ist daher nur für die Situation der Unterbeschäftigung zutreffend. Um die Preiseffekte erfassen zu können, müßte bei den Budgeteffekten nach den Preis- und Beschäftigungswirkungen unterschieden werden[125]. Zusätzliche Schwierigkeiten treten auf, wenn die Veränderung der Preisstruktur zuungunsten des Staates berücksichtigt wird[126].

---

[122] Vgl. W. W. *Snyder*, Measuring Economic Stabilization: 1955—65, S. 926 f.

[123] Vgl. ebenda, S. 931.

[124] Vgl. A. *Wagner*, Die Auswirkungen der öffentlichen Haushalte auf den Konjunkturverlauf in der Schweiz, 1955—1970, S. 36. Vgl. auch W. *Heller u. a.*, Fiscal Policy for a Balanced Economy, S. 177.

[125] Hansen macht selbst den Hinweis, daß wegen des keynesianischen Modells die volumen-, nicht die wertmäßigen Wirkungen erfaßt werden. Vgl. B. *Hansen*, Fiscal Policy, S. 38 f.

[126] Vgl. BHJL, Zu den konjunkturellen Wirkungen der Haushaltspolitik, S. 132.

Die Wirkungen auf die Beschäftigung sind in diesem Fall geringer als es die Budgeteffekte anzeigen, da ein Teil durch die stärkeren Preissteigerungen im Staatssektor absorbiert wird.

In einem Beitrag kritisierte Lindbeck die Multiplikatoranalyse von Hansen[127]. Die Schätzung der Multiplikatorwirkungen unterliegt seiner Meinung nach erheblichen empirischen Schwierigkeiten. Lindbeck gibt der Multiplikandenanalyse den Vorzug, obwohl auch dieser Methode Mängel, wie z. B. die unterschiedlichen Wirkungen temporärer und permanenter Steuerveränderungen, anhaften[128]. Lindbeck berechnet die Budgeteffekte nach dem Konzept von Hansen für die gleichen Länder und den gleichen Zeitraum. Er stellt lediglich auf die Multiplikandenanalyse ab und läßt die indirekten Wirkungen unberücksichtigt.

Tabelle 6

Der Einfluß des öffentlichen Sektors auf die Gesamtnachfrage in sieben westlichen Industrieländern auf Multiplikanden- (Lindbeck) und Multiplikatorbasis (Hansen), Gesamteffekte in Prozent des BSP, 1955—65

Land	Hansen	Lindbeck
Belgien	0,49	0,3
Frankreich	0,71a)	0,5
BRD	0,55	0,3
Italien	0,96	0,4
Schweden	0,80	0,4
UK	0,00	0,0
USA	– 0,05b)	0,0b)

a) 1958—1965, b) Central Government

Quelle: *B. Hansen*, Fiscal Policy, S. 58; *A. Lindbeck*, Fiscal Policy as a Tool of Economic Stabilization, S. 14/15.

Nach Tabelle 6 sind die Unterschiede zwischen der Multiplikator- und Multiplikandenanalyse nicht gravierend. Allerdings gilt es zu berücksichtigen, daß es sich hier um Durchschnittswerte für den Beobachtungszeitraum handelt, so daß sich die jährlichen Abweichungen ausgleichen können. Um eventuelle jährliche Differenzen zwischen beiden Methoden aufzuzeigen, seien noch kurz die Multiplikanden- und Multiplikatoreffekte für jedes Jahr am Beispiel der Bundesrepublik angeführt.

---

[127] Vgl. *A. Lindbeck*, Fiscal Policy as a Tool of Economic Stabilization, „Kyklos", Bd. 23 (1970), S. 7 ff.

[128] Vgl. ebenda, S. 10.

Tabelle 7

Die jährlichen Fiskalwirkungen des öffentlichen Sektors nach Hansen und Lindbeck für die BRD, Gesamteffekte in Prozent des BSP, 1955—65

Budget-effekte	55	56	57	58	59	60	61	62	63	64	65
Hansen	– 0,9	– 0,9	0,6	3,3	– 0,7	– 1,0	0,3	1,8	1,3	– 0,2	2,4
Lindbeck	– 0,4	– 0,4	0,3	1,5	– 0,3	– 0,4	0,1	0,8	0,6	– 0,1	1,1

a) Hansen bezieht die Gesamteffekte auf die Periode $t - 1$, während Lindbeck die direkten Effekte auf dieselbe Periode bezieht.

Quelle: *B. Hansen*, Fiscal Policy, S. 261; *A. Lindbeck*, Fiscal Policy as a Tool of Economic Stabilization, S. 14.

Stellt man auf die jährlichen Budgeteffekte ab, so sind die Unterschiede zwischen der Multiplikanden- und Multiplikatorenanalyse doch erheblich größer als bei den Durchschnittswerten. Welche der beiden Methoden vorzuziehen ist, läßt sich nur schwer beantworten. Von theoretischer Sicht müßte der Multiplikatoranalyse der Vorzug gegeben werden. Die Schätzprobleme der Multiplikatoreffekte sowie die größere Praktikabilität im wirtschaftspolitischen Bereich verweisen auf eine Präferenz für die Multiplikandenanalyse, solange keine tiefgreifenden Veränderungen in der Budgetstruktur stattfinden[129].

8. Die holländischen Budgetkonzepte

Die bisher diskutierten Budgetmaßstäbe waren primär an der stabilitätspolitischen Zielsetzung orientiert. Demgegenüber ist die niederländische „Finanzphilosophie“ mittelfristig ausgerichtet, die allokative Funktion des Haushalts steht im Vordergrund[130]. Zur mittelfristigen Planung des Budgets wird von der offiziellen Fiskalpolitik das Konzept der strukturellen Budgetregel („structural budget margin“) verwandt[131]. Konjunkturelle Gesichtspunkte bleiben wegen der mittelfristigen Orientierung außer Betracht. Zur Beurteilung der konjunkturellen Wirkungen der Haushaltspolitik stützt man sich auf das Konzept des Budgetimpulses („budget impulse“)[132]. Ausgangspunkt für beide Konzepte bildet, wie beim amerikanischen Maßstab, die Kritik an der Saldentheorie.

[129] Eine genauere Analyse der Multiplikanden- und Multiplikatoranalyse erfolgt im II. Kapitel, Punkt 4.5.

[130] Zur Unterscheidung in die allokative, redistributive und stabilitätspolitische Funktion des Haushalts vgl. *R. A. Musgrave*, Finanztheorie, 2. Aufl., Tübingen 1969, S. 5 ff.

[131] Vgl. z. B. *Ministry of Finance*, The Netherlands Budget Memorandum 1970 (adridged), S. 80 ff. Zitierweise: Budget Memorandum.

[132] Vgl. ebenda, S. 90 ff.

8.1 Die strukturelle Budgetregel

Das Konzept der strukturellen Budgetregel wird in Holland seit 1960 von der offiziellen Wirtschaftspolitik zur Planung des Haushalts verwandt. Entwickelt wurde es von Zijlstra[133]. Den Ausgangspunkt bildet die Kalkulation des Budgetsaldos für die Situation der Vollbeschäftigung. Die Bedingungen hierzu ergeben sich aus der makroökonomischen Gleichgewichtstheorie. Zur Aufrechterhaltung des Vollbeschäftigungsgleichgewichts ist, wie bereits angeführt wurde, ein Budgetsaldo erforderlich, der die Differenz der privaten Ersparnis und Investition sowie die Differenz zwischen Export und Import bei Vollbeschäftigung gerade ausgleicht[134]. Mit diesem Ansatz entspricht es der zweiten Zielsetzung des Vollbeschäftigungsüberschußkonzepts. Ein Unterschied besteht hinsichtlich der Interpretation. Der amerikanische Maßstab stellt auf die Messung der konjunkturellen Wirkungen ab, „the object of pursuing a budgetary policy based on a structural standard is to achieve a balanced growth of the national economy“[135]. Die Bedingungen dafür, daß der öffentliche Sektor keine Abweichung vom gleichgewichtigen Wachstumspfad verursacht, bestimmen sich aus der strukturellen Budgetregel.

In mittelfristiger Sicht bleibt der Budgeteinfluß auf die wirtschaftliche Entwicklung konstant, wenn von einem Basisjahr mit Vollbeschäftigungsgleichgewicht die öffentlichen Ausgaben und Einnahmen mit der Wachstumsrate des Produktionspotentials zunehmen. Da jedoch in der Regel die Aufkommenselastizität des Steuersystems größer als eins ist, muß zur Aufrechterhaltung des gleichgewichtigen Wachstums der Progressionseffekt ausgeschaltet werden. Bei den niederländischen Schätzungen wurde z. B. für den Zeitraum von 1968—1971 eine mittelfristige Zuwachsrate des Produktionspotentials von 4,8 Prozent und ein Progressionsfaktor von 1,25 unterstellt[136]. Damit ergibt sich eine automatische Erhöhung der jährlichen Steuereinnahmen um 6 Prozent. In dieser Höhe können die Staatsausgaben zunehmen, ohne die Bedingungen des gleichgewichtigen Wachstums zu verletzen. Eine Ausdehnung des öffentlichen Sektors ist hiermit allerdings nicht vorprogrammiert. Die Ausgaben können z. B. mit einer niedrigeren Wachstumsrate zunehmen, wenn die Steuern entsprechend gesenkt werden. Entscheidend bleibt die Bestimmung, daß die Summe aus der Erhöhung der Staats-

---

133 Vgl. *J. Zijlstra*, Möglichkeiten und Grenzen der Konjunkturpolitik, Kiel 1962; vgl. auch *J. Zijlstra*, *B. Goudzwaard*, Wirtschaftspolitik und Wettbewerbspolitik in der EWG und ihren Mitgliedstaaten, „EWG-Studien“, Reihe Wettbewerb, Bd. 2, Brüssel 1966, S. 58 ff.

134 Vgl. Budget Memorandum 1973, S. 25.

135 Budget Memorandum 1970, S. 80.

136 Vgl. ebenda, S. 83.

ausgaben und der Senkung der Steuereinnahmen die von der strukturellen Budgetregel vorgegebene Expansionsrate nicht über- oder unterschreitet[137].

Verhält sich die öffentliche Hand nach dem Konzept der strukturellen Budgetregel, so ergibt sich ein im Zeitablauf konstanter relativer Budgetsaldo[138]. Diesem konstanten Saldo wird ein gleichbleibender Einfluß auf die wirtschaftliche Entwicklung zugeordnet. „This constant impact will neither change fundamentally by a change in the composition of taxes and expenditure nor by a shift both of them, at least if not too large mutations are considered“[139].

Unter stabilitätspolitischen Gesichtspunkten impliziert ein Verhalten der öffentlichen Hand nach der strukturellen Budgetregel, daß das Schwergewicht der Fiskalpolitik bei der Wirksamkeit der automatischen Stabilisatoren liegt[140]. Weicht die konjunkturelle Entwicklung vom Gleichgewichtspfad nach unten ab, dann gehen die Steuereinnahmen zurück. Die Ausgaben erhöhen sich weiterhin entsprechend dem mittelfristigen Budgetkonzept. Der Vergrößerung des absoluten und relativen Haushaltsdefizits wird ein stabilisierender Effekt zugerechnet. In der Boomphase wirkt die Verkleinerung des Defizits oder Vergrößerung des Überschusses kontraktiv. Seit 1968 wurde die Bedeutung der automatischen Stabilisierung verstärkt, indem auch auf der Ausgabenseite gewisse automatische Elemente eingeführt wurden[141]. Hierzu werden einige Ausgabenkategorien auf die als normal angesehene Arbeitslosenquote bezogen. Liegt z. B. die tatsächliche höher als die „normale“ Arbeitslosenquote, dann sind diese Kategorien nicht durch die strukturelle Budgetregel begrenzt. Die automatische Reaktion des Saldos auf die konjunkturelle Entwicklung ist stärker als bei einer Zunahme der Ausgaben nach der Budgetregel.

Diskretionäre Maßnahmen sind unter dem Gesichtspunkt der stabilitätspolitischen Zielsetzung nicht gänzlich ausgeschlossen. In einer Unterbeschäftigungssituation sollen diese prinzipiell in der Weise ergriffen werden, „by offsetting additional expenditure incurred for reducing general unemployment by a reduction in expenditure in other fields

---

[137] Vgl. *T. A. Stevers*, Some Aspects of Social Developments on Public Finance, in: R. Regul (Ed.), The Budget Today, Semaine des Bruges 1967, De Tempel 1968, S. 56 f.

[138] In praxi wurde allerdings nicht ein konstanter relativer Saldo als vielmehr ein konstanter absoluter Saldo angestrebt. Vgl. Budget Memorandum 1973, S. 25.

[139] *T. A. Stevers*, Some Aspects of Social Developments in Public Finance, S. 58.

[140] Vgl. *D. A. Dixon*, Techniques of Fiscal Analysis in the Netherlands, „IMF — Staff Papers“, Bd. 19 (1972), S. 618.

[141] Vgl. Budget Memorandum 1970, S. 82.

that would hardly affect the level of employment"[142]. Die Einführung diskretionärer Elemente in das Konzept der strukturellen Budgetregel hat ihre Ursache darin, daß der relative Saldo „is not entirely adequate for the immediate purposes of short-run stabilization policy"[143].

Die Berücksichtigung allgemeiner Preissteigerungen und die Veränderung der Preisstruktur zuungungsten des staatlichen Sektors bereitet einige Schwierigkeiten. Die strukturelle Budgetregel erlaubt für die kommende Periode nur eine Ausgabensteigerung, die durch eine Zunahme der Einnahmen entsprechend der realen Wachstumsrate des Produktionspotentials und dem Progressionsfaktor begrenzt ist. Die Berücksichtigung von erwarteten Preissteigerungen ist nicht gestattet. Es erfolgt lediglich eine Anpassung für die bereits eingetretene Erhöhung des Preisniveaus[144].

Um dem in Inflationszeiten schnelleren Anstieg des Preisindex für öffentliche Güter, vor allem für Löhne und Gehälter, Rechnung zu tragen, wendet die holländische Regierung ein besonderes Verfahren an[145]. Die inflationsbedingten progressiven Steuereinnahmen (nominaler Progressionseffekt) werden durch eine Senkung der Steuersätze neutralisiert, um die durch die steigenden Preise zusätzliche Belastung zu vermeiden. Der proportionale Teil der nominal bedingten Zunahme der Steuereinnahmen wird zur Finanzierung der durch die Inflation verursachten Erhöhung der Ausgaben für Löhne und Gehälter verwandt.

Dieses Verfahren geht auf die Beobachtung zurück, daß die inflationsbedingte proportionale Zunahme der Steuereinnahmen in etwa den zusätzlichen Ausgaben für Löhne und Gehälter entsprach[146]. Diese Ausgabenkategorien werden aus der strukturellen Budgetregel herausgenommen, während der Ausgabenzuwachs der übrigen Staatskäufe weiterhin durch die strukturelle Budgetregel begrenzt ist[147]. Damit variiert aber der reale Zuwachs der öffentlichen Ausgaben für Dienste und Güter mit dem Preisindex des Staatssektors (ausgenommen Löhne und Gehälter).

---

[142] Vgl. ebenda, S. 87.

[143] *D. A. Dixon*, Techniques of Fiscal Analysis in the Netherlands, S. 619.

[144] Vgl. Budget Memorandum 1970, S. 84.

[145] Vgl. ebenda, S. 88 f.; vgl. auch *D. A. Dixon*, Techniques of Fiscal Analysis in the Netherlands, S. 622 ff. und *J. Lotz*, Techniques of Measuring the Effects of Fiscal Policy, „Economic Outlook", OECD, 1971, S. 21.

[146] Vgl. Budget Memorandum 1970, S. 40.

[147] Selbstverständlich ist eine stärkere Erhöhung der staatlichen Ausgaben für Güter und Dienste nicht prinzipiell ausgeschlossen. Hierfür sind aber zusätzliche Steuereinnahmen notwendig.

Neben den Löhnen und Gehältern sind noch folgende, nicht als relevant betrachtete Kategorien aus der strukturellen Budgetregel herausgenommen worden[148]:

— nicht kreislaufwirksame Ausgaben;

— Verlagerungen innerhalb der einzelnen Gebietskörperschaften;

— staatliche Kapitalbeteiligungen;

— Veränderungen der Einnahmen und Ausgaben im Zusammenhang mit der stabilitätsorientierten Fiskalpolitik;

— bestimme Einnahmen und Ausgaben aus Gründen der einfacheren Handhabung.

8.2 Der Budgetimpuls

Das Konzept der strukturellen Budgetregel ist mittelfristig orientiert. Es gibt an, wie die staatlichen Ausgaben auszudehnen sind, ohne von staatlicher Seite eine Abweichung vom mittelfristigen Wachstumspfad zu verursachen. Ein stabilitätspolitischer Bezug besteht durch die Wirkungsweise der automatischen Stabilisatoren. Zur Schätzung der konjunkturellen Wirkungen, die durch diskretionäre fiskalpolitische Maßnahmen bedingt sind, wird in Holland das Konzept des Budgetimpulses verwandt[149].

Die Impulsanalyse erfaßt die Fiskaleffekte, die sich aus der diskretionären Variation staatlicher Aktionsparameter gegenüber der Vorperiode ergeben. Auf der Einnahmenseite werden die Steuereinnahmen, die über die konjunkturell bedingte (automatische) Erhöhung hinausgehen, als diskretionär betrachtet. Sie umfassen die Mehreinnahmen aufgrund von Steuersatzvariationen, den mittelfristigen Progressionseffekt des Steuersystems und seit 1971 auch den Progressionseffekt der sonstigen Einnahmen[150].

Auf der Ausgabenseite gelten die Veränderungen der relevanten Ausgabenkategorien als diskretionär. Im Unterschied zum Konzept der strukturellen Budgetregel sind die Ausgabensteigerungen für Löhne und Gehälter in der Impulsanalyse enthalten. Unberücksichtigt bleiben die nicht kreislaufwirksamen Ausgaben, wie z. B. Schuldenrückzahlungen.

---

[148] Vgl. Budget Memorandum 1970, S. 84 ff.

[149] Vgl. *D. A. Dixon*, Techniques of Fiscal Analysis in the Netherlands, S. 627 ff.; *H. Burger*, Possible Concepts for Better Planning and Evaluating Fiscal Policy — Experiences in the Netherlands, in: H. Giersch (Ed.), Fiscal Policy and Demand Management — Fiskalpolitik und Globalsteuerung, S. 214 ff.

[150] Vgl. Budget Memorandum 1971, S. 82.

Der Budgetimpuls ergibt sich aus der diskretionären Veränderung der Ausgaben und Einnahmen, bezogen auf das Ausgabevolumen der Vorperiode. Ein Vergleich des so errechneten Budgetimpulses mit dem der Vorperiode zeigt an, ob der diskretionäre Budgeteffekt zu- oder abgenommen hat. Liegt die Zunahme des Budgetimpulses über der mittelfristigen Wachstumsrate, so wird dem Haushalt eine expansive Wirkung zugeordnet. Liegt sie darunter, dann wirkt das Budget kontraktiv[151]. „Under the procedure of the Ministry of Finance, the net impulse expressed as a percentage of the preceding year's relevant expenditure is designated as the net stimulus to the economy, and an interpretation of the significance of this measure of the net stimulus is then untertaken by direct comparison with the trend rate growth of income and actual growth in national income expressed in both real and nominal terms[152]." Die Budgetpolitik ist konjunkturneutral, wenn die Zuwachsrate des Budgetimpulses der längerfristigen Wachstumsrate des Sozialprodukts entspricht.

8.3 Zur Kritik der niederländischen Konzepte

Eine eingehende Kritik der beiden holländischen Budgetkonzepte ist hier nicht notwendig. Die strukturelle Budgetregel entspricht in konzeptioneller Sicht dem Konzept des konjunkturneutralen Haushalts. Beide Maßstäbe sind mittelfristig orientiert. Die Probleme des Basisjahres, der Schätzung des mittelfristigen Wachstums des Produktionspotentials, der konjunkturneutralen Preisniveauerhöhung sowie der Multiplikatorwirkungen einer veränderten Budgetstruktur sind in beiden Konzepten gegeben. Da diese Probleme im nächsten Kapitel im Zusammenhang mit dem konjunkturneutralen Haushalt eingehend diskutiert werden, braucht an dieser Stelle nicht näher auf diese Komplexe eingegangen zu werden. In der Interpretation unterscheiden sich beide Konzepte allerdings insofern, als der konjunkturneutrale Haushalt auch die Grundlage für die Schätzung der konjunkturellen Wirkungen öffentlicher Haushalte bildet, während das Konzept der strukturellen Budgetregel hauptsächlich mittelfristig orientiert ist. Kurzfristige Elemente sind lediglich hinsichtlich der automatischen Stabilisatoren enthalten.

Die Beurteilung der stabilitätsorientierten Fiskalpolitik erfolgt in den Niederlanden anhand des Budgetimpulskonzepts. Dieses entspricht in etwa dem bereits diskutierten Fiskalstimulus. Ein Unterschied be-

---

[151] Vgl. *H. Burger*, Possible Concepts for Better Planning and Evaluating Fiscal Policy — Experiences in the Netherlands, S. 216.

[152] *D. A. Dixon*, Techniques of Fiscal Analysis in the Netherlands, S. 629.

steht insofern, als die expansiven, neutralen oder kontraktiven Fiskaleffekte beim Budgetimpulskonzept sich aus der Orientierung am mittelfristigen Wachstum des Sozialprodukts ergeben. Dies ist beim Fiskalstimulus bisher nicht der Fall. Die dort vorgebrachten kritischen Einwände treffen auch auf den Maßstab des Budgetimpulses zu. Der Budgetimpuls trennt zwar zwischen diskretionären und automatischen Effekten. Aber eine genaue Abgrenzung der diskretionär und konjunkturell verursachten Veränderungen erfolgt ebenso wie beim Fiskalstimulus nicht. Eine Gewichtung der Ausgaben- und Einnahmenkategorien wird beim Impulskonzept nicht vorgenommen. Multiplikatorwirkungen und die Erfassung unterschiedlicher Wirkungsverzögerungen bleiben ebenfalls außer Betracht. Die Frage, wann der auf der Basis der Impulsanalyse berechnete Budgeteffekt stabilisierend oder destabilisierend gewirkt hat, wird durch das Konzept nicht beantwortet.

9. Zusammenfassung

Der Überblick über die in den USA und in Holland entwickelten und angewandten Budgetkonzepte zeigt eine Entwicklung von der Kritik der Saldentheorie bis zum Konzept der potentiellen Stabilisierung Snyders. Die holländischen Maßstäbe sind etwas schwierig einzuordnen. Sie setzen ebenfalls an der Kritik der Saldentheorie an. Der Überblick machte deutlich, daß die einzelnen Budgetkonzepte jeweils nur beschränkte Probleme im Rahmen einer stabilitätsorientierten Fiskalpolitik zu lösen versuchen.

Der schwerwiegendste Einwand gegen das Saldenkonzept bestand in der fehlenden Differenzierung zwischen passiven und aktiven Einflüssen auf den Haushalt. Eine Orientierung der Fiskalpolitik am Budgetsaldo kann zu einem prozyklischen Verhalten der öffentlichen Hand führen. Diesen Mangel versucht das Vollbeschäftigungsüberschußkonzept des Council of Economic Advisers durch die Wahl eines einheitlichen Bezugspunktes zu beheben. Dadurch soll die Unterscheidung zwischen automatischen und diskretionären Effekten erreicht werden. Eine Veränderung des Vollbeschäftigungssaldos zeigt die diskretionär verursachten expansiven oder kontraktiven Fiskalwirkungen an. Die Kritik am Konzept des Vollbeschäftigungssaldos richtete sich einmal auf die Probleme, die sich aus einer Umrechnung der relevanten Größen auf die hypothetische Vollbeschäftigungssituation ergaben. Diese Schwierigkeiten versucht der Fiskalstimulus dadurch zu umgehen, indem er die diskretionären Fiskalwirkungen auf der Grundlage des tatsächlichen Bruttosozialprodukts berechnet. Ein Mangel der beiden Maßstäbe besteht darin, daß sie zwar die expansiven, neutralen oder kontraktiven Budgeteffekte schätzen, aber keine Antwort auf die für eine stabilitätsorientierte Fiskalpolitik wichtige Frage geben, inwieweit die Budgeteffekte konjunkturgerecht waren oder nicht.

Diesen Mangel sowie die fehlende Gewichtung der einzelnen Einnahmen- und Ausgabenkategorien — im Konzept des Fiskalstimulus wurde eine Gewichtung durchgeführt — sollen durch das Konzept des finanzpolitischen Hebels und den „pure-cycle"-Ansatz behoben werden. Auf der Basis des finanzpolitischen Hebels, bei dem die wichtigsten Budgetkomponenten nach ihren Wiederausgaberaten gewichtet und mit dem allgemeinen Haushaltsmultiplikator multipliziert werden, schätzt Musgrave anhand zweier Stabilitätskoeffizienten für den Aufschwung und Abschwung die Stabilisierungswirkungen des Staatshaushalts. Da diese Koeffizienten nichts über die Zieladäquanz der Fiskalpolitik aussagen, berechnet Musgrave mit dem Konzept der „fiscal adequacy" den Beitrag der Haushaltspolitik zur Schließung der Lücke zwischen dem tatsächlichen Sozialprodukt und dem Produktionspotential. Der Fiskalkoeffizient von Auld ist an der gleichen Zielsetzung ausgerichtet.

Das „pure-cycle"-Konzept entspricht dem Ansatz von Musgrave. Neben den Gesamteffekten werden explizit die diskretionären und als Restgröße die automatischen Effekte berechnet. Hansen schätzt anhand eines Multiplikatormodells Keynesianischer Prägung die Stabilisierungswirkungen der Fiskalpolitik für sieben westliche Industrieländer. Für eine an den kurzfristigen Globalzielen ausgerichtete Haushaltspolitik ist der Ansatz von Hansen ungeeignet. Erst die Weiterentwicklung von Snyder im Konzept der potentiellen Stabilisierung hat die fiskalpolitische Zieladäquanz zum Gegenstand. Danach wird der Beitrag der Budgetpolitik, der sich nach dem „pure-cycle"-Konzept bestimmt, zur Schließung der Lücke zwischen effektivem Sozialprodukt und dem Produktionspotential berechnet. Dieses Verfahren entspricht in konzeptioneller Sicht dem Vorgehen Musgrave's im „fiscal-adequacy"-Test.

Mit der strukturellen Budgetregel steht erstmals explizit die mittelfristige Orientierung der Fiskalpolitik im Vordergrund. Es wird die Grenze für die Steigerung der Staatsausgaben festgelegt, um von staatlicher Seite keine Abweichung vom gleichgewichtigen Wachstumspfad zu induzieren. Im Verfahren entspricht dieser Ansatz der Vorgehensweise bei der Berechnung des Vollbeschäftigungsüberschußkonzepts. In der Interpretation unterscheiden sich beide Maßstäbe. Das Budgetkonzept des Vollbeschäftigungsüberschusses mißt die diskretionären konjunkturellen Wirkungen des Haushalts, während die strukturelle Budgetregel von konjunkturellen Schwankungen abstrahiert. Die Messung der kurzfristigen Fiskaleffekte erfolgt in den Niederlanden mittels des Budgetimpulskonzepts. Es ist in etwa mit dem Fiskalstimulus identisch und vermeidet die Probleme, die sich aus der Umrechnung der Variablen auf die Vollbeschäftigungssituation ergeben. Die beiden holländischen Budgetkonzepte sagen nichts über die Konjunkturgerechtigkeit der Fiskalpolitik aus.

Ungelöst blieben in den hier diskutierten Budgetmaßstäben vor allem zwei Probleme. Die liquiditätspolitischen Wirkungen der Fiskalpolitik sind nicht berücksichtigt worden. Davon können aber ebenfalls erhebliche Einflüsse auf die konjunkturelle Entwicklung ausgehen. Dieser Punkt verweist auf die grundsätzliche Frage, wie die Fiskalpolitik in Zusammenhang mit anderen wirtschaftspolitischen Maßnahmen, vor allem der Geldpolitik zu bringen ist. Das zweite ungeklärte Problem besteht in der mangelnden Trennung zwischen Preis- und Beschäftigungswirkungen fiskalpolitischer Aktionen. Die hier skizzierten Budgetkonzepte messen lediglich die Beschäftigungswirkungen. Die Umrechnung in nominale Größen erfolgt durch Inflationierung der realen Effekte mit einem Preisindex. Gerade aber unter den Bedingungen der Stagflation, dem Hauptproblem der Wirtschaftspolitik in den letzten Jahren, ist es von besonderer Wichtigkeit zu wissen, welche Preis- und Beschäftigungswirkungen von der Fiskalpolitik ausgehen. Ein ebenfalls ungelöstes Problem bei allen Budgetkonzepten bildet die Veränderung der Preisstruktur der staatlich nachgefragten Güter und Dienste.

Die hier diskutierten Budgetkonzepte orientieren sich an zwei Grundprinzipien, der Festlegung einer Neutralitätslinie, von der aus die Fiskalwirkungen geschätzt werden, und der Bestimmung der Konjunkturgerechtigkeit, um den Stabilitätsbeitrag der Fiskalpolitik zu erfassen. Die Konjunkturneutralität bestimmen der holländische Maßstab der strukturellen Budgetregel, das als einziges Konzept primär mittelfristig orientiert ist, sowie das Vollbeschäftigungsüberschuß-, das Impulskonzept und der Fiskalstimulus. Letztere messen an der Neutralitätslinie die konjunkturellen Wirkungen der Haushaltspolitik. Diese Konzepte sagen aber nichts über die Konjunkturgerechtigkeit der Fiskalpolitik aus. Die Konjunkturgerechtigkeit messen der finanzpolitische Hebel und das „pure-cycle“-Konzept, wobei beim letzteren unter der Zielbezogenheit nur Snyder's Ansatz der potentiellen Stabilisierung relevant ist.

Zweites Kapitel

Der konjunkturneutrale öffentliche Haushalt

1. Problemstellung

Im letzten Kapitel wurde ein Überblick über die in verschiedenen Ländern entwickelten Meßkonzepte gegeben. Den Gegenstand des folgenden Kapitels bildet eine detaillierte Analyse des vom Sachverständigenrat konzipierten Konzepts des konjunkturneutralen Haushalts.

Der Sachverständigenrat verwendet dieses Budgetkonzept im Rahmen seiner wissenschaftlichen Beratertätigkeit zur Beurteilung der praktischen Fiskalpolitik. Die Fragestellung dieses Kapitels richtet sich darauf, ob das Konzept methodisch und empirisch bereits so weit entwickelt und abgesichert ist, daß es als Grundlage der fiskalpolitischen Stabilisierung verwandt werden kann.

Die kritische Diskussion des konjunkturneutralen Haushalts ist in dreifacher Hinsicht von Bedeutung. Einmal werden exemplarisch die methodischen und empirischen Probleme und Schwierigkeiten verdeutlicht, denen die Entwicklung eines praktikablen Budgetkonzepts begegnet. Der zweite Bereich betrifft die Beurteilung der praktischen Fiskalpolitik, die der Sachverständigenrat anhand des Konzepts vornimmt. Abschließend wird untersucht, inwieweit die gesamte Stabilisierungskonzeption des Sachverständigenrats durch die Kritik am konjunkturneutralen Haushalt in Frage gestellt wird.

Nach einer kurzen Darstellung der Grundkonzeption des Sachverständigenrats zur Vermeidung von Wachstumszyklen wird das Konzept des konjunkturneutralen Haushalts dargestellt und in die im I. Kapitel diskutierte Entwicklung der Budgetkonzepte eingeordnet. Anschließend werden die Bestimmungsfaktoren des Konzepts einer eingehenden Kritik unterzogen und mögliche Verbesserungsvorschläge diskutiert. Die Folgerungen aus der Kritik beziehen sich auf die Schätzung der Fiskalwirkungen und die damit verbundene Beurteilung der stabilisierenden oder destabilisierenden Wirkungen der öffentlichen Haushalte in der Bundesrepublik. Schließlich wird die Verwendbarkeit des Konzepts im Rahmen der gesamten Stabilisierungskonzeption des Sachverständigenrats auf dem Hintergrund der kritischen Analyse untersucht.

2. Die Stabilisierungsstrategie des Sachverständigenrats

In der Konstituierung des Sachverständigenrats ist der Versuch zu sehen, eine wissenschaftliche Beratung der Wirtschaftspolitik zu etablieren[1]. Die Aufgabe des Sachverständigenrats besteht darin, zu untersuchen, „wie im Rahmen der marktwirtschaftlichen Ordnung gleichzeitig Stabilität des Preisniveaus, hoher Beschäftigungsstand und außenwirtschaftliches Gleichgewicht bei stetigem und angemessenem Wachstum gewährleistet werden können"[2]. Damit war die Möglichkeit gegeben, von der Wissenschaft erarbeitete Vorschläge zur Glättung des zyklischen Wirtschaftsablaufs in die praktische Politik einzubringen.

Die Notwendigkeit einer staatlichen Stabilitätspolitik ist inzwischen weitgehend akzeptiert. Da die Ursache des zyklischen Verlaufs der Wirtschaftsaktivität in den Schwankungen der gesamtwirtschaftlichen Nachfrage gesehen wird, besteht die Zielsetzung der staatlichen Konjunkturpolitik darin, die gesamtwirtschaftliche Nachfrage mittels wirtschaftspolitischer Maßnahmen so zu steuern, daß das volkswirtschaftliche Angebotspotential ausgeschöpft wird. Mit der Steuerung der Nachfrage soll der per Gesetz vorgegebene Zielkatalog realisiert werden.

Diesem Ansatzpunkt folgt auch die Strategie des Sachverständigenrats zur Vermeidung von Wachstumszyklen, die im ersten Gutachten vorgestellt und in den folgenden Gutachten verfeinert und modifiziert wurde. Zur Verwirklichung der Zielsetzung, gesamtwirtschaftliche Nachfrage mit dem Angebotspotential in Übereinstimmung zu bringen, fordert der Sachverständigenrat eine mittelfristige Orientierung der Wirtschaftspolitik, um die Probleme der diskretionären Konjunkturpolitik — Prognose-lag, Entscheidungs-lag, Unvorhersehbarkeit konjunkturpolitischer Maßnahmen — zu vermeiden[3].

Voraussetzung für eine erfolgreiche mittelfristige Stabilisierungspolitik bildet eine wirksame außenwirtschaftliche Absicherung[4]. Wegen der divergierenden Bewertung des gesamtwirtschaftlichen Zielkatalogs in den wichtigsten Partnerländern ist in absehbarer Zeit eine internationale Koordinierung der Wirtschaftspolitik nicht zu erwarten. Daher kann sich die Bundesrepublik nach Ansicht des Sachverständigen-

---

[1] Vgl. das *Gesetz* über die Bildung eines Sachverständigenrats zur Begutachtung der gesamtwirtschaftlichen Entwicklung vom 14. August 1963, BGBl. I, S. 685.

[2] Ebenda, § 2.

[3] Vgl. Jahresgutachten 1969, Ziff. 268 ff.

[4] Vgl. Jahresgutachten 1964, Ziff. 239; 1966, Ziff. 280.

rats den destabilisierenden Einflüssen von außen nur durch die Einführung eines flexiblen Wechselkurses entziehen[5].

Ist diese Vorbedingung erfüllt, dann soll sich die Geld- und Fiskalpolitik am mittelfristigen Wachstum des Produktionspotentials orientieren. Es wird erwartet, daß bei einem solchen Verhalten der staatlichen Instanzen bei Abweichungen von dem Gleichgewichtspfad, „der zu den großen wirtschaftspolitischen Zielen führt“[6], schneller Gegenreaktionen des Marktes zur Wiederherstellung des wirtschaftlichen Gleichgewichts erfolgen.

Als Instrument einer potentialorientierten Fiskalpolitik dient der konjunkturneutrale Haushalt, der in diesem Kapitel eingehend analysiert wird. Für den geldpolitischen Bereich fordert der Sachverständigenrat, daß die jeweilige Instrumentvariable der Geld- und Kreditpolitik mit der mittelfristigen Wachstumsrate des Produktionspotentials zunehmen soll. Die Wahl der Steuerungsvariablen differiert. So wird in einigen Gutachten gefordert, das gesamtwirtschaftliche Zahlungsvolumen am Wachstum des Produktionspotentials auszurichten, während in den letzten beiden Gutachten die Geldmenge entsprechend der mittelfristigen Orientierung wachsen soll[7].

Eine potentialorientierte Konjunkturpolitik erfordert ein stabilitätskonformes Verhalten der autonomen Gruppen. Hierbei geht der Sachverständigenrat von der Annahme aus, daß sich über den Markt mittelfristig eine bestimmte Relation zwischen dem gesamtwirtschaftlichen Kosten- und Preisniveau herausbildet. Damit sich die Tarifpartner auch kurzfristig an dieser mittelfristigen Relation orientieren, hat der Sachverständigenrat das Konzept der kostenniveauneutralen Lohnpolitik entwickelt[8].

Die Stabilisierungskonzeption des Sachverständigenrats ist also primär mittelfristig ausgerichtet. Eine antizyklische, diskretionäre Konjunkturpolitik schließt der Rat aber nicht aus. Sind destabilisierende Einflüsse auf die gesamtwirtschaftliche Entwicklung vorhanden, so z. B. durch ein nicht stabilitätskonformes Verhalten der autonomen Gruppen, so können und sollen die wirtschaftspolitischen Instanzen durch antizyklische Maßnahmen gegensteuern[9].

---

[5] Der Sachverständigenrat hat noch einige Varianten zur außenwirtschaftlichen Absicherung entwickelt. Vgl. hierzu Jahresgutachten 1966, Ziff. 254 ff. Gegen die flexiblen Wechselkurse hat Köhler votiert. Vgl. Jahresgutachten 1970, Ziff. 302 ff. und 1972, Ziff. 429.

[6] Jahresgutachten 1969, Ziff. 270.

[7] Vgl. die Jahresgutachten 1970, Ziff. 359 ff.; 1972, Ziff. 394 ff.; 1973, Ziff. 171 ff.; sowie die Minderheitsvoten von Köhler in den Jahresgutachten 1972, Ziff. 430 ff. und 1973, Ziff. 382 ff.

[8] Vgl. die Jahresgutachten 1964, Ziff. 248; 1966, Ziff. 302 ff.

[9] Vgl. z. B. Jahresgutachten 1970, Ziff. 324.

Die Grundlage der diskretionären Konjunkturpolitik bildet das Potentialkonzept. Daran sind die zur Erreichung der stabilitätspolitischen Ziele notwendigen antizyklischen Maßnahmen der Geld- und Fiskalpolitik auszurichten.

Die Stabilisierungskonzeption des Sachverständigenrats kann als halbautomatischer Regelmechanismus klassifiziert werden[10]. Grundsätzlich folgt die Potentialorientierung der Konjunkturpolitik dem Vorschlag eines mittelfristigen Regelmechanismus[11]. Eine kurzfristige diskretionäre Steuerung auf der Grundlage des Potentialkonzepts wird bei einer instabilen wirtschaftlichen Entwicklung gefordert.

3. Kurze Darstellung des konjunkturneutralen Haushalts

Im Rahmen seiner mittelfristigen Stabilisierungskonzeption verwendet der Sachverständigenrat für den Bereich der Fiskalpolitik das von ihm entwickelte Budgetkonzept des konjunkturneutralen Haushalts. Dieses Konzept wurde erstmals im Gutachten 1967 vorgestellt und in den folgenden Gutachten weiterentwickelt[12]. Mit dem konjunkturneutralen Haushalt werden entsprechend dem halbautomatischen Stabilitätskonzept zwei Zielsetzungen verfolgt. Für eine potentialorientierte Fiskalpolitik gibt das Konzept die Regeln für die Ausgaben- und Einnahmenentwicklung des öffentlichen Sektors an[13]. In kurzfristiger Sicht bildet der konjunkturneutrale Haushalt die Grundlage für die Beurteilung der praktischen Fiskalpolitik.

Die Darstellung des Konzepts orientiert sich an diesen beiden Zielsetzungen. Zuerst werden die Regeln zur Bestimmung des konjunkturneutralen Haushaltsvolumens angeführt. Dann wird die Maßstabsfunktion zur Beurteilung der Fiskalwirkungen dargestellt. Die Einordnung des konjunkturneutralen Haushalts in die im ersten Kapitel diskutierten Budgetkonzepte erfolgt anschließend.

---

[10] Vgl. *H. G. Schachtschabel*, Bemerkungen zur Ausgestaltung des wirtschafts- und konjunkturpolitischen Instrumentariums, „Hamburger Jahrbuch für Wirtschafts- und Gesellschaftspolitik", 17. Jahr (1972), S. 123.

[11] Vgl. hierzu z. B. das Gutachten des *Wissenschaftlichen Beirats* beim Bundesministerium für Wirtschaft und Finanzen, Regelmechanismen und regelgebundenes Verhalten in der Wirtschaftspolitik, 10./11. Dezember 1971.

[12] Vgl. die Jahresgutachten 1967, Ziff. 184; 1968, Ziff. 115 ff.; 1969, Ziff. 112 ff.; 1970, Ziff. 322 ff.; 1971, Ziff. 177 ff.; 1972, Ziff. 264 ff.; 1973, Ziff. 208 ff. Vgl. auch *N. Andel*, Das Konzept des konjunkturneutralen Haushalts, „Finanzarchiv", N. F. Bd. 32 (1973), S. 46 ff.

[13] Hier wird der Bezug zur mittelfristigen Finanzplanung deutlich. Deren Zielsetzung richtet sich darauf, „die Entwicklung des gesamtwirtschaftlichen Produktionspotentials und die Entwicklung der öffentlichen Ausgaben und Einnahmen im Blick auf mehrere Jahre miteinander in Einklang zu bringen". Jahresgutachten 1967, Ziff. 182. Vgl. auch *K. Schmidt*, *E. Wille*, Die mehrjährige Finanzplanung, Wunsch und Wirklichkeit, Tübingen 1970, S. 32 ff.

3.1 Das konjunkturneutrale Haushaltsvolumen

Der Sachverständigenrat definiert ein Budget als konjunkturneutral, das „für sich allein den Auslastungsgrad des gesamtwirtschaftlichen Produktionspotentials im Laufe der Haushaltsperiode weder erhöht noch senkt“[14]. Die Konjunkturneutralität des öffentlichen Haushalts wird durch mehrere Regeln festgelegt. Den Bezugspunkt bildet die Entwicklung des Produktionspotentials. Damit von der Ausgabenseite keine Schwankungen im Auslastungsgrad hervorgerufen werden, sollen die Staatsausgaben mit der Wachstumsrate des realen Produktionspotentials zunehmen[15].

Die Ausgabenregel gilt nur für den Fall, daß der Haushalt von einer konjunkturneutralen Basis aus fortgeschrieben wird. „Die Basis ist konjunkturneutral, wenn das Produktionspotential durch staatliche Ausgaben in einem Ausmaß in Anspruch genommen wird, wie es die gesetzgebenden Körperschaften für die Situation der Vollbeschäftigung mittelfristig festlegen[16].“ Damit muß als Basisjahr eine Situation mit realisierter Vollbeschäftigung zur Fortschreibung der öffentlichen Ausgaben gewählt werden. Als weitere Bedingung kommt hinzu, daß die Staatsquote des Basisjahres dem mittelfristig erwünschten Staatsanteil entspricht.

Die Basisjahrregel hat demnach in allokativer und konjunktureller Hinsicht Bedeutung. In allokativer Hinsicht wird die durch die politische Entscheidung festgelegte Aufteilung der Ressourcen auf den privaten und öffentlichen Sektor im Basisjahr realisiert[17]. In konjunktureller Hinsicht trägt der Nachfrageeffekt der Staatsausgaben gerade dazu bei, daß die Vollauslastung des Produktionspotentials gewahrt bleibt. Der öffentliche Haushalt gilt im Basisjahr als konjunkturneutral und konjunkturgerecht. Wachsen die Staatsausgaben von der Basis aus mit der Rate des Produktionspotentials, dann wird der Auslastungsgrad von der Ausgabenseite nicht verändert.

Da auch von der Einnahmenseite des Staatshaushalts konjunkturelle Wirkungen ausgehen, muß zur Bestimmung der Konjunkturneutralität die Ausgabenregel durch eine Einnahmenregel ergänzt werden. Die Einnahmenseite der öffentlichen Haushalte gilt als konjunkturneutral,

---

[14] Jahresgutachten 1969, Ziff. 113.

[15] Vgl. ebenda.

[16] Ebenda. Vgl. auch Jahresgutachten 1967, Ziff. 184, 188. Vgl. auch *O. Sievert*, Zum Konzept des „konjunkturneutralen Haushalts“, Kurzfassung eines Vortrags beim Bundesfinanzministerium, Sommer 1971, S. 1. Als Manuskript vervielfältigt.

[17] Zur allokativen Funktion des konjunkturneutralen Haushalts vgl. *K.-P. Fox*, Noch einmal: Zum Konzept des konjunkturneutralen öffentlichen Haushalts, „Finanzarchiv“, Bd. 31 (1972), S. 18 ff.

wenn die Steuerlastquote unverändert bleibt[18]. Zum Ausgleich der mittelfristigen Progressionswirkung des Steuersystems müssen, soll die Konjunkturneutralität gewahrt bleiben, in entsprechendem Umfang entweder die Steuern gesenkt und/oder die Ausgaben erhöht werden[19].

Die Staatsausgaben werden nur zum Teil mit Steuereinnahmen finanziert, die Steuerdeckungsquote ist also kleiner als 100 Prozent. Deshalb muß auch die Staatsverschuldung bei der Bestimmung der Konjunkturneutralität berücksichtigt werden. Der Sachverständigenrat geht davon aus, daß sich im Basisjahr die privaten Ersparnisse in einem bestimmten Verhältnis auf die privaten Investitionen und den öffentlichen Sektor aufteilen, an das sich die privaten Wirtschaftssubjekte gewöhnt haben[20]. Diese längerfristige Verschuldung des Staates ist konjunkturneutral, wenn sie von der konjunkturneutralen Basis aus mit der gleichen Rate wie das Sozialprodukt wächst[21].

Folgt die längerfristige Kreditaufnahme der öffentlichen Hand dieser Regel, dann nimmt der Staat bei konstanter Sparquote einen konstanten Anteil der Ersparnisse in Anspruch. Eine strukturell bedingte Veränderung der Sparquote kann zu einer Variation der Steuerdeckungsquote ohne Beeinträchtigung der Konjunkturneutralität verwandt werden[22]. Die kurzfristige Verschuldung bleibt unberücksichtigt, da Veränderungen der kurzfristigen Kreditaufnahme nur Reflex der konjunkturellen Entwicklung sind und zu keinen Entzugseffekten bei den Privaten führen.

Verhält sich die öffentliche Hand nach diesen Regeln, dann würde die Staatsquote, definiert als Quotient aus den öffentlichen Ausgaben und dem Produktionspotential, im Zeitablauf konstant bleiben. Das Konzept ist aber auch mit einer Veränderung der Staatsquote, wie sie z. B. der Sachverständigenrat in der Strategie der zukunftsgerechten Expansion skizziert hat[23] und wie sie von der SPD im Langzeitprogramm angestrebt wird[24], vereinbar. „Eine Änderung der Staatsquote ist konjunkturneutral, wenn den konjunkturellen Effekten, die von der Ausgabenseite ausgehen, gleich große, aber entgegengerichtete konjunkturelle Effekte, die von der Einnahmenseite ausgehen, gegenüberstehen[25].

---

[18] Vgl. Jahresgutachten 1969, Ziff. 113.

[19] Vgl. ebenda.

[20] Vgl. Jahresgutachten 1970, Ziff. 342 ff.

[21] Vgl. ebenda, Ziff. 346.

[22] Vgl. ebenda.

[23] Vgl. Jahresgutachten 1971, Ziff. 326 ff.

[24] Vgl. SPD, Entwurf eines ökonomisch-politischen Orientierungsrahmens für die Jahre 1973—1985, Bonn 1972, Ziff. 32.

[25] Jahresgutachten 1970, Ziff. 342.

Steigt das Preisniveau, so erfordert die Aufrechterhaltung der Staatsquote des Basisjahres in den folgenden Perioden die Berücksichtigung der nominalen Entwicklung. Um neben der Beschäftigungszielsetzung auch der Stabilität des Preisniveaus Rechnung zu tragen, berücksichtigt der Sachverständigenrat nur die Preisniveausteigerungen, die selbst bei konjunkturneutraler Haushaltsgebarung zu erwarten sind[26]. Weicht die tatsächliche von der konjunkturneutralen Steigerung des Preisniveaus ab, differieren also beanspruchte und realisierte Staatsquote, dann wird bei gegebenen Staatsausgaben ein geringerer Anteil des Produktionspotentials in Anspruch genommen. Bei dem konjunkturneutralen Haushalt im darauffolgenden Jahr sind diese ungeplanten Abweichungen rückgängig zu machen[27].

Mit diesen Regeln ist das konjunkturneutrale Haushaltsvolumen bestimmt, das den Auslastungsgrad des Produktionspotentials unverändert lassen soll.

3.2 Der konjunkturelle Effekt

Neben der Orientierungsfunktion im Rahmen einer mittelfristig ausgerichteten Fiskalpolitik dient der konjunkturneutrale Haushalt als Maßstab zur Beurteilung der tatsächlichen Fiskalpolitik: „Eine Beurteilung der konjunkturellen Wirkungen öffentlicher Haushalte ist nur mit Bezug auf einen Maßstab möglich, der, was die konjunkturellen Schwankungen angeht, als neutral angesehen werden kann[28].“

Die Fiskalwirkungen, die von einem geplanten und vollzogenen Haushalt ausgehen, berechnet der Sachverständigenrat als Differenz zwischen den tatsächlichen Staatsausgaben und dem konjunkturneutralen Haushaltsvolumen des betreffenden Jahres.

In formaler Schreibweise wird der Fiskaleffekt des öffentlichen Haushalts (= konjunktureller Effekt) für ein bestimmtes Jahr durch die folgende Gleichung wiedergegeben[29]:

$$KE = A_i - H_n$$

Durch Umformulierung erhält man:

$$KE = A_i - (A_n + T_i - T_n)$$

$$= (A_i - T_i) - (A_n - T_n)$$

(21) $$KE = BS_i - BS_n$$

[26] Jahresgutachten 1969, Ziff. 113.

[27] Vgl. Jahresgutachten 1970, Ziff. 335.

[28] Jahresgutachten 1969, Ziff. 112.

[29] Vgl. auch *D. Biehl*, *G. Hagemann*, *K.-H. Jüttemeier*, *H. Legler*, Measuring the Demand Effects of Fiscal Policy, in: H. Giersch (Hrsg.), Fiscal Policy and Demand Management — Fiskalpolitik und Globalsteuerung, S. 226. Für die Autoren wird wieder die Abkürzung BHJL verwandt.

Es bedeuten:

H_n = konjunkturneutrales Haushaltsvolumen
A_n = konjunkturneutrale Staatsausgaben
T_i = tatsächliche Steuereinnahmen
T_n = konjunkturneutrale Steuereinnahmen
KE = Konjunktureller Effekt
A_i = tatsächlich getätigte Staatsausgaben
BS_i = tatsächlicher Budgetsaldo
BS_n = konjunkturneutraler Budgetsaldo.

Nach Gleichung (21) ist der konjunkturelle Effekt gleich der Differenz zwischen dem tatsächlichen und dem konjunkturneutralen Budgetsaldo. Aus der Berechnung des konjunkturellen Effekts ergibt sich folgende Beurteilung der Haushaltspolitik:

$KE = 0$: konjunkturneutral

$KE > 0$: expansiv

$KE < 0$: kontraktiv

Ist der konjunkturelle Effekt gleich Null, der tatsächliche also gleich dem konjunkturneutralen Budgetsaldo, dann verändert der öffentliche Haushalt den Auslastungsgrad nicht. Bei einem positiven (negativen) konjunkturellen Effekt wirkt die Fiskalpolitik expansiv (kontraktiv).

Aus Gleichung (21) wird deutlich, daß das Neutralitätspostulat des Sachverständigenrats zwei verschiedene Interpretationen zuläßt[30]. Die öffentliche Hand wirkt konjunkturneutral, wenn die Staatsquote konstant bleibt, oder wenn sie sich nach der Haushaltsregel so verändert, daß der konjunkturelle Effekt gleich Null ist. Diese beiden Versionen der Konjunkturneutralität lassen sich auf ein Prinzip zurückführen[31]. Danach ist der öffentliche Haushalt bei gleicher oder sich verändernder Staatsquote konjunkturneutral, wenn der tatsächliche Budgetsaldo (BS_i) gleich dem konjunkturneutralen Budgetsaldo (BS_n) ist. Bei Abweichungen der beiden Salden ergeben sich die oben abgeleiteten Fiskaleffekte.

Ob von einem bestimmten konjunkturellen Effekt stabilisierende oder destabilisierende Einflüsse auf den Konjunkturverlauf ausgehen, kann mit dem Konzept nicht beurteilt werden. Hierzu ist die Kenntnis

---

[30] Vgl. G. *Krause-Junk*, Zum Konzept des konjunkturneutralen Haushalts, „Finanzarchiv“, N. F. Bd. 30 (1971), S. 215.

[31] In rein mittelfristiger Sicht führt Gandenberger die beiden Versionen auf das Prinzip zurück, nach dem der Haushalt konjunkturneutral ist, wenn die Quote des bereinigten Budgetsaldos (= Quotient aus Budgetsaldo und Produktionspotential) konstant bleibt. Vgl. O. *Gandenberger*, Zur Messung der konjunkturellen Wirkungen öffentlicher Haushalte, S. 39. Vgl. zum Neutralitätspostulat auch P. *Ollmann*, Der konjunkturneutrale Haushalt, „Wirtschaftsdienst“, 50. Jhrg. (1970), Heft 4, S. 255 ff.; W. *Laaser*, Der konjunkturneutrale Haushalt, „Wirtschaftsdienst“, 50. Jhrg. (1970), Heft 9, S. 546 ff.

der wirtschaftlichen Situation notwendig. Wird ein positiver konjunktureller Effekt errechnet und ist die konjunkturelle Situation durch Überbeschäftigung und steigendes Preisniveau gekennzeichnet, dann sind tendenziell dem öffentlichen Sektor destabilisierende Einflüsse zuzuordnen. Die Boomsituation wird in diesem Fall durch den expansiven Fiskaleffekt verschärft.

Mit der Verwendung des konjunkturneutralen Haushalts als Maßstab zur Beurteilung der kurzfristigen Fiskalwirkungen, der Nullpunktfunktion des konjunkturneutralen Haushalts[32], wendet sich der Sachverständigenrat gegen die Beurteilung der Fiskalpolitik anhand der Saldentheorie.

In Gleichung (21) wird der Unterschied zur saldenorientierten Betrachtungsweise sichtbar. Nach der Saldentheorie signalisiert die Veränderung des Budgetsaldos gegenüber der Vorperiode die Fiskaleffekte. Beim Konzept des konjunkturneutralen Haushalts wirkt der öffentliche Haushalt nur dann expansiv oder kontraktiv, wenn der tatsächliche vom konjunkturneutralen Budgetsaldo abweicht. Die Veränderung des Budgetsaldos, die auf den konjunkturell bedingten Einfluß zurückgeht, schlägt sich in BS_n nieder. Diese Veränderung von BS_n wirkt aber nach den vom Sachverständigenrat aufgestellten Regeln konjunkturneutral und nicht antizyklisch.

Mit der Beurteilung der Fiskalpolitik an einem mittelfristig orientierten Konzept geht der Sachverständigenrat vom reinen Vorjahresvergleich ab, „bei dem unberücksichtigt bleibt, was im Vergleichsjahr jeweils an Abweichungen vom konjunkturneutralen Haushalt vorlag“[33]. So wirkt beispielsweise die öffentliche Hand auch dann expansiv und nicht konjunkturneutral, wenn eine konjunkturneutrale Ausdehnung des öffentlichen Sektors auf der Basis eines expansiven Staatshaushalts der Vorperiode erfolgt.

3.3 Der konjunkturneutrale Haushalt Eine Synthese aus anderen Budgetkonzepten

Der konjunkturneutrale Haushalt entspricht im Grundansatz den im ersten Kapitel diskutierten Budgetkonzepten, die die Fiskalpolitik anhand einer Neutralitätsnorm beurteilen. Aussagen über die Konjunkturgerechtigkeit des Budgets sind mit diesen Konzepten nicht mög-

[32] Vgl. *H. Timm*, Der konjunkturneutrale öffentliche Haushalt, in: H. Haller, L. Kullmer, C. S. Shoup, H. Timm (Hrsg.), Theorie und Praxis des finanzpolitischen Interventionismus, F. Neumark zum 70. Geburtstag, Tübingen 1970, S. 391.

[33] Vgl. Jahresgutachten 1970, Ziff. 326.

lich. Die Orientierungsfunktion hat der konjunkturneutrale Haushalt nur mit dem holländischen Konzept der strukturellen Budgetregel gemeinsam[34]. Beide Budgetkonzepte sind am mittelfristigen Wachstum des Produktionspotentials orientiert. Die Abkehr vom Vorjahresvergleich und der allokative Bezug erfolgt über die Wahl eines Basisjahres, in dem die mittelfristig angestrebte Staatsquote realisiert worden ist. Wachsen in beiden Konzepten die Staatsausgaben mit der Rate des Produktionspotentials, so bleibt die Staatsquote konstant und der Auslastungsgrad durch den öffentlichen Sektor unverändert. Veränderungen der Staatsquote erfordern eine Kompensation auf der Einnahmenseite des Budgets.

Beide Konzepte, die strukturelle Budgetregel und der konjunkturneutrale Haushalt, berücksichtigen den mittelfristigen Progressionseffekt des Steuersystems und die diskretionär verursachten Veränderungen der Steuereinnahmen. Für diese Einflüsse ist eine Kompensation auf der Ausgaben und/oder Einnahmenseite erforderlich, damit die Konjunkturneutralität gewahrt bleibt.

Die Einbeziehung der Veränderung des Preisniveaus ist in beiden Konzepten ähnlich. Es werden nur die bereits eingetretenen Preissteigerungen berücksichtigt. Zukünftig zu erwartende Preissteigerungen sind prinzipiell nicht einzubeziehen. Sie werden nur insoweit berücksichtigt, als sie unvermeidlich sind.

Der konjunkturelle Haushalt entspricht hinsichtlich der Maßstabsfunktion dem Grundgedanken des Vollbeschäftigungsüberschußkonzepts[35]. Weicht der tatsächliche Haushalt von der in beiden Konzepten festgelegten Neutralitätsnorm ab, so beeinflußt das Budget die konjunkturelle Entwicklung[36].

Die konjunkturell bedingten Einflüsse auf den Budgetsaldo sind eliminiert. Unterschiede zwischen dem konjunkturneutralen Haushalt und

---

[34] Vgl. Jahresgutachten 1969, Ziff. 117, sowie die Ausführungen zur strukturellen Budgetregel im ersten Kapitel, 8.1.

[35] Vgl. Jahresgutachten 1969, Ziff. 116. Mit der Berechnung des relativen Vollbeschäftigungssaldos ist das amerikanische Konzept ebenfalls mittelfristig ausgerichtet, da das wachsende Produktionspotential berücksichtigt wird. Der allokative Bezug, der beim konjunkturneutralen Haushalt durch die Wahl eines Basisjahres gegeben ist, fehlt beim Konzept des Council of Economic Advisers.

[36] Die Diskrepanz zu den anderen an der Neutralitätsnorm ausgerichteten Budgetkonzepten, dem Fiskalstimulus und dem Impulskonzept, liegt in der Berechnungsmethode, nicht aber in der konjunkturpolitischen Zielsetzung. Daher wird auf einen Vergleich mit diesen beiden Konzepten verzichtet, da nur auf die grundsätzliche Intention abgestellt wird. Vgl. hierzu *H. Burger*, Possible Concepts for Better Planning and Evaluating Fiscal Policy-Experiences in the Netherlands, S. 219 ff.

dem Vollbeschäftigungsüberschußkonzept bestehen bei der Berechnungsmethode.

Der konjunkturneutrale Haushalt bestimmt die vollbeschäftigungsabhängigen Staatsausgaben, die Einnahmenseite verändert sich mit der Entwicklung des Sozialprodukts. Nach dem Vollbeschäftigungsüberschußkonzept ergibt sich der Vollbeschäftigungssaldo als Differenz zwischen den tatsächlichen Staatsausgaben und die für die Vollbeschäftigungssituation berechneten hypothetischen Einnahmen.

Das Konzept des konjunkturneutralen Haushalts verbindet also die mittelfristige Orientierung der strukturellen Budgetregel mit der konjunkturellen Zielsetzung des Vollbeschäftigungsüberschußkonzepts. Er stellt insofern eine Weiterentwicklung dar, als die beiden Zielsetzungen in einem Budgetkonzept angestrebt werden.

4. Überprüfung der praktischen Verwendbarkeit des konjunkturneutralen Haushalts

Der Sachverständigenrat stellte bisher bei seiner konkreten Beratertätigkeit primär auf die Maßstabsfunktion des konjunkturneutralen Haushalts ab. Um die praktische Verwendbarkeit des Konzepts hierzu beurteilen zu können, sind zunächst die einzelnen Bestimmungsfaktoren des konjunkturellen Effekts einer kritischen Diskussion zu unterziehen.

Die in der Darstellung des konjunkturneutralen Haushalts bereits skizzierten Bestimmungsfaktoren des konjunkturellen Effekts werden in einer Grundgleichung zusammengefaßt und daraus der Überblick über die zu diskutierenden Problembereiche abgeleitet. Diese werden dann einzeln einer kritischen Analyse unterzogen, Verbesserungsvorschläge diskutiert sowie die Auswirkungen der kritischen Einwände und der vorgeschlagenen Alternativen auf den konjunkturellen Effekt gezeigt.

4.1 Der formale Bezugsrahmen

Den Ausgangspunkt für die Ableitung der Grundgleichung bildet Gleichung (21), nach der der konjunkturelle Effekt gleich der Differenz zwischen dem tatsächlichen und dem konjunkturneutralen Budgetsaldo ist[37]:

$$KE = BS_i - BS_n \tag{21}$$

[37] Vgl. hierzu auch BHJL, Measuring the Demand Effects of Fiscal Policy, S. 226 f.

Nun gilt aber:

$$BS_n = A_n - T_n$$
$$A_n = a_o \cdot POT_n$$
$$T_n = e_o \cdot Y_i$$
$$POT_n = POT_r \cdot p_n$$

Durch Einsetzen in (21) erhält man die Grundgleichung zur Berechnung des konjunkturellen Effekts für eine bestimmte Periode:

$$KE = BS_i - (a_o \cdot POT_r \cdot p_n - e_o Y_i)$$

(22) $$\boxed{KE = BS_i + e_o Y_i - a_o \cdot p_n \cdot POT_r}$$

Es wurden folgende Symbole verwandt:

POT_n = Produktionspotential bei konjunkturneutraler Erhöhung des Preisniveaus
POT_r = reales Produktionspotential
p_n = konjunkturneutrale Erhöhung des Preisniveaus
a_o = Ausgabenquote im Basisjahr
e_o = Steuerquote im Basisjahr
Y_i = tatsächliches Sozialprodukt

In Gleichung (22) sind die in der Darstellung des Konzepts verbal beschriebenen Bestimmungsfaktoren des konjunkturellen Effekts zusammengefaßt. Dieser ist demnach durch folgende Komponenten bestimmt:

— den tatsächlichen Budgetsaldo

— das reale Produktionspotential

— die Ausgaben- und Steuerquote im Basisjahr

— die konjunkturneutrale Erhöhung des Preisniveaus

— sowie das tatsächliche Sozialprodukt.

Um zu Aussagen über die in praxi betriebene Fiskalpolitik zu kommen, müssen die Komponenten operationalisiert werden. Die Problembereiche, die dabei auftreten, lassen sich aus der Grundgleichung ableiten. Sie beziehen sich auf folgende Punkte:

a) Es werden verschiedene statistische Daten über die Höhe der öffentlichen Ausgaben und der Steuern sowie den Budgetsaldo in einer Periode ausgewiesen. Der tatsächliche Budgetsaldo sowie die Ausgaben- und Steuerquote im Basisjahr weichen daher voneinander ab. Damit hängt der berechnete konjunkturelle Effekt von der Wahl des Budgettyps ab. Auf welchen Budgettyp für den öffentlichen Sektor abgestellt werden sollte und wie der vom Sachverständigenrat gewählte Budgettyp zu beurteilen ist, wird zuerst diskutiert (Punkt 4.2).

b) Die Qualität der empirischen Berechnungen des konjunkturellen Effekts hängt ferner von der Qualität der Produktionspotentialschätzung ab. Mit diesem Problem beschäftigt sich Punkt 4.3.

c) Die Komponenten a_0 und e_0 in der Grundgleichung zeigen, daß die Wahl eines Basisjahres erforderlich ist. Dies macht eine Spezifizierung der Anforderungen notwendig, denen das Basisjahr genügen muß. Darüber hinaus ist nach den empirischen Möglichkeiten zur Bestimmung eines Basisjahres zu fragen (Punkt 4.4).

d) Die „Theory of Fiscal Policy“ erfaßt die gesamten konjunkturellen Wirkungen der Staatsaktivität im Rahmen der Multiplikatoranalyse. Danach werden neben den Primär- auch die Folgewirkungen einer Veränderung der Ausgaben und Steuern erfaßt. Die Grundgleichung zeigt, daß nur die Saldengrößen berücksichtigt werden. Es erfolgt weder eine Differenzierung der Fiskalwirkungen auf der Einnahmen- und Ausgabenseite des Budgets noch eine Berücksichtigung der Sekundäreffekte. Es ist daher in Punkt 4.5 nach den empirischen Konsequenzen der Beschränkung auf die Multiplikandenanalyse zu fragen.

e) Dem Inflationsproblem wird durch die Festlegung einer konjunkturneutralen Erhöhung des Preisniveaus Rechnung getragen. Die Problematik dieser Regel wird in 4.6 behandelt.

f) Die Konjunkturneutralität der Einnahmenseite ist durch die Steuerquote des Basisjahres festgelegt. Durch die Extrapolation von e_0 auf die folgenden Jahre stellt sich die Frage, wie die (mögliche) Progressionswirkung des Steuersystems berücksichtigt werden soll. Vernachlässigt wird auf der Einnahmenseite die staatliche Kreditaufnahme. Die kurzfristige Kreditaufnahme bildet den konjunkturellen Reflex, der über die Veränderungen von Y_i, dem tatsächlichen Sozialprodukt, zu einer Variation des konjunkturneutralen Budgetsaldos führt. Die längerfristige Verschuldung des Staates bleibt völlig unberücksichtigt. Auf diese Probleme wird abschließend eingegangen (Punkt 4.7).

Je nachdem, wie die Bestimmungsfaktoren empirisch „aufgefüllt“ werden, wird sich ein unterschiedlicher konjunktureller Effekt ergeben. Der Einfluß und die Richtung ist aus der Grundgleichung zu ersehen. Bei der folgenden Analyse wird so verfahren, daß jeweils ein Problembereich diskutiert wird, während die übrigen Komponenten als gegeben vorausgesetzt werden.

4.2 Die ökonomische Relevanz der Budgettypen

In der Bundesrepublik basieren die Daten für den öffentlichen Haushalt auf der Haushalts-, der Kassen-, der Volkswirtschaftlichen Gesamtrechnung sowie dem Kassenbudget der Bundesbank. Die Zahlenangaben der einzelnen Budgettypen weichen teilweise erheblich voneinander ab.

Die Berechnung der Fiskalwirkungen erfordert daher erst die Klärung der Frage, auf welchen Budgettyp unter dem konjunkturpolitischen Aspekt abgestellt werden sollte. Da bisher Berechnungen auf der Grundlage von drei Budgettypen für den konjunkturellen Effekt vorliegen, werden die Ergebnisse kurz referiert und dann die Verwendbarkeit der einzelnen Budgettypen analysiert[38].

4.2.1 Berechnungsergebnisse des konjunkturellen Effekts

Seit dem Gutachten 1969 hat der Sachverständigenrat den konjunkturneutralen Haushalt dazu verwandt, die konjunkturellen Effekte der praktischen Fiskalpolitik zu berechnen. Weitere Berechnungen auf der Grundlage desselben methodischen Ansatzes wurden von BHJL und

Abbildung 8

Berechnungen des konjunkturellen Effekts für die BRD nach verschiedenen Budgettypen[a)] (in Mrd. DM) unterschiedliche Zeiträume

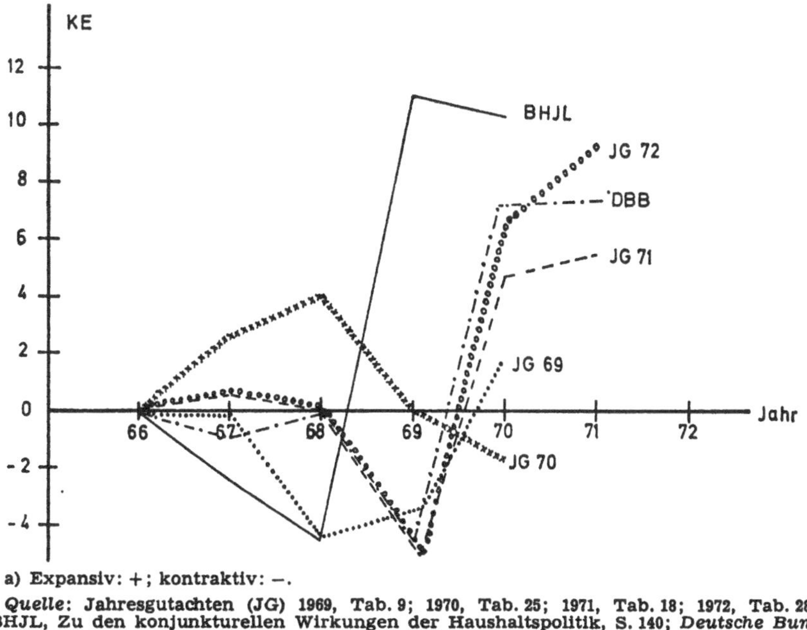

a) Expansiv: +; kontraktiv: –.

Quelle: Jahresgutachten (JG) 1969, Tab. 9; 1970, Tab. 25; 1971, Tab. 18; 1972, Tab. 28; BHJL, Zu den konjunkturellen Wirkungen der Haushaltspolitik, S. 140; *Deutsche Bundesbank* (DBB), Geschäftsbericht 1971, S. 85.

---

[38] Zum Problem, geeignete empirische Daten zu erhalten, vgl. *J. Scherer*, On Measuring Fiscal Performance, „Journal of Finance", Bd. 20 (1965), S. 683 ff.

der Deutschen Bundesbank vorgelegt. Abbildung 8 gibt einen Überblick über die Ergebnisse für den konjunkturellen Effekt.

Die Gegenüberstellung der konjunkturellen Effekte in Abbildung 8 zeigt ein überraschendes Ergebnis. Trotz des gleichen konzeptionellen Ansatzes weichen die Berechnungen erheblich voneinander ab. Diese Aussage trifft sowohl auf die vier bisher vorgelegten Berechnungen des Sachverständigenrats als auch auf die Ergebnisse von BHJL und der Bundesbank zu. So konstatierte der Sachverständigenrat z. B. für 1968 im Jahresgutachten 1969 einen kontraktiven Effekt von ca. 4 Mrd., im Gutachten 1970 einen expansiven Effekt von ca. 4 Mrd. und in den Gutachten 1971 und 1972 ein konjunkturneutrales Verhalten. Eklatant ist auch der Unterschied in den Berechnungen des Sachverständigenrats und von BHJL. So ergibt sich z. B. für 1969 beim Sachverständigenrat ein kontraktiver Effekt von ca. 4 Mrd. bzw. ein neutraler Effekt (JG 70), während BHJL eine expansive Wirkung des staatlichen Sektors von etwa 11 Mrd. errechnen. Teilweise ergeben sich auch erhebliche Differenzen zu den Berechnungen der Bundesbank.

Die naheliegende Frage richtet sich darauf, auf welche Ursachen die offensichtliche Diskrepanz in den Berechnungsergebnissen zurückzuführen ist. Dieser Frage soll nun näher nachgegangen werden.

Die Unterschiede beim Sachverständigenrat sind im wesentlichen auf zwei Gründe zurückzuführen. Die Zahlen über das Produktionspotential in jeweiligen Preisen als auch die bei konjunkturneutraler Erhöhung des Preisniveaus differieren in den Gutachten. Gründe für die nicht sehr großen Differenzen hat der Sachverständigenrat nicht angegeben. Die Unterschiede dürften durch die revidierten Zahlen des Bruttoanlagevermögens bedingt sein[39]. Der zweite und bedeutendere Grund für die unterschiedlichen Ergebnisse geht darauf zurück, daß der öffentliche Haushalt nicht einheitlich abgegrenzt wurde. Tabelle 8 zeigt die unterschiedliche Abgrenzung des staatlichen Sektors in den einzelnen Gutachten.

Der quantitativ bedeutsamste Unterschied besteht darin, daß im Gutachten 1970 die Sozialversicherung in die Berechnung des konjunkturellen Effekts einbezogen wurde, während sie in den Gutachten 1969, 1971 und 1972 unberücksichtigt bleibt. Statt dessen hat der Sachverständigenrat die Europäische Gemeinschaft als Körperschaft neu aufgenommen. Eine Begründung für die verschiedene Abgrenzung des öffentlichen Gesamthaushalts hat der Sachverständigenrat nicht gege-

[39] Diese Revision ist von Bedeutung, weil der Sachverständigenrat für die Schätzung des Produktionspotentials den kapitalorientierten Ansatz verwendet. Vgl. in diesem Kapitel Punkt 4.3.1.

Tabelle 8

Die Abgrenzung des öffentlichen Gesamthaushalts in den Gutachten des Sachverständigenrats

JG 69	JG 70	JG 71/JG 72
Bund	Bund	Bund
Länder	Länder	Länder
Gemeinden	Gemeinden (Gv.)	Gemeinden (Gv.)
Lastenausgleichs-fonds	Lastenausgleichs-fonds	Lastenausgleichs-fonds
ERP	ERP	ERP
	Öffa	Öffa
	Sozialversicherung	Europäische Gemeinschaften

Quelle: Fußnote 1 in dem Jahresgutachten 1969, Tabelle 9; Jahresgutachten 1970, Tabelle 25; Jahresgutachten 1971, Tabelle 18; Jahresgutachten 1972, Tabelle 28.

ben. Ohne eine eindeutige Abgrenzung des öffentlichen Gesamthaushalts besteht, dies haben die eben gemachten Ausführungen verdeutlicht, ein erheblicher Manipulationsspielraum für die Berechnung des konjunkturellen Effekts.

Der Sachverständigenrat verwendet die vom Bundesfinanzministerium in den Finanzberichten veröffentlichten Zahlen über die Entwicklung des öffentlichen Gesamthaushalts[40]. Diese basieren auf den Berechnungen der Finanzstatistik[41], die die in den Jahresrechnungen ausgewiesenen Beträge auf der Ist-Basis ermittelt.

Die Unterschiede in den Berechnungsergebnissen zwischen dem Sachverständigenrat und BHJL sind vor allem darauf zurückzuführen, daß BHJL für den öffentlichen Sektor die Daten der Volkswirtschaftlichen

---

[40] Da der öffentliche Gesamthaushalt in den Finanzberichten im Gegensatz zur Abgrenzung der volkswirtschaftlichen Gesamtrechnung die Sozialversicherung nicht einschließt, hat der Sachverständigenrat im Gutachten 1970 die Ausgaben und Einnahmen der Sozialversicherung auf Ist-Basis in die Berechnung des konsolidierten Haushalts einbezogen. Dabei wurden folgende Doppelzählungen ausgeschaltet: Verrechnung der Parafisci untereinander, die Zuschüsse der Gebietskörperschaften an die Sozialversicherung, die Arbeitgeberbeiträge des Staates an die Sozialversicherung und die Zahlungen der Sozialversicherung an die Gebietskörperschaften für Krankenhausleistungen. Vgl. Jahresgutachten 1970, Ziff. 354 ff., vor allem Ziff. 355.

[41] Vgl. *Gesetz* über die Finanzstatistik vom 8. Juni 1960, BGBl. I (1960), S. 322 f. Zu methodischen Fragen zur Finanzstatistik vgl. *Statistisches Bundesamt*, Finanzen und Steuern, Reihe 1: Die Haushaltswirtschaft von Bund, Ländern und Gemeinden, 1969, S. 4 ff.; vgl. auch *Gesetz* über die Grundsätze des Haushaltsrechts des Bundes und der Länder (Haushaltsgrundsätzegesetz) vom 19. Aug. 1969, BGBl. I (1969), S. 1273 ff. Zitierweise: HGrG; *E. Freund*, Die Neugestaltung der Finanzstatistik ab 1970, „Wirtschaft und Statistik", 22. Jhrg. (1970), S. 543 ff.

Gesamtrechnung verwenden[42]. Die Wahl dieser Daten wird mit Konsistenzargumenten begründet[43].

Nach der Abgrenzung der Volkswirtschaftlichen Gesamtrechnung umfaßt der öffentliche Sektor sämtliche Gebietskörperschaften einschließlich der Sozialversicherung[44]. Während die Berechnungen der Finanzstatistik auf dem Prinzip der kassenwirksamen Fälligkeit basieren, werden bei der Volkswirtschaftlichen Gesamtrechnung die Transaktionen nach dem „Accrual-Prinzip", d. h. beim Entstehungszeitpunkt einer Forderung oder Verpflichtung erfaßt.

Die Bundesbank berechnete den konjunkturellen Effekt aus der Differenz zwischen dem tatsächlichen und dem konjunkturneutralen Kassensaldo der Gebietkörperschaften[45]. Die Daten basieren auf dem Kassenbudget der Bundesbank, nach dem nur die in einer Periode geleisteten laufenden Einzahlungen und die gesamten Auszahlungen erfaßt werden[46].

Die Unterschiede in den Ergebnissen für die Berechnung des konjunkturellen Effekts beim Sachverständigenrat, bei BHJL und bei der Bundesbank sind also vor allem auf die unterschiedliche Abgrenzung des öffentlichen Sektors und auf die verschiedenen Budgettypen zurückzuführen. Als nächstes gilt es daher zu untersuchen, wie der öffentliche Sektor abzugrenzen ist und welcher Budgettyp der Berechnung des konjunkturellen Effekts zugrunde gelegt werden sollte.

4.2.2 Ökonomische Wirkungen des Staatssektors

Die einzelnen Budgettypen erfassen die ökonomischen Wirkungen des öffentlichen Sektors auf die Gesamtwirtschaft zu verschiedenen

---

[42] Vgl. BHJL, Zu den konjunkturellen Wirkungen der Haushaltspolitik, S. 140. Unterschiede bestehen auch hinsichtlich der Schätzung des Produktionspotentials, die allerdings quantitativ kaum zu Buche schlagen. BHJL verwenden die Berechnungen von Soltwedel am Institut für Weltwirtschaft, während der Sachverständigenrat für seine Schätzung von den Zahlen von Kirner ausgeht. Vgl. Jahresgutachten 1969, Anhang VIII; *W. Kirner*, Zeitreihen für das Anlagevermögen der Wirtschaftsbereiche in der Bundesrepublik Deutschland, „Beiträge zur Strukturforschung", Deutsches Institut für Wirtschaftsforschung, Heft 5, 1968.

[43] Vgl. BHJL, Zu den konjunkturellen Wirkungen der Haushaltspolitik, S. 113.

[44] Vgl. *H. Bartels*, Das Kontensystem für die Volkswirtschaftliche Gesamtrechnung der Bundesrepublik Deutschland, „Wirtschaft und Statistik", 12. Jhrg. (1960), S. 322.

[45] Bund, Länder, Gemeinden, Lastenausgleichsfonds, ERP, Öffa.

[46] Vgl. *W. Dreissig*, Zum Begriff des Budgetüberschusses und Budgetfehlbetrages, in: H. Jecht (Hrsg.), Probleme des öffentlichen Budgets, Schriften des Vereins für Socialpolitik, N. F. Bd. 31, Berlin 1964, S. 38.

Zeitpunkten. Um beurteilen zu können, welcher Budgettyp unter der konjunkturpolitischen Zielsetzung als Grundlage für den konjunkturneutralen Haushalt am geeignetsten ist, werden zuerst die Wirkungsstufen skizziert, die von der Aufstellung, Durchführung und dem Abschluß des Budgets ausgehen. Anhand dieser Wirkungsstufen erfolgt dann die Beurteilung der Budgettypen.

a) Seit der Einführung der mittelfristigen Finanzplanung für Bund und Länder[47] werden die längerfristigen Ziele und Schwerpunkte der Regierung in einen gesamtwirtschaftlichen Zusammenhang gebracht. Obwohl die mittelfristige Finanzplanung nur unverbindlichen Charakter hat, wird für den privaten Bereich zumindest tendenziell die künftige Entwicklung im Bereich des staatlichen Sektors ersichtlich, z. B. ob geplant ist, den konsumtiven oder investiven Teil der Ausgaben stärker zu erhöhen. Wirkungen auf den privaten Sektor sind wegen der Unverbindlichkeit kaum zu erwarten.

b) Verbindlichen Charakter trägt der Haushaltsplan. Die Aufgabe des Haushaltsplans besteht in der Feststellung und Deckung des Finanzbedarfs zur Erfüllung der öffentlichen Aufgaben[48]. Von dieser fiskalischen Funktion des Haushaltsplans gehen noch keine unmittelbaren Wirkungen auf die konjunkturelle Entwicklung aus. In der Aufstellung des Haushaltsplans ist jedoch zumindest ein Ankündigungseffekt enthalten, der Änderungen in den Dispositionen der privaten Wirtschaftssubjekte auslösen kann[49].

c) Als erster Schritt in der Durchführung des Haushaltsplans folgt für den Bereich der staatlichen Investitionsausgaben die Ausschreibung der Projekte und die Auftragsvergabe. Vom Zeitpunkt der Auftragsvergabe gehen mittelbare Wirkungen auf die konjunkturelle Entwicklung aus, indem die Investitions- und Produktionsplanung des Auftragsnehmers beeinflußt wird[50]. Unter der konjunkturpolitischen Zielsetzung wird der Auftragsvergabe die entscheidende Funktion hinsicht-

---

[47] Vgl. Stabilitätsgesetz, §§ 9, 14.

[48] Vgl. HGrG, § 2.

[49] Vgl. *K. Löbbe*, Ein System gesamtwirtschaftlicher Wirkungen der staatlichen Aktivität, „RWI-Mitteilungen", 23. Jhrg. (1972), S. 28 f.

[50] Vgl. ebenda, S. 29 f. Auf die Notwendigkeit, bei der Konjunkturpolitik die Auftragsvergabe zu berücksichtigen, hat die Bundesregierung selbst hingewiesen. Vgl. Jahreswirtschaftsbericht 1969 der Bundesregierung, Ziff. 11; Zitierweise: Jahreswirtschaftsbericht; Der Sachverständigenrat hat die bisher fehlende Auftragsvergabestatistik kritisiert. Vgl. Jahresgutachten 1968, Ziff. 115, 122; 1969, Ziff. 115.

lich der Wirkungen der staatlichen Aktivität auf die Privatwirtschaft zuerkannt[51].

d) Mittelbereitstellung und Auftragsvergabe sind bezüglich Einkommensbildung und -verwendung antizipative Indikatoren. Der realwirtschaftliche Vorgang, die Leistungserstellung, wird durch die Volkswirtschaftliche Gesamtrechnung erfaßt. Sie registriert die Einkommensströme im Zeitpunkt ihrer Entstehung, Verteilung, Umverteilung und Verwendung. Die Volkswirtschaftliche Gesamtrechnung verbucht die Transaktionen zum Zeitpunkt der Entstehung von Forderungen und Verbindlichkeiten.

e) Die Zahlungstransaktionen der öffentlichen Hand bilden den Schlußpunkt dieser Wirkungsstufen. Sie bauen die entstandenen Forderungen und Verbindlichkeiten ab. Die Wirkungen dieser Zahlungsströme sind kaum mehr realwirtschaftlicher Natur. In erster Linie wird die Ausstattung der Wirtschaftssubjekte mit Liquidität beeinflußt. Daraus können sich allerdings wieder realwirtschaftliche Rückwirkungen ergeben[52].

Sicherlich umfassen die fünf hier skizzierten Wirkungsstufen nicht die Gesamtheit der staatlichen Wirkungen auf die Privatwirtschaft. Allerdings wurde zumindest die Abfolge des Einflusses ersichtlich, die von der Aufstellung der Finanz- und Haushaltsplanung bis zur kassenmäßigen Abwicklung erfolgt. Eine quantitative Erfassung der ersten beiden Wirkungsstufen ist nicht möglich. Unter konjunkturellen Gesichtspunkten kommt für die öffentlichen Investitionsausgaben der Auftragsvergabe die entscheidende Funktion zu, da zu diesem Zeitpunkt der Reaktionsgewinn der privaten Wirtschaftssubjekte anzusetzen ist. Bei den laufenden Ausgaben, wie z. B. den Lohn- und Gehaltszahlungen, besteht keine wesentliche zeitliche Differenz hinsichtlich der „accrual-Basis“ und den kassenwirksamen Zahlungen.

4.2.3 Die Erfassung der Fiskalwirkungen in den Budgettypen

Auf der Grundlage des eben skizzierten Wirkungsablaufs wird nun untersucht, auf welcher Stufe die vom Sachverständigenrat, von BHJL und von der Bundesbank verwandten Budgettypen die konjunkturellen Effekte des öffentlichen Haushalts erfassen.

---

[51] Vgl. z. B. *G. Colm, P. Wagner*, Einige Bemerkungen zur Form des Budgets, in: H. C. Rechtenwald (Hrsg.), Finanztheorie, S. 110; *W. Dreissig*, Probleme des Haushaltsausgleichs, in: H. Haller (Hrsg.), Probleme der Haushalts- und Finanzplanung, Schriften des Vereins für Socialpolitik, N. F. Bd. 52, Berlin 1969, Fußnote 13, S. 24.

[52] Vgl. *K. Löbbe*, Ein System gesamtwirtschaftlicher Wirkungen der staatlichen Aktivität, S. 35 ff.

4.2.3.1 Die Kassenrechnung

Das deutsche Haushaltsrecht unterscheidet zwischen der Haushalts- und der Kassenrechnung[53]. Da die Haushaltsrechnung primär auf die Kontrolle der Regierungs- und Verwaltungstätigkeit ausgerichtet ist, bleibt sie in der weiteren Diskussion außer Betracht.

Die Kassenrechnung erfaßt die Ein- und Auszahlungen des öffentlichen Sektors in einer bestimmten Periode. Die Periodenabgrenzung ist nicht eindeutig. So können während der „Auslaufperiode" noch Buchungen zu Lasten des abgelaufenen Haushaltsjahres vorgenommen werden. Die Vergleichbarkeit der Perioden wird auch dadurch beeinträchtigt, daß der Bundesfinanzminister den Abschlußzeitpunkt festlegt[54]. Die Kassenrechnung erfaßt sämtliche Transaktionen, also auch die nicht kreislaufwirksamen Ein- und Auszahlungen.

In der Bundesrepublik ist seit 1970 ein neues Haushaltsrecht in Kraft getreten[55], in dem ein verstärktes Gewicht auf den wirtschaftspolitischen Gehalt der Kassenrechnung gelegt wird. Das neue Haushaltsrecht brachte hinsichtlich der konjunkturpolitischen Verwendbarkeit in zweifacher Hinsicht eine Verbesserung.

Die Kassenrechnung basiert auf einer neuen Haushaltssystematik[56]. Danach werden die Einnahmen und Ausgaben nach einem Gruppierungsschema aufgebaut, das die Gliederung des Staatskontos im Rahmen der Volkswirtschaftlichen Gesamtrechnung berücksichtigt[57]. Die zweite Verbesserung besteht in der im Rahmen des Haushaltsplans aufzustellenden Finanzierungsübersicht[58]. Danach wird der Finanzierungssaldo als Differenz aus den kreislaufwirksamen Ausgaben und Einnahmen berechnet.

Bei der Berechnung des öffentlichen Gesamthaushalts in den Finanzberichten der Bundesregierung, die als Grundlage für die Berechnung des konjunkturneutralen Haushaltsvolumens und des konjunkturellen Effekts in den Gutachten des Sachverständigenrats dienen, sind die eben skizzierten Punkte berücksichtigt. Die Ausgaben und Einnahmen sind gegenüber der Finanzstatistik sowie der Haushalts- und Kassen-

---

[53] Vgl. z. B. HGrG, §§ 38, 39.

[54] Vgl. *Gesetz* über die Bundeshaushaltsordnung vom 19. Aug. 1969, BGBl. I, S. 1284, §§ 18, 72, 76; Zitierweise: BHO.

[55] Vgl. *Bundesministerium der Finanzen* (Hrsg.), Das neue Haushaltsrecht, Bonn 1969.

[56] Vgl. *Bundesministerium der Finanzen* (Hrsg.), Finanzbericht 1969, S. 210 ff. Zitierweise: Finanzbericht.

[57] Vgl. *Bundesministerium der Finanzen* (Hrsg.), Das neue Haushaltsrecht, S. 16.

[58] Vgl. HGrG, § 10, Abs. 4; BHO, § 13, Abs. 4.

rechnung um die bei der Definition des Finanzierungssaldos eliminierten Kategorien bereinigt[59]. Der öffentliche Gesamthaushalt umfaßt die Gebietskörperschaften ohne Sozialversicherung[60].

Konfrontiert man die Kassenrechnung mit den Wirkungsstufen der Haushalts- und Finanzplanung, dann ist ersichtlich, daß die Kassenrechnung lediglich die letzte Stufe, die kassenmäßige Abwicklung des Haushaltsplans abdeckt. Damit erfaßt der kassenmäßige Abschluß nicht den für die antizyklische Fiskalpolitik wichtigen Zeitpunkt des Reaktionsbeginns der privaten Wirtschaftssubjekte, sondern er bildet den Schlußpunkt in der Wirkungskette. Für den Bereich der laufenden Ausgaben ist dies von untergeordneter Bedeutung, da die Auftragsvergabe entfällt und die beiden letzten Stufen, der Zeitpunkt des Entstehens von Forderungen und Verbindlichkeiten und die kassenmäßige Abwicklung, in der Regel nicht auseinander fallen.

Bei den Ausgaben für investive Zwecke besteht dagegen eine erhebliche zeitliche Differenz zwischen den drei Stufen. Der konjunkturpolitisch entscheidende Reaktionsbeginn kommt hierbei der Auftragsvergabe zu. Die Zahlungsströme bilden den Schlußpunkt. Allerdings sind die Zahlungsmodalitäten zu berücksichtigen. Vorauszahlungen können mit dem Zeitpunkt der Auftragsvergabe in etwa zusammenfallen; die Abschlußzahlungen werden aber je nach Investitionsprojekt erheblich nach der Auftragsvergabe erfolgen. So war beispielsweise die Auftragsvergabe der beiden Investitionsprogramme 1967 bis Mitte 1968 im großen und ganzen abgeschlossen, die Zahlungsströme wurden dagegen erst 1969 endgültig abgewickelt[61]. Demnach wird nach der Ist-Rechnung dem Haushalt 1969 der expansive Effekt zugeordnet, der unter konjunkturellen Gesichtspunkten bereits 1967 und 1968 eingetreten ist.

4.2.3.2 Der Staatssektor in der Volkswirtschaftlichen Gesamtrechnung

Die Volkswirtschaftliche Gesamtrechnung stellt auf die Stufe der Leistungserstellung ab. Die vor- und nachgelagerten Einflüsse bleiben außer Betracht. Für die Auftragsvergabe gilt die Argumentation, wie

---

[59] Auf der Einnahmenseite sind die Einnahmen aus Krediten vom Kreditmarkt, die Entnahmen aus Rücklagen, die Einnahmen aus kassenmäßigen Überschüssen sowie die Münzeinnahmen, auf der Ausgabenseite die Ausgaben zur Schuldentilgung am Kreditmarkt, die Zuführungen an Rücklagen und die Ausgaben zur Deckung eines kassenmäßigen Fehlbetrags eliminiert.

[60] Bund, Länder, Gemeinden (Gv.), Lastenausgleichsfonds, seit 1966 ERP, seit 1971 die Europäische Gemeinschaft.

[61] Vgl. *Bundesregierung*, Abschlußbericht über das erste Konjunkturprogramm und das zweite Programm für besondere konjunktur- und strukturpolitische Maßnahmen 1967/68, Bundestagsdrucksache V/3630 (1968/69), S. 22.

sie bei der Kassenrechnung erfolgte, entsprechend. Als wesentliche Schwäche der Volkswirtschaftlichen Gesamtrechnung wird die Vernachlässigung der reinen Zahlungsströme angesehen, da die liquiditätsmäßigen Wirkungen unberücksichtigt bleiben[62]. Dieser Mangel kommt in der Ermittlung des Finanzierungssaldos zum Ausdruck. Zu dessen Berechnung wird die Ersparnis des Staates (Überschuß der laufenden Einnahmen über die laufenden Ausgaben minus dem Saldo aus den Vermögensübertragungen) der Sachvermögensbildung gegenübergestellt (Investition minus Abschreibung)[63]. Vom Finanzierungssaldo der Kassenrechnung unterscheidet sich der Finanzierungssaldo auf der Grundlage der Volkswirtschaftlichen Gesamtrechnungen vor allem dadurch, daß die staatlichen Darlehen nicht als Ausgaben, sondern als Verwendung des Überschusses verbucht werden[64]. Dies ist nach der Verbuchungspraxis der Volkswirtschaftlichen Gesamtrechnung konsequent, da die Veränderung der Forderungen erfaßt wird; unter liquiditätspolitischen Aspekten wird ein falsches Bild vermittelt, wenn die Darlehen nicht zu den laufenden Ausgaben gerechnet werden.

Eine weitere Schwäche der Volkswirtschaftlichen Gesamtrechnung besteht in den fiktiven Positionen, die in den Sektor Staat eingerechnet werden, wie z. B. der Pensionsfonds für Beamte und die fiktiven Abschreibungen, sowie in der Verbuchungspraxis einzelner Kategorien, wie z. B. den direkten Steuern, die nach dem kassenmäßigen Aufkommen eingesetzt werden. Damit werden nicht immer die tatsächlichen ökonomischen Prozesse erfaßt bzw. das „accrual-Prinzip" durchbrochen[65].

Der Vorzug der Volkswirtschaftlichen Gesamtrechnung liegt in der Erfassung der Kreislaufströme zwischen den einzelnen Sektoren. Diese Aggregate sind in konjunkturpolitischer Hinsicht von wesentlicher Bedeutung.

Ein weiterer Vorteil der Volkswirtschaftlichen Gesamtwirkung unter dem fiskalpolitischen Aspekt wird in der Konsolidierung der Gebietskörperschaften und der Parafisci zu einem gesamtstaatlichen Sektor gesehen[66], dem der private Sektor gegenübersteht. Hier ist die grund-

---

[62] Vgl. *J. Hanschel*, Kreislauftheorie und Staatshaushalt, S. 123; *K. Löbbe*, Ein System gesamtwirtschaftlicher Wirkungen der staatlichen Aktivität, S. 30.

[63] Vgl. *W. Dreissig*, Zum Begriff des Budgetüberschusses und des Budgetfehlbetrages, S. 46; *Statistisches Bundesamt*, Volkswirtschaftliche Gesamtrechnungen, Reihe 1, Konten und Standardtabellen, Wiesbaden 1970, S. 17 ff.

[64] Vgl. *W. Dreissig*, Zum Begriff des Budgetüberschusses und Budgetfehlbetrages, S. 47.

[65] Vgl. *H. Bartels*, Das Kontensystem für die Volkswirtschaftliche Gesamtrechnung in der Bundesrepublik Deutschland, S. 322.

[66] Vgl. ebenda; vgl. auch *J. Hanschel*, Kreislauftheorie und Staatshaushalt, S. 111.

sätzliche Frage aufzuwerfen, ob die Parafisci, speziell die Sozialversicherung, in die Berechnung der Fiskalwirkungen einbezogen werden sollen.

Unter konjunkturpolitischen Gesichtspunkten sind die Beitragseinnahmen und die Ausgaben der Sozialversicherung den Einnahmen und Ausgaben der Gebietskörperschaften gleichzusetzen. So ist z. B. den Sozialabgaben ein Entzugseffekt bei den Privaten wie bei den Steuern zuzuordnen. Eine Beurteilung der stabilisierenden oder destabilisierenden Wirkungen der Fiskalpolitik kann daher nur unter Einschluß der Parafisci erfolgen. Andererseits gilt es zu berücksichtigen, daß die Parafisci nicht auf die stabilitätspolitischen Ziele ausgerichtet sind, sondern primär andere Zielsetzungen verfolgen. Stabilisierende oder destabilisierende Einflüsse ergeben sich gewissermaßen als „Nebenprodukt". Demgegenüber sind die Gebietskörperschaften per Gesetz auf die stabilitätspolitischen Ziele festgelegt[67].

Um den Erfolg oder Mißerfolg der Stabilitätsbemühungen der Gebietskörperschaften beurteilen zu können, sind außer für den gesamtstaatlichen Sektor auch die konjunkturellen Effekte der Gebietskörperschaften, also ohne Parafisci zu berechnen. So könnten z. B. die antizyklischen Wirkungen des konsolidierten Staatshaushalts (Gebietskörperschaften plus Parafisci) auf die konjunkturellen (ungewollten) Nebenwirkungen der Parafisci zurückgehen, während die Gebietskörperschaften für sich genommen prozyklisch gewirkt haben. Eine Beurteilung der Fiskalpolitik hat aber bei den Körperschaften anzusetzen, die zur Stabilitätspolitik verpflichtet sind.

Die Verwendung der Daten der Volkswirtschaftlichen Gesamtrechnung führt zu beschränkt aussagefähigen Ergebnissen. Der Vorteil gegenüber der Kassenrechnung besteht hinsichtlich der Einbeziehung der Sozialversicherung. Der Erfassungszeitpunkt liegt bei der Leistungserstellung und daher bei den Kategorien, bei denen Produktion und Zahlung auseinanderfallen, früher als beim Kassenprinzip[68]. Ein wesentlicher Nachteil der Volkswirtschaftlichen Gesamtrechnung besteht darin, daß die liquiditätspolitischen Auswirkungen der Fiskalpolitik unberücksichtigt bleiben und mit fiktiven Positionen gearbeitet wird[69].

---

[67] Vgl. Stabilitätsgesetz, §§ 1, 16.

[68] Vgl. Jahreswirtschaftsbericht 1969, Ziff. 11.

[69] Ob die Volkswirtschaftliche Gesamtrechnung oder die Kassenrechnung die konjunkturellen Wirkungen der öffentlichen Hand adäquat erfaßt, wird nicht einheitlich beurteilt. So präferiert z. B. Albers die Kassenbasis, während Colm/Wagner und Hanschel die Volkswirtschaftliche Gesamtrechnung bevorzugen Vgl. *W. Albers*, Anforderungen an eine moderne Haushaltswirtschaft, in: H. Haller, L. Kullmer, C. S. Shoup, H. Timm (Hrsg.), Theorie und Praxis des finanzpolitischen Interventionismus, S. 365 f.; *G. Colm*, *P. Wagner*, Einige Bemerkungen zur Form des Budgets, S. 110; *J. Hanschel*, Kreislauftheorie und Staatshaushalt, S. 95 und 111.

Ebenso wie bei der Kassenrechnung werden für den Bereich der staatlichen Investitionen, für die die Auftragsvergabe konjunkturpolitisch relevant ist, die Wirkungen mit einer Verzögerung ausgewiesen.

4.2.3.3 Das Kassenbudget der Bundesbank

Die Aufgabe der Bundesbank besteht in der Versorgung der Wirtschaft mit Liquidität unter der Zielsetzung eines stabilen Geldwerts. Diese liquiditätspolitische Aufgabenstellung bildet den Ausgangspunkt des Kassenbudgets. Danach soll der Betrag des Haushalts sichtbar gemacht werden, „der vom Staat zusätzlich zu den von ihm zu Lasten der privaten Einkommen erhobenen Einnahmen ausgegeben wird oder umgekehrt“[70].

Dieser Budgetsaldo ergibt sich aus der Differenz zwischen den laufenden Einzahlungen (Steuern, Erwerbseinkünfte, Gebühren, Beiträge etc.) und den gesamten Auszahlungen (laufende Ausgaben plus Investitionsausgaben) an den privaten Sektor. Die Bundesbank betrachtet alle Schuldaufnahmen zur Deckung eines Haushaltsdefizits (= Budgetsaldo nach dem Kassenprinzip) als Mittel der Defizitfinanzierung, mit Ausnahme der direkten Kreditaufnahme bei anderen Gebietskörperschaften, sofern diese aus Steuern oder Beiträgen finanziert sind[71]. Damit umfaßt der Budgetsaldo nach dem Prinzip der Bundesbank die gesamte Verschuldung der öffentlichen Hand. Es wird nicht zwischen kurzfristigen Kassenkrediten und längerfristigen Schuldtiteln unterschieden.

Der Budgetsaldo des Kassenbudgets entspricht in etwa dem Finanzierungssaldo der Kassenrechnung nach dem neuen Haushaltsrecht. Der wesentliche Unterschied zwischen beiden besteht darin, daß nach dem Kassenbudget nur die in einer Periode effektiv getätigten Aus- und Einzahlungen erfaßt werden, während bei der Kassenrechnung die bereits angeführten Manipulationsmöglichkeiten hinsichtlich der Auslaufperiode und der Festlegung des Abschlußzeitpunktes bestehen. Darauf dürfte sich der Hinweis der Bundesbank beziehen, daß bei der Verbuchung ein Unterschied zwischen der finanzstatistischen Praxis und der reinen Ist-Rechnung der Bundesbank besteht[72]. Das Kassenbudget umfaßt nur die Gebietskörperschaften[73].

---

[70] *W. Dreissig*, Zum Begriff des Budgetüberschusses und Budgetfehlbetrages, S. 37.

[71] Vgl. *W. Dreissig*, Zum Begriff des Budgetüberschusses und Budgetfehlbetrages, S. 37.

[72] Vgl. *Deutsche Bundesbank*, Geschäftsbericht 1971, S. 78.

[73] Nicht gesondert berücksichtigt sind die Einnahmen und Ausgaben für die Europäische Gemeinschaft.

Der relativ geringe Unterschied zwischen Kassenrechnung und Kassenbudget kommt in Abbildung 8 zum Ausdruck. Vergleicht man den konjunkturellen Effekt, den die Bundesbank berechnet hat, mit den in den Gutachten 1971 und 1972 errechneten des Sachverständigenrats — mit diesen beiden ist ein Vergleich möglich —, so ist zu ersehen, daß bezüglich der Richtung kaum und bezüglich der Höhe nur ein relativ geringer Unterschied besteht[74].

Ebenso wie die Kassenrechnung erfaßt das Kassenbudget der Bundesbank die konjunkturellen Wirkungen der öffentlichen Haushalte nur auf der letzten der fünf hier skizzierten Wirkungsstufen. Die kritischen Einwände, die in diesem Zusammenhang gegen die Kassenrechnung vorgebracht wurden, treffen damit auch auf das Kassenbudget zu. Von Bedeutung ist das Kassenbudget vor allem dann, wenn liquiditätspolitische Folgerungen aus dem Verhalten der öffentlichen Hand gezogen werden sollen.

4.2.4 Budgettypen und konjunktureller Effekt

Die Ausführungen über die Erfassung der konjunkturellen Wirkungen öffentlicher Haushalte in den einzelnen Budgettypen haben ergeben, daß weder die Kassenrechnung noch die Volkswirtschaftliche Gesamtrechnung noch das Kassenbudget der Bundesbank eine ausreichende Grundlage für die Berechnung der Fiskalwirkungen bilden. Die Berechnungsergebnisse für den konjunkturellen Effekt wichen in den einzelnen Jahren erheblich voneinander ab.

Auf welchem Budgettyp sollte eine Berechnung der Fiskalwirkungen unter Abwägung der Vor- und Nachteile basieren? Als erstes ist die Forderung des Sachverständigenrats zu unterstützten, daß die Auftragsvergabestatistik für den investiven Bereich des staatlichen Sektors mit Vorrang zu verbessern sei: „Eine umfassende Würdigung der Finanzpolitik scheitert noch immer daran, daß keine Daten über die Auftragsvergabe aller Gebietskörperschaften verfügbar sind[75].“

---

[74] Im Geschäftsbericht für das Jahr 1972 ist die Bundesbank wieder davon abgegangen, die konjunkturellen Wirkungen des öffentlichen Budgets nach dem konjunkturneutralen Haushalt zu beurteilen. Statt dessen wird wieder auf die Saldenorientierung und die Wachstumsrate der Staatsausgaben abgestellt. Eine Begründung für diese Abkehr wird nicht gegeben. Vgl. *Deutsche Bundesbank*, Geschäftsbericht 1972, S. 66 ff. Neuerdings verwendet die Bundesbank ein modifiziertes Saldenkonzept, bei dem die konjunkturellen Einflüsse auf den Budgetsaldo eliminiert werden. Dieser Ansatz ist dem Vollbeschäftigungsüberschußkonzept ähnlich, analytisch aber einfacher zu handhaben. Vgl. *Deutsche Bundesbank*, Die Gebietskörperschaften im Konjunkturverlauf seit 1967, „Monatsbericht“, 25. Jhrg., November 1973, S. 21.

[75] Jahresgutachten 1971, Ziff. 183.

Welchem der Budgettypen im Rahmen der bestehenden Möglichkeiten der Vorzug zu geben ist, hängt von der Zielsetzung ab. Versucht man wie der Sachverständigenrat die kreislaufwirksamen Transaktionen zu erfassen, so sollten die Berechnungen auf der Grundlage der Volkswirtschaftlichen Gesamtrechnung durchgeführt werden. Diese erfaßt einmal die Wirkungen auf einer früheren Stufe als die Kassenbudgets. Zum zweiten lassen sich die Berechnungen für den gesamten öffentlichen Sektor (einschließlich Sozialversicherung) durchführen.

Wird dagegen auf die liquiditätspolitischen Folgen der staatlichen Aktivität abgestellt, dann ist die Ist-Rechnung heranzuziehen. Dabei sollte dem Kassenbudget der Bundesbank der Vorzug gegeben werden, da die Kassenrechnung einige Manipulationsmöglichkeiten bei der Verbuchungspraxis zuläßt.

Abschließend kann festgehalten werden, daß der Intention des Sachverständigenrats, die kreislaufwirksamen Fiskaleffekte zu erfassen, die Volkswirtschaftliche Gesamtrechnung eher entsprochen hätte. Zu wünschen ist zumindest, daß Alternativrechnungen durchgeführt werden, in denen sowohl dem „accrual"- als auch dem Kassenprinzip Rechnung getragen wird. Weichen hierbei die Berechnungsergebnisse erheblich voneinander ab, so werden die Urteile über die Fiskalpolitik relativiert und keine „Scheingenauigkeit" der Ergebnisse vorgespiegelt.

4.3 Zur Potentialorientierung des konjunkturneutralen Haushalts

Mit der Ausrichtung seines Budgetkonzepts an der Entwicklung des gesamtwirtschaftlichen Produktionspotentials wendet sich der Sachverständigenrat gegen das in der Praxis anzutreffende Verhalten, die Haushaltspolitik an den Zuwachsraten des Sozialprodukts zu orientieren[76]. Wegen der konjunkturell bedingten stärkeren Schwankungen in den Wachstumsraten des Sozialprodukts wird bei einer Orientierung am Sozialproduktzuwachs der konjunkturelle Einfluß des öffentlichen Verhaltens nicht ausgeschaltet. Dann kann aber eine unzulässige Beurteilung der Fiskalpolitik die Folge sein. Die angestrebte Verstetigung des staatlichen Verhaltens wird durch eine Orientierung am Sozialprodukt erschwert.

Als zweites Argument für die Potentialorientierung führt der Sachverständigenrat an, daß damit auf die Produktionsmöglichkeiten der gesamten Volkswirtschaft abgestellt wird[77]. Dieses Argument leitet sich aus den Erfahrungen des Rezessionsjahres 1967 ab, in dem die Lücke

---

[76] Vgl. Jahresgutachten 1968, Ziff. 128.
[77] Vgl. Jahresgutachten 1967, Ziff. 289.

zwischen dem tatsächlichen Sozialprodukt und dem Produktionspotential auf ca. 30 Mrd. DM geschätzt wurde[78].

Um die konjunkturelle Komponente auszuschalten und die Produktionsmöglichkeiten auszuschöpfen, fordert der Sachverständigenrat ein potentialorientiertes Verhalten, da das Produktionspotential durch die Konjunkturlage nur geringfügig beeinflußt wird[79]. Inwieweit die empirischen Möglichkeiten dieser Zielsetzung gerecht werden, ist Gegenstand der weiteren Erörterungen.

4.3.1 *Die Berechnungsmethode des Sachverständigenrats*

Zur Schätzung des gesamtwirtschaftlichen Produktionspotentials können verschiedene methodische Ansätze angewandt werden. In der Regel unterscheidet man folgende zwei Möglichkeiten[80]:

— den Totalansatz. Dabei wird das Produktionspotential als Funktion mehrerer Produktionsfaktoren berechnet.

— den Partialansatz. Nach dieser Methode ergibt sich das Produktionspotential als Funktion eines Produktionsfaktors. Hierbei gibt es prinzipiell zwei Möglichkeiten, den arbeits- und kapitalorientierten Ansatz. Dabei ist unterstellt, daß der berücksichtigte Faktor jederzeit den Engpaßsektor darstellt[81].

Der Sachverständigenrat schätzte das gesamtwirtschaftliche Produktionspotential für die sechziger Jahre nach dem kapitalorientierten Ansatz[82]. Ausschlaggebend für die Wahl dieser vom Deutschen Institut für Wirtschaftsforschung verwandten Methode war die Möglichkeit, einen gesamtwirtschaftlichen Auslastungsgrad zu bestimmen[83].

---

[78] Vgl. Jahresgutachten 1967, Ziff. 83.

[79] Vgl. Jahresgutachten 1968, Ziff. 128.

[80] Vgl. *Bundesministerium für Wirtschaft* (Hrsg.), Zur Entwicklung des gesamtwirtschaftlichen „Produktionspotentials" der Bundesrepublik Deutschland, „Studien-Reihe", Nr. 1, Bonn—Duisburg 1973, Anlage, S. 1 ff.

[81] Vgl. ebenda, S. 1.

[82] Vgl. Jahresgutachten 1968, Anhang IV; 1969, Anhang VIII.

[83] Der Sachverständigenrat führt drei Methoden zur Bestimmung von Produktionskapazität und Auslastungsgrad an: (a) aus den zyklischen Veränderungen der industriellen Produktion; (b) aus der zeitlichen Entwicklung von Kapitaleinsatz und Produktion; (c) durch direkte Unternehmerbefragungen. Der kapitalorientierte Ansatz entspricht der Methode (b). Vgl. Jahresgutachten 1968, Anhang IV. Daß diese Auffassung nicht stichhaltig ist, zeigen Berechnungen mit Totalansätzen für denselben Beobachtungszeitraum, bei denen ebenfalls der Auslastungsgrad in den einzelnen Jahren berechnet wurde. Vgl. *Bundesministerium für Wirtschaft* (Hrsg.), Zur Entwicklung des gesamtwirtschaftlichen „Produktionspotentials" der Bundesrepublik Deutschland, S. 5 f.; *Deutsche Bundesbank*, Das Produktionspotential in der Bundesrepublik Deutschland, „Monatsbericht", 25. Jhrg., Oktober 1973, S. 28 ff.

Das gesamtwirtschaftliche Produktionspotential setzt sich additiv aus dem potentiellen Produktionsvolumen des Unternehmenssektors (ohne Wohnungsvermietung) und den Beiträgen des Staates, der Wohnungsvermietung, der privaten Haushalte und den Organisationen ohne Erwerbscharakter zum realen Bruttoinlandsprodukt zusammen[84]. Bei den Bereichen außer dem Sektor Unternehmen wird angenommen, daß deren Produktionspotential stets voll ausgelastet ist und daher mit den jeweiligen Beiträgen zum Bruttoinlandsprodukt übereinstimmt.

Das potentielle Produktionsvolumen des Unternehmenssektors (POT^*_t) ist das Produkt aus dem jahresdurchschnittlichen Bruttoanlagevermögen (K_t) und der von Auslastungsschwankungen bereinigten, trendmäßigen Kapitalproduktivität (k^*_t)[85]:

$$POT^*_t = \frac{k^*_t}{2} (K_t + K_{t-1}) \tag{23}$$

Die durchschnittliche Kapitalproduktivität ist der Quotient aus dem Bruttoinlandsprodukt und dem durchschnittlichen Bruttoanlagevermögen. Die trendmäßige Entwicklung der Kapitalproduktivität wird durch eine logarithmisch-lineare Trendfunktion ermittelt[86]. Die zur Bestimmung des Produktionspotentials notwendige Kapitalproduktivität erhält man dadurch, „daß der Trend parallel durch denjenigen Wert der empirisch gemessenen Kapitalproduktivität im jeweiligen Stützbereich verschoben wird, der von seinem Trendwert am weitesten nach oben abweicht“[87]. Damit ist der Auslastungsgrad des Produktionspotentials (x) bestimmt. Diesen erhält man, indem die statistisch gemessene Kapitalproduktivität (k_t) auf die potentiell mögliche Kapitalproduktivität bezogen wird[88]:

$$x_t = \frac{k_t}{k^*_t} = \frac{Y_t}{Y^*_t} \tag{24}$$

Nach der Definition des Sachverständigenrats ist der öffentliche Haushalt konjunkturneutral, der für sich allein den Auslastungsgrad

---

[84] Vgl. Jahresgutachten 1972, Anhang VII, Ziff. 2.

[85] Vgl. ebenda.

[86] Vgl. ebenda.

[87] Ebenda.

[88] Ebenda. Gegen diese „Maximalmethode“ hat sich die Bundesbank gewandt, da sich eine maximale Ausbringung nicht eindeutig bestimmen lasse und der Eindruck entstünde, als ob dieses Produktionspotential voll ausgelastet werden könne und gleichzeitig die gesamtwirtschaftlichen Ziele erreicht würden. Die Bundesbank versucht diese Nachteile zu vermeiden, indem sie auf den durchschnittlichen Auslastungsgrad abstellt. Vgl. *Deutsche Bundesbank*, Das gesamtwirtschaftliche Produktionspotential in der Bundesrepublik Deutschland, S. 32.

des Produktionspotentials in der Haushaltsperiode weder erhöht noch senkt. Wächst das Produktionspotential mit einer bestimmten Rate, dann muß die staatliche Nachfrage so zunehmen, daß von ihr der Quotient aus Y_t und Y^*_t unverändert bleibt (Ausgabenregel) oder in dem Ausmaß die Privatnachfrage zurückgedrängt wird, wenn die Staatsnachfrage stärker zunimmt, daß sich der Quotient ebenfalls nicht verändert (Haushaltsregel).

4.3.2 Konjunkturelle Entwicklung und Produktionspotential

Nach Ansicht des Sachverständigenrats wird die Entwicklung des Produktionspotentials durch die Konjunkturlage nur geringfügig beeinflußt[89]. Diese Auffassung erscheint jedoch fragwürdig. Wie bereits dargestellt wurde, berechnet der Sachverständigenrat das Produktionspotential als Produkt aus dem jahresdurchschnittlichen Anlagevermögen und der von Auslastungsschwankungen bereinigten Kapitalproduktivität. Geht man davon aus, daß die Kapitalproduktivität bei Vollauslastung der Produktionskapazitäten nicht schwankt[90], dann stimmt die Entwicklung des Produktionspotentials mit der Entwicklung des Bruttoanlagevermögens überein[91]. Die Veränderung des Bruttoanlagevermögens wird aber durch die Bruttoinvestition und die realen Abgänge, die Verschrottungen, bestimmt[92]. Diese sind in erheblichem Ausmaß von der konjunkturellen Entwicklung beeinflußt. So werden die Investitionen im Konjunkturaufschwung überproportional zunehmen, die Verschrottungen gehen relativ zurück. Für den Abschwung gilt das Umgekehrte. Damit wird aber die Entwicklung des Produktionspotentials entgegen der Auffassung des Sachverständigenrats durch den Konjunkturablauf nicht unerheblich beeinflußt.

Die empirischen Berechnungen des Produktionspotentials, die der Sachverständigenrat durchgeführt hat, zeigen deutlich den Einfluß der konjunkturellen Schwankungen auf die Produktionskapazitäten. Aus Abbildung 9 ist zu ersehen, daß das Produktionspotential mit einer Verzögerung von etwa einem Jahr dem zyklischen Auf und Ab der realen Bruttoanlageinvestitionen des Unternehmenssektors und dem Bruttoinlandsprodukt gefolgt ist. Im Beobachtungszeitraum liegt die niedrigste Wachstumsrate des Produktionspotentials bei 3,3 Prozent im

---

[89] Vgl. Jahresgutachten 1968, Ziff. 128.

[90] Der Sachverständigenrat geht von einem Trendbruch aus. Vgl. Jahresgutachten 1968, Anhang IV, Ziff. 3.

[91] Vgl. *D. Schäfer*, Über die Anwendbarkeit des Konzepts des konjunkturneutralen Haushalts auf die Soziale Sicherung, „Jahrbuch für Wirtschafts- und Sozialwissenschaften", 92. Jhrg. (1972), S. 200.

[92] Vgl. Jahresgutachten 1968, Ziff. 50.

Jahr 1968 und die höchste bei 5,6 Prozent 1970. Das ist immerhin eine Differenz innerhalb von zwei Jahren von etwa 60 Prozent[93].

Abbildung 9

Die Entwicklung der Bruttoinvestitionen des Unternehmenssektors ($w^u{}_I$), des Bruttoinlandsprodukts (w_{BIP}) und des Produktionspotentials (w_{POT}) von 1966—71 (in Preisen von 1962; Wachstumsraten), BRD

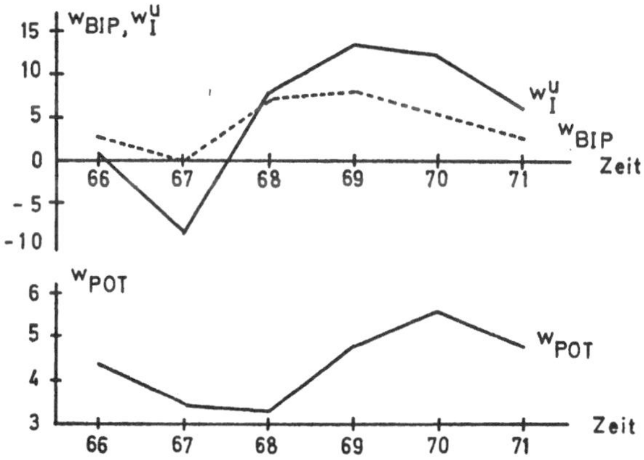

Quelle: Jahresgutachten 1972, Tabelle 28; *Statistisches Bundesamt*, Volkswirtschaftliche Gesamtrechnungen, Reihe 1, Konten und Standardtabellen, 1971, S. 102/111.

Die Ursache für den konjunkturell bedingten Einfluß auf die Entwicklung des Produktionspotentials liegt in der Berechnungsmethode des Sachverständigenrats. Beim kapitalorientierten Ansatz stellt neben der Kapitalproduktivität der Kapitalstock die zweite relevante Größe dar. Dessen Entwicklung wird durch die Investitionsschwankungen wesentlich beeinflußt. Um seinem Anspruch gerecht zu werden, hätte der Sachverständigenrat die konjunkturelle Komponente z. B. durch ein Glättungsverfahren ausschalten müssen. Eine zweite Möglichkeit bestünde darin, eine andere Berechnungsmethode zu verwenden. So weisen die Berechnungen des Bundeswirtschaftsministeriums und der Bundesbank, die für den Zeitraum von 1966—1971 den Totalansatz verwenden, eine erheblich geringere Schwankungsbreite auf[94]. Allerdings haben diese beiden Institutionen durch einen gleitenden Durchschnitt die konjunkturelle Komponente zu eliminieren versucht.

---

[93] Bei Berücksichtigung der nominalen Entwicklung sind die Schwankungen noch erheblich größer. Vgl. hierzu die Ausführungen über die konjunkturneutrale Preisniveauerhöhung, Abschnitt 4.6.2 dieses Kapitels.

[94] Die Schwankungsbreite liegt beim Bundeswirtschaftsministerium im Beobachtungszeitraum zwischen 4,8 und 4,5 Prozent, bei der Bundesbank zwischen 4,1 und 5,1 Prozent. Vgl. *Bundesministerium für Wirtschaft* (Hrsg.), Zur Entwicklung gesamtwirtschaftlichen „Produktionspotentials" der Bundesrepublik Deutschland, Tabelle 1, S. 7; *Deutsche Bundesbank*, Das Produktionspotential in der Bundesrepublik Deutschland, S. 29.

Welche Folgerungen sind aus den bisherigen Erörterungen für das Konzept des konjunkturneutralen Haushalts zu ziehen? Als erstes ist festzustellen, daß eine Orientierung der Haushaltspolitik an der Entwicklung des Produktionspotentials geringere Schwankungen zur Folge hat als eine Orientierung an der Zuwachrate des Sozialprodukts. Insofern ist der Aussage des Sachverständigenrats, daß das Produktionspotential durch den Wechsel der Konjunkturlage nur geringfügig beeinflußt wird, zuzustimmen.

Bei der empirischen Vorgehensweise des Sachverständigenrats ist aber die mittelfristige Ausrichtung nicht konsequent durchgehalten. Dadurch wird die Orientierungsfunktion des konjunkturneutralen Haushalts tangiert. Die Verstetigung der wirtschaftlichen Entwicklung, die der Sachverständigenrat durch eine Potentialorientierung erwartet, wird beeinträchtigt. Damit diese Erwartung eintrifft, hätte der Sachverständigenrat seinen Berechnungen den von konjunkturellen Schwankungen bereinigten Trend des Produktionspotentials zugrunde legen müssen.

Die Maßstabsfunktion des konjunkturneutralen Haushalts wird durch die Vorgehensweise des Sachverständigenrats ebenfalls tangiert. Wachsen die Staatsausgaben entsprechend der Zuwachsrate des kurzfristigen Produktionspotentials — die Einnahmenseite kann in diesem Zusammenhang vernachlässigt werden, da dafür die Entwicklung des Sozialprodukts maßgebend ist —, dann verringert sich beispielsweise in Rezessionsphasen das konjunkturneutrale Haushaltsvolumen. Der konjunkturelle Effekt als Differenz zwischen den tatsächlichen Staatsausgaben und dem konjunkturneutralen Haushaltsvolumen wird dadurch höher ausgewiesen. Orientieren sich dagegen die öffentlichen Ausgaben am mittelfristigen, von konjunkturellen Schwankungen bereinigten Wachstum des Produktionspotentials, dann wird in diesem Fall das konjunkturneutrale Haushaltsvolumen höher, der konjunkturelle Effekt dagegen niedriger. Der mittelfristige Zuwachs des Produktionspotentials liegt in Rezessionszeiten über der kurzfristigen Wachstumsrate. Die Argumentation gilt mit umgekehrtem Vorzeichen auch für den Boom[95].

Diese Überlegungen werden durch einen empirischen Vergleich bestätigt. Zu diesem Zweck wird den Berechnungen des konjunkturellen Effekts durch den Sachverständigenrat eine Berechnung gegenübergestellt, die vom mittelfristigen Zuwachs des Produktionspotentials

[95] Dies kann leicht anhand der allgemeinen Grundgleichung nachgeprüft werden. Es gilt: $KE = BS_i - POT_r \cdot p_n \cdot a_0 + e_0 Y_i$; es zeigt sich, daß — Konstanz der übrigen Parameter vorausgesetzt — bei einem größeren *POT* der konjunkturelle Effekt geringer und bei einem kleineren *POT* höher ausgewiesen wird, wenn dieser positiv ist. Bei einem negativen konjunkturellen Effekt gilt die Aussage mit umgekehrten Vorzeichen.

ausgeht. Beispielhaft werden Zahlen des Bundeswirtschaftsministeriums verwandt, in denen die konjunkturelle Komponente beim Produktionspotential ausgeschaltet ist[96].

Abbildung 10

Der konjunkturelle Effekt in Abhängigkeit vom kurzfristigen (KE^k_{POT}) und mittelfristigen (KE^m_{POT}) Wachstum des Produktionspotentials (in Mrd. DM), BRD, 1966—71

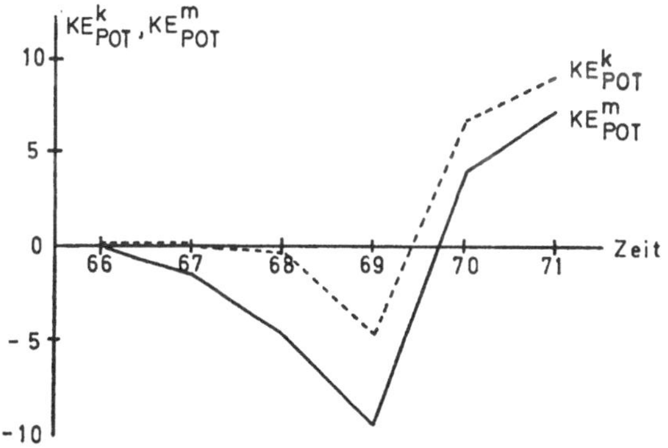

Quelle: Jahresgutachten 1972, Tabelle 28; Bundesministerium für Wirtschaft (Hrsg.), Zur Entwicklung des gesamtwirtschaftlichen „Produktionspotentials" der Bundesrepublik Deutschland, Tabelle 1. Die zugrundeliegenden Wachstumsraten des Sachverständigenrats (SVR) und des Bundeswirtschaftsministeriums (BMWI) sind:

	66	67	68	69	70	71
SVR	4,4	3,5	3,3	4,8	5,6	4,8
BMWI	4,8	4,7	4,7	4,7	4,6	4,5

Es ist zu berücksichtigen, daß der Sachverständigenrat die Zuwachsraten nach dem kapitalorientierten Ansatz, das Bundeswirtschaftsministerium mit einer Cobb-Douglas-Produktionsfunktion berechnete.

Nach Abbildung 10 ergeben sich unterschiedliche konjunkturelle Effekte in den einzelnen Jahren, je nachdem, ob die kurz- oder mittelfristigen Wachstumsraten des Produktionspotentials zugrunde gelegt werden. Während für die Jahre 1967 und 1968 bei der kurzfristigen Variante der öffentliche Haushalt in etwa konjunkturneutral gewirkt hat, ergibt sich bei der mittelfristigen Variante ein kontraktiver und damit für diesen Zeitraum prozyklischer Effekt. In der Boomphase 1970 und 1971 ist die expansive Wirkung bei der mittelfristigen Variante geringer als bei der kurzfristigen. Diese „Asymmetrie" zwischen Rezession und Boom hat mehrere Ursachen. Die Basis, von der das konjunkturneutrale Haushaltsvolumen bei der mittelfristigen Berechnung des Produktionspotentials in den einzelnen Jahren fortgeschrieben wird,

[96] Vgl. *Bundesministerium für Wirtschaft* (Hrsg.), Zur Entwicklung des gesamtwirtschaftlichen „Produktionspotentials" der Bundesrepublik Deutschland, S. 4.

ist wegen der größeren Wachstumsrate in der Rezession höher als bei der kurzfristigen Variante. Daher ergibt sich trotz niedrigerer Zuwachsrate im Boom ein größeres konjunkturneutrales Haushaltsvolumen. Der konjunkturelle Effekt ist daher geringer, als wenn auf den kurzfristigen Zuwachs abgestellt wird. Bei Auslaufen des Booms erfolgt eine Angleichung des konjunkturellen Effekts bei beiden Varianten.

4.3.3 Beispielrechnung

Die Berechnung des gesamtwirtschaftlichen Produktionspotentials unterliegt erheblichen empirischen Schwierigkeiten. Beim kapitalorientierten Ansatz des Sachverständigenrats liegen die Probleme bei den Schätzungen des Kapitalstocks, der Verschrottungen und der Kapitalproduktivität. Da die Entwicklung des Produktionspotentials den Bezugspunkt für den konjunkturneutralen Haushalt und die Berechnung des konjunkturellen Effekts bildet, soll kurz auf die Frage eingegangen werden, welche Einflüsse von den Schätzproblemen auf die Höhe und Richtung des konjunkturellen Effekts ausgehen.

Zur Illustration dieses Problems wurde der konjunkturelle Effekt berechnet, der sich ergibt, wenn die Schätzung des Produktionspotentials durch den Sachverständigenrat um 0,5 Prozent nach oben und unten verändert wird. Es wurde also eine obere und untere Variante, wie sie beispielsweise die Bundesregierung bei ihren mittelfristigen Zielprojektionen festlegt[97], unterstellt. Es sei ausdrücklich betont, daß

Abbildung 11

Der konjunkturelle Effekt in Abhängigkeit von hypothetischen Werten des Produktionspotentials (in Mrd. DM), BRD, 1966—71

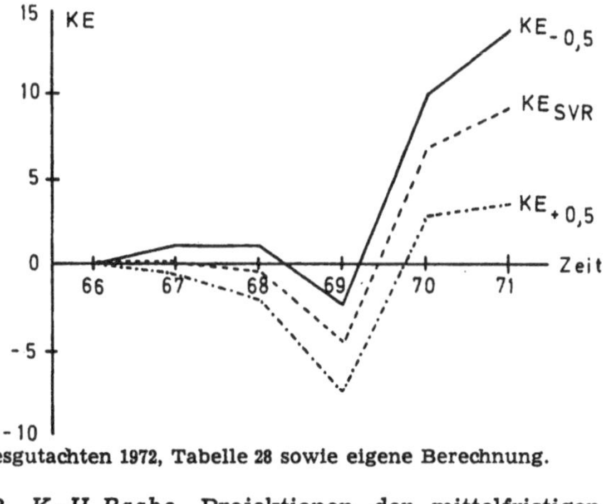

Quelle: Jahresgutachten 1972, Tabelle 28 sowie eigene Berechnung.

[97] Vgl. z. B. *K.-H. Raabe*, Projektionen der mittelfristigen Wirtschaftsentwicklung in der Bundesrepublik Deutschland, „BMWI-Texte", Bonn 1969, S. 15 ff.

damit keine Aussagen über die tatsächlich betriebene Fiskalpolitik beabsichtigt sind, sondern lediglich die Auswirkungen von unterschiedlichen (möglichen) Schätzungen des Produktionspotentials auf die Höhe und Richtung des konjunkturellen Effekts an einer Beispielrechnung illustriert werden sollen.

Die Folge unterschiedlicher Annahmen über die Entwicklung des Produktionspotentials ist, wie Abbildung 11 verdeutlicht, für den konjunkturellen Effekt ganz erheblich. Für 1967 und 1968 ergibt sich beim Sachverständigenrat eine in etwa konjunkturneutrale Wirkung der Fiskalpolitik auf den Konjunkturverlauf. Bei der unteren Variante der Schätzung hätte der öffentliche Gesamthaushalt expansiv und damit für diese beiden Jahre antizyklisch gewirkt. Bei der oberen Variante errechnete sich ein kontraktiver, für diesen Zeitraum prozyklischer Effekt. Für die Jahre 1970 und 1971 führen die drei verschiedenen Annahmen über die Wachstumsraten des Produktionspotentials zwar zu einem expansiven konjunkturellen Effekt. Die Größenordnung weicht jedoch erheblich voneinander ab. Hätte beispielsweise die Bundesregierung für 1971 antizyklische Maßnahmen ergriffen, dann wäre die Dosierung, je nachdem, welche Schätzung des Produktionspotentials zugrunde gelegt worden wäre, sehr unterschiedlich ausgefallen.

4.3.4 Ergebnis

Der Potentialorientierung der Fiskalpolitik, die der Sachverständigenrat beim konjunkturneutralen Haushalt vornimmt, wird gegenüber dem herkömmlichen Verfahren, die Haushaltspolitik an der Wachstumsrate des Sozialprodukts zu orientieren, der Vorzug zugeschrieben, daß die konjunkturelle Komponente reduziert wird.

Dieser Vorzug kommt in der konkreten Vorgehensweise des Sachverständigenrats nicht voll zum Tragen. Wegen der Schätzung des Produktionspotentials anhand des kapitalorientierten Ansatzes wird der konjunkturelle Einfluß nicht ganz ausgeschaltet. Hinzu kommt, daß der Sachverständigenrat nicht auf das mittelfristige, sondern auf das kurzfristige Wachstum des Produktionspotentials abstellt.

Durch diese Vorgehensweise wird die Orientierungs- und die Maßstabsfunktion tangiert. Die Verstetigung der Haushaltsentwicklung tritt nicht in dem Ausmaß ein, wie es erwünscht wäre. Die Beurteilung der Fiskalpolitik differiert ebenfalls.

Welche Folgerungen sind aus diesem Ergebnis zu ziehen? Der Sachverständigenrat sollte die mittelfristige Orientierung konsequent durchhalten und gegebenenfalls andere Schätzmethoden verwenden, bei denen der konjunkturelle Einfluß auf die Schätzung des Produktionspotentials geringer ist. Um die Folgen der Schätzprobleme auf den konjunkturellen Effekt etwas abzumildern, könnte eine obere und untere Variante für das Produktionspotential festgelegt werden. In diesem Korridor sollten die Wirkungen des Haushalts als konjunkturneutral betrachtet werden.

4.4 Zur Wahl des Basisjahres

Mit der Festlegung eines konjunkturneutralen Basisjahres, von dem aus das konjunkturneutrale Haushaltsvolumen fortgeschrieben wird, geht der Sachverständigenrat vom reinen Vorjahresvergleich ab. Die konjunkturellen Wirkungen der öffentlichen Haushalte werden nicht auf das jeweilige Vorjahr, sondern auf eine durch das Basisjahr bestimmte mittelfristige Bezugsgröße bezogen[98]. Damit soll einer Fehlbeurteilung, wie sie sich beim Vorjahresvergleich ergeben kann, begegnet werden.

Da, wie die Grundgleichung (22) verdeutlicht, der konjunkturelle Effekt von den Parametern des Basisjahres, der Ausgabenquote a_0 und der Steuerquote e_0, wesentlich determiniert ist, sind die theoretischen Implikationen und empirischen Möglichkeiten zur Bestimmung der Parameter sowie die Wirkungen auf den konjunkturellen Effekt zu diskutieren.

4.4.1 Konjunktureller Effekt und Basisjahr

In dem wissenschaftlichen Streit um die optimale Aufteilung der Ressourcen auf den privaten und öffentlichen Sektor nimmt der Sachverständigenrat eine pragmatische Position ein[99]. Entsprechend dem dezisionistischen Modell der wissenschaftlichen Beratung[100], das dem Gesetz über die Bildung des Sachverständigenrats zugrunde liegt, geht

[98] Vgl. Jahresgutachten 1970, Ziff. 326. Vgl. auch *D. Biehl*, Budget und Konjunktur, Zur Analyse der Wirkungen öffentlicher Haushalte, Kiel 1971, S. 7.

[99] Einen kurzen Überblick zur Diskussion über die verschiedenen Erklärungsansätze zur Bestimmung der öffentlichen Ausgaben gibt *W. Wittmann*, Einführung in die Finanzwissenschaft, I. Teil: Die öffentlichen Ausgaben, Stuttgart 1970, S. 24 ff.

[100] Zur Unterscheidung zwischen dem dezisionistischen, technokratischen und pragmatischen Modell der wissenschaftlichen Politikberatung vgl. *J. Habermas*, Verwissenschaftlichte Politik und öffentliche Meinung, in: J. Habermas, Technik und Wissenschaft als „Ideologie", 4. Aufl., Frankfurt 1970, S. 120 ff. Beim dezisionistischen Modell werden die Entscheidungen durch den Politiker getroffen, während die Wissenschaft die Techniken entwickelt, die zur Durchsetzung der Entscheidungen notwendig sind. Vgl. auch *W. Bauer*, Der Sachverständigenrat. Einige Bemerkungen zu seinem Wesen und seinen Funktionen, in: H. Besters (Hrsg.), Theoretische und institutionelle Grundlagen der Wirtschaftspolitik, Berlin 1967, S. 349 ff.

der Sachverständigenrat von der politischen Festlegung der Staatsquote aus. Diese Festlegung der Staatsquote ist wegen der mittelfristigen Zielsetzung nicht an konjunkturellen, sondern an allokativen Gesichtspunkten orientiert[101].

In mittelfristiger Betrachtungsweise wird von konjunkturellen Schwankungen abstrahiert. Die politische Entscheidung über die Höhe der Staatsquote für die Situation der Vollbeschäftigung genügt dieser Forderung noch nicht. Es ist auch die Einkommensseite des öffentlichen Haushalts zu berücksichtigen.

Es muß also für die Situation der Vollbeschäftigung folgende, aus der makroökonomischen Gleichgewichtstheorie bekannte Bedingung erfüllt sein[102]:

$$I_f - S_f = T_f - A_f$$

Die Differenz zwischen den privaten Investitionen und der privaten Ersparnis ist gleich der Differenz zwischen den Staatsausgaben und den Steuereinnahmen bei Vollbeschäftigung. Durch die politische Festlegung der Ausgaben muß also gleichzeitig, soll die Gleichgewichtsbedingung gewahrt bleiben, die Höhe der Steuereinnahmen, d. h. der Steuersätze, Bemessungsgrundlagen und Zahlungsmodalitäten fixiert werden. Bezeichnet man die Differenz $T - A$ mit BS, so ergibt sich:

(25) $$I_f - S_f = BS_f$$

Gleichung (25) gibt an, wie hoch der Budgetsaldo sein muß, um die Differenz zwischen der privaten Ersparnis und der Investition bei Vollbeschäftigung gerade auszugleichen und damit das Vollbeschäftigungsgleichgewicht aufrechtzuerhalten. Es ist zu ersehen, in welchem Verhältnis sich die Ersparnis der Privaten auf die private Investition und die öffentliche Hand unter der Bedingung der Vollbeschäftigung aufteilt. BS_f ist damit aber nichts anderes als die konjunkturneutrale längerfristige Kreditaufnahme. Damit dient die Wahl eines Basisjahres dazu, die konjunkturneutrale längerfristige Kreditaufnahme zu bestimmen, d. h. den Teil der privaten Ersparnis, der bei Vollbeschäftigung vom Staat in Anspruch genommen wird und an den sich die private Wirtschaft gewöhnt hat[103].

Welche Folgerungen sind aus diesen theoretischen Überlegungen für die Wahl eines Basisjahres zu ziehen? Es müßte in der Realität ein

---

[101] Vgl. zur allokativen Interpretation des konjunkturneutralen Haushalts *K.-P. Fox*, Noch einmal: Zum Konzept des konjunkturneutralen öffentlichen Haushalts, S. 18 ff.

[102] Es wird unterstellt, daß Export und Import gleich sind.

[103] Vgl. Jahresgutachten 1970, Ziff. 346.

Jahr festzustellen sein, bei dem die realisierte Staatsquote mit der politisch mittelfristig festgelegten Staatsquote übereinstimmt und die konjunkturneutrale Staatsverschuldung realisiert wurde[104]. Diese Anforderungen begegnen in der Realität allerdings erheblichen Schwierigkeiten. Es dürfte nur in Ausnahmefällen möglich sein, ein Jahr anzutreffen, bei dem die Staatsquote und die Steuer- und Kreditquote auf dem mittelfristigen Trend liegen.

Die Gründe hierfür liegen u. a. darin, daß bisher keine eindeutige Bestimmung der mittelfristig angestrebten Staatsquote vorliegt. Auch für die Einnahmenseite ist keine Festlegung der längerfristigen Kreditquote oder Steuerlastquote durch die politischen Entscheidungsträger gegeben[105].

Zusätzliche Schwierigkeiten ergeben sich, wenn man die anderen Bereiche der Wirtschaftspolitik berücksichtigt. Nimmt man beispielsweise an, daß die Höhe der Investitionen von der Geldpolitik abhängt, dann ist, je nachdem, welche Geldpolitik betrieben wird, die Differenz zwischen privater Investition und Ersparnis bei Vollbeschäftigung verschieden. Damit variiert aber auch die längerfristige Verschuldungsquote und dementsprechend die Steuerlastquote.

Schließlich mangelt es an einer eindeutigen Festlegung, bei welchem Auslastungsgrad die Vollbeschäftigung gegeben ist. Theoretisch läßt sich dies ohne Schwierigkeiten festlegen. Der Auslastungsgrad entspricht der Vollbeschäftigungssituation, bei der die gesamtwirtschaftlichen Ziele, Vollbeschäftigung und Stabilität des Preisniveaus, erreicht sind. In praxi ist es bisher nicht gelungen, den optimalen Auslastungsgrad zu bestimmen[106].

Als nächstes gilt es zu untersuchen, welche Auswirkungen das Fehlen von eindeutigen Kriterien über die Höhe der Staatsquote, der Steuerlastquote und des Auslastungsgrads auf den konjunkturellen Effekt hat. Zur Analyse dieser Auswirkungen wird von der Grundgleichung (22) ausgegangen:

(22) $$KE = BS_i + e_o \cdot Y_i - a_o \cdot p_n \cdot POT_r$$ [107]

---

[104] Mit der Bestimmung der konjunkturneutralen längerfristigen Kreditaufnahme sind unter der Bedingung der Konjunkturneutralität gleichzeitig die konjunkturneutralen Steuereinnahmen festgelegt. Dies ergibt sich ex definitione aus der Gleichung $BS_n = T_n - A_n$.

[105] Vgl. *G. Krause-Junk*, Zum Konzept des konjunkturneutralen öffentlichen Haushalts, S. 220.

[106] Vgl. die bereits zitierte Kontroverse zwischen der Bundesbank und dem Bundeswirtschaftsministerium, bei der die Bundesbank das Maximalkonzept kritisiert und für einen mittleren Auslastungsgrad plädiert.

[107] Das Problem der tatsächlichen und der konjunkturneutralen Preisniveauerhöhung bleibt hier noch unberücksichtigt. Darauf wird später eingegangen.

Nach Gleichung (22) besteht bei Konstanz der übrigen Bestimmungsfaktoren folgender Einfluß von a_0 und e_0 auf den konjunkturellen Effekt:

— Wenn die Staatsausgabenquote (a_0) im Basisjahr größer ist, dann wird ein positiver konjunktureller Effekt in den jeweiligen Jahren kleiner bzw. ein negativer größer. Bei einer kleineren Staatsquote wird dementsprechend ein größerer positiver oder kleinerer negativer konjunktureller Effekt ausgewiesen.

— Sehen die politischen Instanzen eine kleinere Steuerlastquote (e_0) bzw. eine höhere längerfristige Verschuldungsquote als der Vollbeschäftigungssituation adäquat an, so ergibt sich ein geringerer positiver bzw. größerer negativer konjunktureller Effekt für die folgenden Jahre. Für eine größere Steuerlastquote gilt dies entsprechend.

— Unterstellt man einen höheren Auslastungsgrad für das Basisjahr, dann steigt, wenn man die Annahme einer Aufkommenselastizität der Steuern von größer als eins macht, die Steuerlastquote an. Dies hat die bereits angeführten Konsequenzen für den konjunkturellen Effekt.

Diese allgemeinen Ausführungen sollen anhand eines konkreten Beispiels verdeutlicht werden. Hierzu erfolgt eine Gegenüberstellung von zwei bereits vorliegenden Berechnungen, denen alternativ 1960 und 1966 als Basisjahr zugrunde liegt.

Der Sachverständigenrat wählt für seine Berechnungen 1966 als Basisjahr[108]. Obwohl auch nach seiner eigenen Auffassung der Entscheidung für 1966 eine gewisse Willkür anhaftet, sprächen doch „gewichtige sachliche Gründe" für diese Wahl:

— 1966 war das Basisjahr der mittelfristigen Finanzplanung, mit der erstmals in der Bundesrepublik explizit eine Orientierung der Haushaltspolitik an der Entwicklung des Produktionspotentials erfolgen sollte, wie dies auch das Konzept des konjunkturneutralen Haushalts erfordert.

— Obwohl die konjunkturelle Entwicklung bereits durch die beginnende Rezession gekennzeichnet war, hätten die öffentlichen Haushalte nach dem Exzeß der früheren Jahre im Zeichen der Normalisierung gestanden.

— Die Basis für die mittelfristige Fortschreibung sollte möglichst die Inanspruchnahme des Produktionspotentials durch den Staat wiedergeben, an die sich die Wirtschaft angepaßt hat. 1966 lag die

[108] Vgl. Jahresgutachten 1970, Ziff. 329 ff.

Staatsquote nahe am Durchschnitt der vorangegangenen vier Jahre (1966: 28,5 Prozent; 1962—1965: 29,0 Prozent).

— Auch auf der Einnahmenseite gebe es keine ernsthaften Einwände gegen die Wahl von 1966. Anfang 1965 war durch die Einkommensteuerreform ein Ausgleich der Progressionswirkung des Steuersystems erfolgt.

Die Gründe, die der Sachverständigenrat für das Jahr 1966 als Basisjahr vorbringt, verdeutlichen die Schwierigkeiten für die Wahl des Basisjahres, die oben diskutiert wurden. Es sind keine eindeutigen Kriterien gegeben, die 1966 erfüllt waren. So kann beispielsweise nicht geschlossen werden, daß die Staatsquote von 1966, die annähernd dem Durchschnitt der vorangegangenen vier Jahre entsprach, mit der politisch erwünschten, mittelfristigen Staatsquote bei Vollbeschäftigung übereinstimmt. 1966 war nicht ein Jahr, in dem der tatsächliche Auslastungsgrad dem Auslastungsgrad bei Vollbeschäftigung entsprach. Während der Sachverständigenrat den letzteren bei 97,5 Prozent festlegt, lag der tatsächliche Auslastungsgrad für die Produktionspotentialschätzung des Rates bei 96,3 Prozent. Gleichzeitig belief sich die Preissteigerungsrate für 1966 auf 3,6 Prozent.

Demgegenüber wählen BHJL für die Berechnung des konjunkturellen Effekts 1960 als Basisjahr[109]. Zur Begründung führen sie an, „that overall economic equilibrium was approximately reached in that year“[110]. 1960 lag der Auslastungsgrad bei 97,1 Prozent. Er entsprach damit dem Auslastungsgrad bei Vollbeschäftigung, den BHJL bei 97,0 Prozent festlegen. Die Preissteigerung betrug nur 2,4 Prozent.

BHJL haben den konjunkturellen Effekt für die Jahre von 1966 bis 1971 jeweils für das Basisjahr 1960 und 1966 berechnet. Die folgende Tabelle zeigt das Ergebnis.

Tabelle 9

Die Abhängigkeit des konjunkturellen Effekts von der Wahl des Basisjahres, Multiplikandenanalyse (in Mrd. DM), BRD, 1966—71

	66	67	68	69	70	71
KE (1960)	12,6	9,8	16,2	13,8	26,5	24,2
KE (1966)	—	– 1,9	4,1	2,0	13,8	8,7

Quelle: BHJL, Measuring the Demand Effects of Fiscal Policy, Tabelle 4 und 6, S. 238/240. Die konjunkturellen Effekte sind nicht mit denen des Sachverständigenrats vergleichbar.

[109] Vgl. BHJL, Zu den konjunkturellen Wirkungen der Haushaltspolitik, S. 140 f.; BHJL, Measuring the Demand Effects of Fiscal Policy, S. 232 f.

[110] BHJL, Measuring the Demand Effects of Fiscal Policy, S. 233.

Durch Tabelle 9 werden die allgemeinen Überlegungen, die im Zusammenhang mit Gleichung (22) angestellt wurden, bestätigt. Je nachdem, welches Basisjahr man als Ausgangspunkt für die Berechnung des konjunkturellen Effekts zugrunde legt, ergeben sich hinsichtlich der Höhe des konjunkturellen Effekts in den einzelnen Jahren erhebliche Unterschiede. Interessant ist das Rezessionsjahr 1967. Während auf der Basis von 1966 ein, wenn auch geringer kontraktiver, also prozyklischer Effekt der Fiskalpolitik zu konstatieren ist, ergibt sich auf der Basis von 1960 ein expansiver und damit antizyklischer konjunktureller Effekt.

Die Ursachen für die Unterschiede in der Höhe des konjunkturellen Effekts für die einzelnen Jahre liegen bei der verschiedenen Größe der Staatsausgabenquote und der Steuerlastquote in den Jahren 1960 und 1966, die übrigen Bestimmungsfaktoren sind bei beiden Berechnungen gleich und empirisch vorgegeben:

— Die Staatsausgabenquote lag 1960 bei 29,8 Prozent, 1966 bei 32,4 Prozent. Nach Gleichung (22) führt die höhere Staatsquote von 1966 zu geringeren positiven konjunkturellen Effekten in den folgenden Jahren. Hier wird die Manipulationsmöglichkeit sichtbar, die darin liegt, daß keine eindeutige politische Festlegung der Staatsausgabenquote für die Situation der Vollbeschäftigung erfolgt ist.

— Die Steuerlastquote betrug 1960 34,0 Prozent, 1966 dagegen 34,5 Prozeit. Die etwas größere Steuerquote von 1966 bewirkt, daß die positiven konjunkturellen Effekte auf der Basis von 1966 höher sind als die auf der Basis von 1960 berechneten. Der Unterschied ist aber gering.

— Da die Autoren für die beiden Jahren den Auslastungsgrad jeweils mit 97 Prozent ansetzen[111], wird die Steuerquote durch den Auslastungsgrad nicht beeinflußt.

Die Differenzen in den Berechnungen gehen also vor allem auf die unterschiedliche Staatsausgabenquote zurück.

Dieses Beispiel verdeutlicht einerseits die eminent wichtige Bedeutung des Basisjahres für die Bestimmung des konjunkturellen Effekts. Andererseits werden die Schwierigkeiten ersichtlich, die sich aus den fehlenden eindeutigen Kriterien zur Bestimmung eines Basisjahres ergeben.

---

[111] Vgl. BHJL, Measuring the Demand Effects of Fiscal Policy, Tabelle 1, S. 235.

4.4.2 Zum Vorjahresvergleich

Die Öffentlichkeit ist daran gewöhnt, das fiskalpolitische Verhalten an den Veränderungen des Haushalts gegenüber dem Vorjahr zu beurteilen. Um dieser „Gewohnheit" der Öffentlichkeit Rechnung zu tragen, hat der Sachverständigenrat seit dem Gutachten 1971 einen Abschnitt aufgenommen, in dem den tatsächlichen Steigerungsraten der Staatsausgaben die konjunkturneutralen Steigerungsraten, bezogen auf das Ist-Ergebnis des Vorjahres[112], gegenübergestellt werden. Die konjunkturneutrale Zuwachsrate der Staatsausgaben wird durch folgende Komponenten bestimmt[113]:

— Die Wachstumsrate des realen Produktionspotentials gegenüber dem Vorjahr bildet die Grundlage.

— Soll der öffentliche Haushalt nicht kontraktiv wirken, so ist zumindest die konjunkturneutrale Preisniveauerhöhung zu berücksichtigen.

— Verändert sich die Steuerquote gegenüber dem Vorjahr, so erhöht oder vermindert sich der konjunkturneutrale Ausgabenspielraum.

— Da eine konjunkturneutrale Fiskalpolitik die Preissteigerungen der Vergangenheit zur berücksichtigen hat, ist zur Bestimmung der konjunkturneutralen Ausweitung der Staatsausgaben die Differenz zwischen der tatsächlichen und der konjunkturneutralen Erhöhung des Preisniveaus der Vorperiode zu berücksichtigen.

— Bei der Berechnung der Zuwachsrate der Staatsausgaben ist die Abweichung der tatsächlichen Ausgaben vom konjunkturneutralen Haushaltsvolumen des Vorjahres zu berücksichtigen. Wird diese Basiskorrektur nicht vorgenommen, dann wirkt der Staatshaushalt nicht konjunkturneutral, sondern expansiv oder kontraktiv. Die Notwendigkeit der Basiskorrektur wird angezeigt, wenn die beanspruchte Staatsquote, als Quotient aus tatsächlichen Staatsausgaben und Produktionspotential bei konjunkturneutraler Preisniveauerhöhung, von der konjunkturneutralen Staatsquote, als Quotient aus dem konjunkturneutralen Haushaltsvolumen und dem Produktionspotential bei konjunkturneutraler Erhöhung des Preisniveaus, abweicht.

Mit der Basiskorrektur wird der mittelfristige Charakter sichtbar, der bei der Bestimmung der konjunkturneutralen Steigerungsrate der

---

[112] Vgl. Jahresgutachten 1971, Ziff. 179; 1972, Ziff. 266.

[113] Vgl. zur formalen Darstellung und der teils additiven, teils multiplikativen Verknüpfung der einzelnen Komponenten die Jahresgutachten 1971, Anhang VII; 1972, Anhang VII; 1973, Anhang VI.

Staatsausgaben weiterhin besteht. Die Berechnung des konjunkturneutralen Haushaltsvolumens erfolgt anhand der bereits diskutierten mittelfristigen Bezugsgröße. Die Wahl eines Basisjahres ist damit auch beim Vorjahresvergleich notwendig. Es ergeben sich somit die gleichen Probleme, die bereits diskutiert wurden.

Im Gutachten 1972 hat der Sachverständigenrat die Möglichkeit angeführt, die konjunkturellen Wirkungen der Staatstätigkeit nicht an mittelfristigen, sondern an kurzfristigen Bezugsgrößen zu beurteilen, auch wenn die Vorjahreswerte nicht konjunkturneutral waren[114]. Diese Möglichkeit beschränkt er allerdings auf den Fall, daß konjunkturneutrale und realisierte Staatsquote nur geringfügig voneinander abweichen. Dies war beispielsweise 1971 der Fall. Obwohl der Staatshaushalt in diesem Jahr stark expansiv gewirkt hat, wurde durch die hohen Preissteigerungen die realisierte Staatsquote reduziert[115]. Damit entfällt eine Basiskorrektur.

Bei der Beurteilung der Fiskalwirkungen an kurzfristigen Bezugsgrößen würde das schwierige Problem entfallen, ein Basisjahr wählen zu müssen. Der Sachverständigenrat beschränkt diese Möglichkeit auf den Fall, in dem die realisierte und die konjunkturneutrale Staatsquote in etwa übereinstimmen. Damit kommt gleichsam das Basisjahr durch die Hintertür wieder herein. Die Probleme, die sich aus der Wahl des Basisjahres für die Berechnung des konjunkturellen Effekts ergeben, bleiben also beim Vorjahresvergleich, ob mit oder ohne Basiskorrektur, bestehen.

4.4.3 Folgerungen

Mit der Wahl eines Basisjahres geht der Sachverständigenrat vom Vorjahresvergleich ab und beurteilt die Fiskalpolitik an einer mittelfristigen Bezugsgröße. Dies ist die wichtigste Erweiterung, die der Sachverständigenrat gegenüber den übrigen, an einer Neutralitätsnorm ausgerichteten Budgetkonzepten einführt[116].

Die Diskussion ergab, daß die Wahl eines Basisjahres erhebliche Probleme aufwirft, die bisher noch ungelöst sind. Wegen des hypothetischen Charakters ist in der Empirie kein Basisjahr feststellbar,

[114] Vgl. Jahresgutachten 1972, Ziff. 268. Entfällt die Basiskorrektur, dann stimmt die Verfahrensweise in etwa mit dem holländischen Impulskonzept überein. Das Neutralitätspostulat ist in beiden Fällen gleich. Vgl. Kapitel I, Punkt 8.4.

[115] Zum Problem der tatsächlichen und der konjunkturneutralen Erhöhung des Preisniveaus vgl. die Ausführungen in Punkt 4.6 dieses Kapitels.

[116] Das Konzept der strukturellen Budgetregel legt zwar auch ein Basisjahr fest, ist aber nur am Trend orientiert und bildet keinen Bezugspunkt für die Beurteilung der Fiskalpolitik.

das den theoretischen Anforderungen entspricht. Es fehlt auch eine politische Festlegung der Staatsausgaben- und Steuerlastquote sowie des Auslastungsgrads. Damit ist der Sachverständigenrat gezwungen, will er diese zentrale Erweiterung des Konzepts beibehalten, selbst eine Operationalisierung für die einzelnen Kriterien vorzunehmen. Dies eröffnet aber einen erheblichen Manipulationsspielraum mit den entsprechenden Konsequenzen für die Berechnung des konjunkturellen Effekts.

Einen Ausweg aus diesen Schwierigkeiten gibt es, soll das Basisjahr als mittelfristiger Bezugspunkt beibehalten werden, nicht. Es bleibt nur die Möglichkeit, die Beurteilung der Fiskalpolitik an einer kurzfristigen Größe zu orientieren. Dann müßte allerdings die Neutralitätsfestlegung anders interpretiert werden. Der öffentliche Haushalt würde in diesem Fall den Auslastungsgrad gegenüber der Vorperiode und nicht gegenüber einer Vollbeschäftigungssituation unverändert lassen.

4.5 Multiplikanden- versus Multiplikatoranalyse

Aus der allgemeinen Grundgleichung für die Berechnung des konjunkturellen Effekts ist zu ersehen, daß der Sachverständigenrat auf eine Multiplikandenanalyse abstellt. Eine Gewichtung der verschiedenen Einnahmen- und Ausgabenkategorien nach ihrem Primäreffekt sowie eine Berücksichtigung der gesamten Multiplikatorwirkungen erfolgt nicht. Gegen diese Vorgehensweise des Sachverständigenrats wird eingewandt, daß diese globale Betrachtungsweise „seit vielen Jahren als überholt“[117] gelten muß und deshalb die unterschiedlichen Wirkungen der einzelnen Budgetkomponenten zu berücksichtigen sind[118].

Im folgenden wird untersucht, unter welchen Prämissen die Multiplikandenanalyse zutreffende Aussagen über die Fiskalwirkungen gestattet und die Gültigkeit dieser Prämissen empirisch überprüft. Anschließend werden die Möglichkeiten der Multiplikatoranalyse diskutiert.

4.5.1 Zur Gültigkeit der Multiplikandenanalyse

Bei der Multiplikandenrechnung lassen sich zwei Verfahren unterscheiden, nach denen der Primäreffekt des Budgets berechnet werden kann: die gewichtete und die ungewichtete Analyse. Die ungewichtete Multiplikandenbetrachtung differenziert weder zwischen der Ausgaben- und der Einnahmenseite, noch innerhalb der Ausgaben und Einnah-

---

[117] *G. Krause-Junk*, Zum Konzept des konjunkturneutralen Haushalts, S. 221.

[118] Vgl. z. B. den Jahreswirtschaftsbericht 1969, Ziff. 11.

men nach unterschiedlichen konjunkturellen Wirkungen. Es wird allen Komponenten der gleiche konjunkturelle Einfluß zugeordnet. Demgegenüber wird bei einer Gewichtung der Budgetkomponenten davon ausgegangen, daß von den einzelnen Kategorien unterschiedliche konjunkturelle Wirkungen ausgehen.

Der Sachverständigenrat stellt bei seinen Berechnungen auf die ungewichtete Multiplikandenanalyse ab, obwohl er selbst schreibt, daß es für die konjunkturelle Würdigung der öffentlichen Haushalte wichtig wäre, die unterschiedlichen konjunkturellen Impulse der Veränderung der Budgetkomponenten zu berücksichtigen[119]. Unter welchen Bedingungen ist diese Beschränkung zulässig?

Im Basisjahr gehen vom öffentlichen Haushalt die konjunkturellen Wirkungen aus, die erforderlich sind, um die Vollbeschäftigungssituation aufrechtzuerhalten. Dies wurde im letzten Abschnitt gezeigt. Das Neutralitätspostulat des Sachverständigenrats erfordert, daß die Staatsausgaben mit der Rate des Produktionspotentials und die Steuereinnahmen mit der Rate des Sozialprodukts zunehmen. Folgt man den theoretischen Überlegungen als auch empirischen Untersuchungen[120], nach denen von Budgetkomponenten auf der Ausgaben- und Einnahmenseite unterschiedliche konjunkturelle Wirkungen ausgehen, dann wirkt der öffentliche Haushalt bei der Verfahrensweise des Sachverständigenrats konjunkturneutral, wenn die Budgetstruktur sich im Zeitablauf nicht ändert. In diesem Fall bleibt die Veränderung der expansiven Wirkungen auf der Ausgaben- und der kontraktiven Effekte auf der Einnahmenseite im Zeitablauf gleich. Es müssen also nicht nur die Ausgaben- und Einnahmenvolumina, sondern auch die einzelnen Kategorien des Budgets mit der Rate des Produktionspotentials bzw. des Sozialprodukts zunehmen[121].

Neben der Prämisse einer konstanten Budgetstruktur muß noch eine weitere Bedingung gegeben sein. Dies wird aus der vereinfachten Form der Grundgleichung ersichtlich, wenn der konjunkturelle Effekt gleich Null gesetzt wird:

(22 a) $$A_i - T_i = A_n - T_n$$

Während bei der bisherigen Diskussion auf die rechte Seite der Gleichung (22 a) abgestellt wurde, gilt es nun auch die linke Seite zu

---

119 Vgl. Jahresgutachten 1970, Ziff. 350.

120 Vgl. z. B. *M. K. Evans*, Macroeconomic Activity, New York etc. 1969, S. 542 ff.; *E. M. Gramlich*, Measures of Aggregate Demand Impact of the Federal Budget, S. 122.

121 Vgl. *H. Timm*, Der konjunkturneutrale öffentliche Haushalt, S. 392 f.

berücksichtigen. Nach der Haushaltsregel ist die Konjunkturneutralität mit unterschiedlichen Staatsquoten vereinbar, wenn nur die Differenz zwischen A_i und T_i immer dem konjunkturneutralen Budgetsaldo entspricht. Die Konstanz der Budgetstruktur ist also sowohl bei gleicher als auch bei sich verändernder Staats- und Steuerquote erforderlich. Da jedoch gerade mit einer Veränderung der Staatsquote bestimmte Ausgaben des Staates stärker verändert werden sollen, erfordert die Multiplikandenanalyse des Sachverständigenrats nicht nur eine Konstanz der Budgetstruktur, sondern letztlich auch eine Konstanz der Ausgaben- und Steuerquote.

Der Sachverständigenrat geht davon aus, daß sich kurzfristige Veränderungen der Budgetstruktur in engen Grenzen halten. Mittelfristig sei dagegen nicht mehr mit einer Konstanz der Budgetstruktur zu rechnen[122]. Hier sollen die beiden Annahmen überprüft werden.

In dem hier zugrunde liegenden Beobachtungszeitraum von 1966 bis 1971 haben sich die Ausgaben- und die Steuerquote nur geringfügig verändert. Die Ausgabenquote schwankte zwischen 28,3 (1968) und 29,2 (1971) Prozent, die Steuerquote zwischen 22,6 (1968) und 24,1 (1969) Prozent[123]. Hierbei gilt es für die Einnahmenseite zu berücksichtigen, daß die beiden Quoten durch Sonderfaktoren beeinflußt wurden. Die Steuerquote von 22,6 Prozent war 1968 gegeben, indem durch den Übergang zum Mehrwertsteuersystem eine Entlastung der Altvorräte erfolgte[124]. Die 24,1 Prozent von 1969 sind u. a. durch die Gewerbesteuervorauszahlungen überzeichnet[125]. In dem Beobachtungszeitraum sind weder abrupte Veränderungen in den Quoten festzustellen, noch läßt sich ein ab- oder zunehmender Trend konstatieren. Die Prämisse einer in etwa konstanten Ausgaben- und Steuerquote trifft also zwischen 1966 und 1971 zu.

Als nächstes gilt es zu untersuchen, ob sich trotz der annähernd konstanten Quoten die Budgetstruktur mittelfristig verändert hat.

Zur Überprüfung der mittelfristigen Entwicklung wurde ein einfaches Verfahren gewählt. Für die beiden Konjunkturzyklen 1963—1966 und 1967—1971 ist der arithmetische Durchschnittswert der wichtigsten Einnahme- und Ausgabenkategorien gebildet worden, um den konjunkturellen Einfluß zu eliminieren.

---

[122] Vgl. Jahresgutachten 1973, Ziff. 218

[123] Vgl. ebenda, Tabelle 22.

[124] Vgl. Jahresgutachten 1968, Ziff. 117.

[125] Vgl. Jahresgutachten 1970, Ziff. 89.

Tabelle 10

Die mittelfristige Entwicklung der Budgetstruktur (in Prozent der Gesamtausgaben bzw. -einnahmen) in der BRD, 1963—71

	63—66	67—71
Ausgaben		
Laufende Rechnung	71,6	74,8
— davon		
Personalausgaben	25,2	30,0
lfd. Sachaufwand	22,0	18,7
Kapitalrechnung	28,4	25,2
— davon		
Bauten	13,4	12,5
Einnahmen		
Steuern auf das Einkommen und Vermögen	55,0	54,1
— davon		
Einkommensteuer	39,4	40,1
Steuern auf die Einkommensverwendung	43,8	44,5
— davon		
Umsatzsteuer	23,4	23,8

Quelle: Finanzberichte 1969, S. 34—37, 1971, S. 22/23 f.; 1973, S. 37; für die Einnahmenseite Finanzbericht 1973, S. 55, sowie eigene Berechnungen.

Die Steuerstruktur veränderte sich, gemessen an den Strukturquoten, nur geringfügig. Auf der Ausgabenseite hat der Anteil der laufenden Rechnung zugenommen, während der Anteil der Kapitalrechnung zurückging. Der stärkeren Zunahme der Personalausgaben steht ein Rückgang des laufenden Sachaufwands gegenüber. Da es sich bei diesen Kategorien um eine direkte Beanspruchung des Produktionspotentials handelt, kann angenommen werden, daß eine gewisse Kompensation bei den konjunkturellen Wirkungen erfolgte.

Diese Annahme wird durch eine Untersuchung über die Struktur der öffentlichen Ausgaben, die der Sachverständigenrat im letzten Gutachten durchgeführt hat, erhärtet[126]. Der Rat wählt hierbei ein anderes methodisches Verfahren. Er vergleicht die Ausgabenanteile für 1972, die sich bei gleicher Struktur wie im Basisjahr 1966 ergeben hätten, mit den Ist-Ausgaben von 1972. Die Strukturgliederung weicht ebenfalls von der hier gewählten ab. Der Sachverständigenrat unterteilt die öffentlichen Ausgaben in vier Gruppen[127]. Er fragt danach, wie und in

---

[126] Vgl. Jahresgutachten 1973, Ziff. 217 ff. und Tabelle 24.

[127] Die vier Gruppen sind unterteilt nach a) der unmittelbaren Beanspruchung des Produktionspotentials, b) der mittelbaren Inanspruchnahme, c) den Investitionshilfen, d) der Sparförderung und den sonstigen Vermögensübertragungen. Vgl. Jahresgutachten 1973, Ziff. 219.

welchem Umfang sie mit der Inanspruchnahme des Produktionspotentials verbunden sind.

Der Rat kommt bei seiner Überprüfung zu einem ähnlichen Ergebnis, wie es hier ermittelt wurde. So werden bei den einzelnen Ausgabenkomponenten auch gewisse Veränderungen festgestellt. Innerhalb der vier Gruppen erfolgt aber eine teilweise Kompensation, so daß sich die Verschiebungen der Ausgabenstruktur zwischen 1966 und 1972 in relativ engen Grenzen halten. Tendenziell kann also die Prämisse einer konstanten Budgetstruktur in mittelfristiger Sicht als gültig unterstellt werden.

In kurzfristiger Sicht wird davon ausgegangen, daß sich die Budgetstruktur nur geringfügig verändert. Zur Überprüfung der kurzfristigen Entwicklung wurde auf die jährliche Veränderung der wichtigsten Komponenten auf der Ausgaben- und Einnahmenseite für die Jahre von 1966—1971 abgestellt. Tabelle 11 zeigt das Ergebnis.

Tabelle 11

Die Entwicklung der Budgetstruktur in der BRD von 1966—71 (in Prozent der Ausgaben bzw. Einnahmen des öffentlichen Gesamthaushalts)

	66	67	68	69[b])	70[c])	71[d])
Ausgaben						
Laufende Rechnung	73,8	74,4	75,4	75,1	74,7	74,6
— davon						
Personalausgaben	28,1	28,0	29,1	30,0	31,2	31,9
lfd. Sachaufwand	20,1	20,5	18,6	18,9	18,0	17,6
Kapitalrechnung[a])	26,3	26,0	24,3	24,9	25,3	25,3
— davon						
Bauten	13,1	12,2	11,8	12,2	13,1	13,3
Einnahmen						
Steuern auf das Einkommen und Vermögen	54,4	53,5	55,1	54,7	53,3	54,0
— davon						
Einkommensteuer	39,4	38,3	40,3	39,5	40,7	41,5
Steuern auf die Einkommensverwendung	44,3	45,3	43,5	43,8	45,3	44,6
— davon						
Umsatzsteuern	23,4	22,7	21,5	23,8	25,4	25,6

a) Die Zahlen der laufenden und der Kapitalrechnung müssen sich nicht zu 100 ergänzen, da bei den gesamten Ausgaben noch der Saldo des Verrechnungsverkehrs enthalten ist.

b) Vorläufig

c) Schätzung nach Teilergebnissen

d) Schätzung

Quelle: Finanzberichte 1971, S. 22/23; 1972, S. 19/20; 1973, S. 55.

Eine systematische Veränderung der Budgetstruktur kann nicht festgestellt werden. Die Zahlen in Tabelle 11 zeigen, daß zwischen 1966 und 1971 in kurzfristiger Sicht eine relative Konstanz der Budgetstruktur gegeben war.

Damit kann abschließend festgehalten werden, daß die Prämissen für die Gültigkeit der (ungewichteten) Multiplikandenanalyse, gemessen an der vorliegenden Strukturgliederung, für die Bundesrepublik im Beobachtungszeitraum von 1966—1971 annähernd erfüllt waren. Von einer systematischen Über- oder Unterschätzung des konjunkturellen Effekts wegen unterschiedlicher konjunktureller Impulse der einzelnen Budgetkomponenten kann nicht ausgegangen werden. Eine Annäherung an die konjunkturellen Wirkungen der Haushaltspolitik wurde mit der Beschränkung auf die Multiplikandenanalyse erreicht.

4.5.2 Zur Gewichtung der Budgetkomponenten

Eine genauere Berechnung des konjunkturellen Effekts erfordert jedoch, die unterschiedlichen konjunkturellen Wirkungen der einzelnen Kategorien des Haushalts zu bestimmen. Einmal war die Konstanz der Budgetstruktur nur annähernd erreicht; zum zweiten wurde die relative Konstanz nur raum-zeitbezogen festgestellt. Es kann aber nicht davon ausgegangen werden, daß die relative Konstanz der Budgetstruktur im Zeitablauf bestehen bleibt.

Als empirisch sinnvolle Methode, die unterschiedlichen Fiskalwirkungen der einzelnen Budgetkomponenten zu schätzen, erscheint Musgrave's Vorgehensweise beim Konzept des finanzpolitischen Hebels[128]. Musgrave gewichtet die einzelnen Kategorien nach ihren verschiedenen Primäreffekten[129]. Allerdings gibt Musgrave nicht an, wie er zu den unterschiedlichen Gewichten kommt. Es stellt sich daher die Frage, wie groß die Gewichte für eine (temporäre oder permanente) Investitionssteuer, für Transferzahlungen, Bauausgaben, direkte und indirekte Steuern, für Körperschaftssteuern etc. sind.

Die Bestimmung des Gewichts für direkte staatliche Käufe bereitet keine Schwierigkeiten, es ist gleich eins. Staatliche Ausgaben, die keinen Einfluß auf die gesamtwirtschaftliche Nachfrage haben, wie beispielsweise Käufe im Ausland, haben einen Primäreffekt von Null. Schwierigkeiten bereitet dagegen die Gewichtung der staatlichen Über-

---

128 Vgl. *R. A. Musgrave*, On Measuring Fiscal Performance, S. 213 ff.; vgl. in dieser Arbeit Kapitel I, 6.

129 Vgl. grundsätzlich zur Gewichtung *J. Lotz*, Techniques of Measuring the Effects of Fiscal Policy, S. 4 ff.; *E. R. Morss*, *A. T. Peacock*, The Measurement of Fiscal Performance in Developing Countries, in: A. T. Peacock (Hrsg.), Quantitative Analysis in Public Finance, New York etc. 1969, S. 174 ff.

tragungen und Steuern, da hierzu die Ausgabenneigung der betroffenen Wirtschaftssubjekte bekannt sein muß.

Die empirisch-quantitative Bestimmung der Ausgabenneigung ist nicht einheitlich. Sie hängt von dem zugrunde liegenden ökonometrischen Modell ab. Je nachdem, welche Struktur das ökonometrische Modell hat, werden sich unterschiedliche Größen für die Ausgabenneigungen der betroffenen Wirtschaftssubjekte ergeben[130].

In einer vergleichenden Studie hat Gramlich die Gewichtungsfaktoren sechs amerikanischer Modelle für die persönlichen Steuern und Transferzahlungen sowie die Körperschaftssteuern abgeleitet[131]. Die folgende Tabelle gibt einen Überblick.

Tabelle 12

Der Primäreffekt sechs amerikanischer ökonometrischer Modelle[a)]

Modell	Persönliche Steuern und Transferzahlungen	Körperschaftssteuer
Brookings	0,831	0,304
Suits	0,475	0,475
Department of Commerce	0,615	0,250
Ando-Goldfeld	0,724	0,421
Okun	0,949	1,340
MIT-FBR	0,930	0,276

a) Von Gramlich sind „steady state values“ verwendet worden.

Quelle: *E. M. Gramlich*, Measures of the Aggregate Impact of the Federal Budget, Tabelle 1, S. 122.

Die Unterschiede in Tabelle 12 sind erheblich, wenn man berücksichtigt, daß damit quantitative Schätzungen über dieselbe Wirtschaft gemacht werden. Eine eindeutige Gewichtung der verschiedenen Budgetkomponenten nach ihrem Primäreffekt ist nach diesen Ergebnissen nicht möglich. Die Berechnungen Gramlichs für einen gewichteten Vollbeschäftigungsüberschuß in den USA auf der Grundlage der unterschiedlichen Gewichtungsfaktoren führen zu erheblichen Differenzen in der absoluten Höhe des gewichteten Saldos[132].

Die praktisch-fiskalpolitischen Folgen sind jedoch nicht so gravierend, wie es die Ergebnisse Gramlichs dem ersten Eindruck nach vermitteln. Wie bei der ungewichteten Multiplikandenanalyse gezeigt wurde, sind

---

130 Vgl. zu den ökonometrischen Modellen die grundsätzlichen Ausführungen von *H. König*, Makroökonometrische Modelle: Ansätze, Ziele, Probleme, „Schweizerische Zeitschrift für Volkswirtschaft und Statistik“, Bd. 107 (1971) S. 546 ff.

131 Vgl. *E. M. Gramlich*, Measures of the Aggregate Demand Impact of the Federal Budget, S. 119 ff.

132 Vgl. ebenda, Tabelle 2, S. 125.

nicht die absoluten Größen, sondern die Veränderungen für die Beurteilung der Fiskalpolitik relevant. Die Differenzen bei den Veränderungen in den gewichteten und ungewichteten Vollbeschäftigungssalden sind relativ gering[133]. Die Erklärung liegt, das sei kurz wiederholt, darin, daß sich die Budgetstruktur nur wenig verändert hat.

Beurteilt man die (ungewichtete) Multiplikandenanalyse des Sachverständigenrats auf dem Hintergrund der amerikanischen Berechnungen, so ist zu folgern, daß die Gewichtung der Budgetkomponenten nach ihren Primäreffekten zwar prima facie eine erhebliche Verfeinerung der Berechnungen gestatten könnte. Andererseits sind die bisher zur Verfügung stehenden ökonometrischen Modelle noch nicht so weit spezifiziert, daß sie eine zutreffende Gewichtung zulassen. Solange sich die Budgetstruktur nur geringfügig verändert, wie es auch in der Bundesrepublik in dem Beobachtungszeitraum festgestellt wurde, kann auf die einfache Multiplikandenanalyse abgestellt werden. Der Notwendigkeit, die unterschiedlichen konjunkturellen Impulse verschiedener Kategorien, vor allem der temporal ergriffenen Maßnahmen, zu erfassen, ist die empirische Forschung damit natürlich nicht enthoben.

4.5.3. Berücksichtigung der Multiplikatorwirkungen

Mit der (gewichteten oder ungewichteten) Multiplikandenanalyse wird nur der Primäreffekt der Fiskalwirkungen bestimmt. Die folgenden Fiskaleffekte, die sich aus einer Variation der staatlichen Aktionsparameter ergeben, bleiben unberücksichtigt. Daher ist zu untersuchen, welche Möglichkeiten bestehen, die gesamten Multiplikatorwirkungen für den öffentlichen Sektor zu berechnen[134].

Für die Bundesrepublik ist bereits der Versuch unternommen worden, die gesamten Multiplikatorwirkungen auf der Grundlage des konjunkturneutralen Haushalts zu berücksichtigen und den gesamten konjunkturellen Effekt zu berechnen. Die Ausgaben- und Steuermultiplikatoren wurden anhand eines einfachen Nachfragemodells keynesianischer Prägung ermittelt[135]

Welcher Unterschied besteht für die Höhe und Richtung des konjunkturellen Effekts zwischen der (ungewichteten) Multiplikanden- und

---

[133] Vgl. ebenda, Tabelle 3, S. 126; vgl. auch *A. M. Okun*, *N. H. Teeters*, The Full Employment Surplus Revisited, S. 84 ff.

[134] Die Multiplikatorwirkungen, die innerhalb eines Jahres wirksam werden, sind bereits von Hansen und Snyder im „pure-cycle“-Ansatz berücksichtigt worden. Vgl. in dieser Arbeit Kapitel I, 7.

[135] Vgl. BHJL, Zu den konjunkturellen Wirkungen der Haushaltspolitik, S. 134; dies., Measuring the Demand Effects of Fiscal Policy, S. 230 ff.

der Multiplikatoranalyse? Die folgende Tabelle zeigt das Ergebnis der Berechnungen:

Tabelle 13

Der konjunkturelle Effekt — Multiplikanden- und Multiplikatoranalyse, BRD, 1966—71 in Mrd. DM[a])

	66	67	68	69	70	71
Multiplikandenrechnung	—	– 1,9	4,1	2,0	13,8	8,7
Multiplikatorrechnung	—	– 5,6	5,9	14,5	23,8	26,6

a) Die Ergebnisse der Multiplikandenrechnung sind nicht mit denen des Sachverständigenrats vergleichbar, da die Autoren einen anderen Budgettyp, eine andere Abgrenzung des öffentlichen Sektors sowie eine andere Schätzung des Produktionspotentials verwenden.

Quelle: BHJL, Measuring the Demand Effects of Fiscal Policy, Tabelle 6/7, S. 240/241.

Die Unterschiede in den Berechnungen von BHJL sind beträchtlich. Nach der Multiplikatoranalyse hat, mit Ausnahme von 1967, die Fiskalpolitik expansiver gewirkt als nach der Multiplikandenrechnung. Unterschiede bestehen auch hinsichtlich der Veränderung der konjunkturellen Wirkungen gegenüber der Vorperiode. So ergibt sich beispielsweise bei der Multiplikandenbetrachtung zwischen 1968 und 1969 ein Rückgang des expansiven Effekts, während dieser nach der Multiplikatorrechnung zugenommen hat.

Aus theoretischer Sicht sprechen die Überlegungen dafür, die Fiskalwirkungen auf der Grundlage der Multiplikatoranalyse zu berechnen, da diese die Gesamteffekte der Haushaltspolitik für eine Periode erfaßt und die gesamten Wirkungen für die Beurteilung der Fiskalpolitik relevant sind. Bei genauerer Betrachtungsweise ist diese Folgerung erheblich einzuschränken.

Für den politisch-praktischen Bereich ist der Multiplikatoransatz bereits zu kompliziert, um in praxi verwendet zu werden. Hier liegt der Vorteil eindeutig bei der einfachen Multiplikandenrechnung.

Der schwerwiegendere Einwand richtet sich auf die Berechnung der staatlichen Ausgaben- und Steuermultiplikatoren. Lassen sich die Multiplikatoren so eindeutig schätzen, wie es das Ergebnis in Tabelle 13 vorgibt?

Die Multiplikatoren sind durch das zugrunde liegende ökonometrische Modell bestimmt. Sie hängen also von der Struktur des Modells ab. Je nachdem, welche Struktur das ökonometrische Modell hat, werden sich unterschiedliche Multiplikatoren ergeben[136]. Damit variieren aber auch die Berechnungen der Multiplikatorwirkungen des öffentlichen Haushalts. Die Frage, welches Modell unter dem hier zur Diskussion stehenden Gesichtspunkt gewählt werden sollte, läßt sich zumindest bisher nicht beantworten[137]. Ein Vergleich der Multiplikatoren von vier amerikanischen Modellen zeigt die Schwankungsbreite.

Tabelle 14

Ausgaben- und Steuermultiplikatoren vier amerikanischer ökonometrischer Modelle im Vergleich

Modell	Ausgabenmultiplikator	Steuermultiplikator
Wharton School	2,9	− 2,4
Brookings	2,7	− 1,2
Ando-Goldfeld	3,3	− 2,2
FRB-MIT	2,7	− 2,5

Quelle: *E. M. Gramlich*, The Usefullnes of Monetary and Fiscal Policy as Discretionary Stabilization Tools, „Journal of Money, Credit and Banking", Bd. 3 (1971), Tabelle 1, S. 509.

Auf der Ausgabenseite liegt die Größe der Multiplikatoren zwischen 2,7 und 3,3, bei den Steuern zwischen − 1,2 und − 2,5. Diese Differenzen sind nicht zu vernachlässigen.

Beurteilt man auf dem Hintergrund dieses Vergleichs die Multiplikatorrechnung von BHJL, so ist zu folgern, daß das Ergebnis nur beschränkt aussagefähig ist[138]. Bei Verwendung eines anderen Modells wären mit großer Wahrscheinlichkeit andere Multiplikatoren geschätzt worden, die wiederum eine andere Größe des konjunkturellen Effekts ergeben hätten.

Obwohl die Multiplikatoranalyse den theoretischen Anforderungen nach einer Berechnung der gesamten Fiskaleffekte entspricht, sind die empirischen Möglichkeiten noch zu gering, um einen wesentlichen Vorteil gegenüber der Multiplikandenrechnung zu bringen.

---

[136] Vgl. zu einem kurzen Überblick über die noch ungelösten Probleme der ökonometrischen Modelle die bereits zitierte Arbeit von *H. König*, Makroökonometrische Modelle: Ansätze, Ziele, Probleme, S. 552 ff.

[137] Auch die Erweiterung auf die interindustrielle Verflechtung, die von manchen Autoren gefordert wird, ist ein Problem des ökonometrischen Modells. Vgl. z. B. *K. W. Roskamp*, Fiscal Policy and Effects of Government Purchases: An Input-Output Analysis, „Public Finance", Bd. 24 (1969), S. 33 ff.

[138] Von den genannten Autoren wird die Multiplikatorrechnung vor allem wegen der Bestimmung des konjunkturgerechten Haushalts verwandt. Vgl. BHJL, Measuring the Demand Effects of Fiscal Policy, S. 230 f.

4.5.4 Ergebnis

Als Fazit aus der Diskussion um die Multiplikanden- und Multiplikatorrechnung kann mit dem Sachverständigenrat festgehalten werden, daß das Konzept des konjunkturneutralen Haushalts für eine Berücksichtigung der Multiplikatorwirkungen zwar offen ist, daß aber die empirischen Möglichkeiten hierzu noch nicht ausreichen[139]. Eine exaktere Erfassung der Fiskalwirkungen ist wegen der Schwierigkeiten bei der Schätzung der Multiplikatoren nicht zu erwarten. Damit soll nicht ausgeschlossen werden, daß der Sachverständigenrat als Ergänzung der Multiplikandenanalyse eine Kontrollrechnung anhand eines ökonometrischen Modells durchführt.

Die Beschränkung des Sachverständigenrats auf die ungewichtete Multiplikandenanalyse erscheint gerechtfertigt, wenn sich die Budgetstruktur nicht wesentlich verändert. Zusätzlich erleichtert die Einfachheit der Multiplikandenbetrachtung die Übernahme des Konzepts in die wirtschaftspolitische Praxis.

Aus zwei Gründen sollte man sich jedoch nicht auf die ungewichtete Multiplikandenanalyse beschränken. Es ist nicht davon auszugehen, daß die relative Konstanz der Budgetstruktur bestehen bleibt. Ein zweiter Grund liegt darin, daß gerade die kurzfristigen fiskalpolitischen Maßnahmen, wie sie beispielsweise im zweiten Stabilitätsprogramm der Bundesregierung von 1973 ergriffen wurden, bei der mechanischen „Mark=Mark" Gewichtung nur unzulänglich erfaßt werden. Beispielhaft sei nur auf die Investitionssteuer verwiesen. Das Aufkommen aus dieser Steuer dürfte die konjunkturellen Wirkungen nur unvollkommen widerspiegeln[140].

Die Richtung, in die das Konzept in diesem Zusammenhang weiterentwickelt werden sollte, zielt also auf die gewichtete Multiplikandenanalyse. Die weitere Forschungsstrategie der empirischen Finanzwissenschaft sollte weniger intensiv und ambitiös auf die Konzipierung ökonometrischer Modelle und die Multiplikatoranalyse gerichtet sein. Vielmehr erscheint nach den hier gemachten Ausführungen eine Beschränkung auf den Primäreffekt empirisch nützlicher, um zu zutreffenderen Aussagen über die Fiskalpolitik zu kommen.

Hierzu dürften die Verwendung und Beobachtung einfacher statistischer Relationen in unterschiedlichen Situationen und Ländern sowie die Möglichkeiten der empirischen Sozialforschung, wie gezielte Befragungen, besser geeignet sein, um einen empirischen Fortschritt zu erzielen. Dies vor allem deshalb, weil zu vermuten ist, daß die Nach-

---

[139] Vgl. Jahresgutachten 1970, Ziff. 351.

[140] Vgl. z. B. Jahresgutachten 1973, Ziff. 214.

fragewirkungen der staatlichen Aktionsparameter von der jeweiligen konjunkturellen Situation stark beeinflußt sind. Gerade hier liegen aber die Hauptprobleme der praktischen Fiskalpolitik. Eine weniger anspruchsvolle empirische Arbeit, wie die systematische Erforschung der Primäreffekte, erscheint daher problem- und situationsgerechter als die Erforschung der gesamten Multiplikatorwirkungen.

4.6 Das Inflationsproblem

In den bisherigen Ausführungen wurde primär auf die Vollbeschäftigungszielsetzung abgestellt. Unberücksichtigt blieb das Problem des steigenden Preisniveaus. In diesem Abschnitt ist daher zu untersuchen, welche Konsequenzen sich aus dem offensichtlich bestehenden Konflikt zwischen dem Ziel der Vollbeschäftigung und der Stabilität des Preisniveaus für die Bestimmung des konjunkturneutralen Haushalts ergeben. Daran schließt sich eine kritische Analyse der Lösung dieses Problems an, die der Sachverständigenrat vorgeschlagen hat. Wegen der Ausgabenstruktur im öffentlichen Sektor weicht der staatliche von dem gesamtwirtschaftlichen Preisindex ab. Daher ist abschließend darauf einzugehen, welche Konsequenzen sich daraus für die Konjunkturneutralität des Budgets ergeben.

4.6.1 Beschäftigungszielsetzung und Erhöhung des Preisniveaus

Für die Einnahmenseite des Haushalts ergeben sich keine besonderen Probleme, wenn sich mit den konjunkturellen Schwankungen auch das Preisniveau verändert. Die Entwicklung des Steueraufkommens ist vom nominalen Wachstum des Sozialprodukts abhängig. Steigen die Preise stärker, so erhöht sich entsprechend das nominale Sozialprodukt und damit das Steueraufkommen. Sind die Zuwachsraten des Sozialprodukts und der Steuereinnahmen gleich, so kann man prinzipiell davon ausgehen, daß die Veränderungen des Steueraufkommens nur die konjunkturellen Schwankungen reflektieren, darin aber keine unterschiedlichen Entzugseffekte zum Ausdruck kommen[141].

Gewisse Schwierigkeiten ergeben sich aus dem möglichen Progressionseffekt des Steuersystems. Steigt das nominale Sozialprodukt aufgrund der konjunkturell bedingten Erhöhung des Preisniveaus an, so kommt dadurch die Steuerprogression stärker zur Wirkung. Unterstellt man, daß damit zusätzliche Entzugseffekte verbunden sind, so wird die Privatnachfrage stärker als nach dem Postulat der Konjunkturneutrali-

---

[141] Vgl. *M. Feldsieper*, Der konjunkturneutrale Haushalt als neuer Maßstab zur Beurteilung der konjunkturellen Wirkungen öffentlicher Haushalte, „Jahrbuch für Sozialwissenschaft", Bd. 21 (1970), S. 411.

tät erforderlich zurückgedrängt[142]. Daher müßte dieser nominelle Progressionseffekt ausgeschaltet werden. Dies entspräche der Vorgehensweise, wie sie beim Konzept der „structural budget margin" diskutiert wurde[143].

Wesentlich komplizierter ist die Ermittlung des konjunkturneutralen Ausgabenzuwachses, wenn das Preisniveau steigt[144]. Von den verschiedenen Möglichkeiten, dieses Problem zu berücksichtigen[145], seien zwei herausgegriffen. Eine Möglichkeit besteht darin, daß die öffentliche Hand eine Veränderung des Preisindex nicht berücksichtigt, um dem Ziel eines stabilen Preisniveaus Rechnung zu tragen. Steigt das Preisniveau, dann geht die reale Staatsquote zurück. Aus stabilitätspolitischen Gründen wird in diesem Fall die allokative Zielsetzung einer konstanten realen Staatsquote beeinträchtigt. Das Postulat der Konjunkturneutralität ist nicht mehr erfüllt. Vielmehr wirkt der Haushalt von der Ausgabenseite her je nach Stärke der Preisniveauerhöhung mehr oder weniger kontraktiv, da durch den Rückgang der realen Staatsquote auch der Auslastungsgrad sinkt.

Die zweite Möglichkeit besteht darin, die allokative Zielsetzung in den Vordergrund zu stellen. Der Auslastungsgrad bleibt bei Konstanz der realen Staatsquote — von der Einnahmenseite wird abstrahiert — unverändert. Die reale Staatsquote bleibt konstant, wenn die Erhöhung des Preisniveaus für das Sozialprodukt voll eingerechnet wird. Die Ausgaben sind nach diesem Vorgehen dann konjunkturneutral, wenn sie mit der Wachstumsrate des realen Produktionspotentials und der Erhöhung des Preisniveaus zunehmen. Unter stabilitätspolitischen Gesichtspunkten ist die Anwendung einer solchen Regel aber bedenklich. Ein konjunkturverstärkender Effekt ist nicht auszuschließen, da in Boomzeiten wegen des höheren Preisniveaus die Ausgaben stärker, in Rezessionsphasen wegen des wahrscheinlich niedrigeren Preisniveaus dagegen weniger stark steigen[146].

---

[142] Der Sachverständigenrat rechnet den nominellen Progressionseffekt dem konjunkturneutralen Haushaltsvolumen zu und eliminiert lediglich den mittelfristigen Progressionseffekt. Vgl. die Diskussion in Punkt 4.7.1.

[143] Vgl. Kapitel I, 8.1. Im Gutachten 1973 hat der Sachverständigenrat festgestellt, daß für das gesamte Steuersystem in der Bundesrepublik nur ein geringer inflationsbedingter Progressionseffekt zu konstatieren ist. Vgl. Jahresgutachten 1973, Ziff. 204 ff.

[144] Von dem Problem, das sich aus einer Veränderung der Preisstruktur des staatlichen Sektors ergibt, wird hier noch abstrahiert.

[145] Vgl. z. B. hierzu *M. Feldsieper*, Der konjunkturneutrale Haushalt als neuer Maßstab zur Beurteilung der konjunkturellen Wirkungen öffentlicher Haushalte, S. 411 f.

[146] Vgl. ebenda, S. 411.

Erhöhen sich die staatlichen Ausgaben nach einer der hier angesprochenen Möglichkeiten, dann wird jeweils nur eine Zielsetzung der Fiskalpolitik erreicht. Die nächste Frage richtet sich darauf, welchen Weg der Sachverständigenrat beschritten hat, um diesen Schwierigkeiten Rechnung zu tragen.

4.6.2 Die konjunkturneutrale Zunahme des Preisniveaus

Der Sachverständigenrat begegnet dem Konflikt zwischen allokativer und stabilitätspolitischer Zielsetzung mit einem Kompromiß: „Zu berücksichtigen sind ... Preisniveausteigerungen, die — gemessen am Preisindex des Bruttosozialprodukts — selbst bei konjunkturneutraler Haushaltsgebarung zu erwarten sind. Auch bei völlig unverändertem Verbraucherindex ergibt sich ein Anstieg des Preisniveaus von rund 1 vH. Außerdem ist das Zurückdrängen von Preissteigerungen, die die Unternehmer und Haushalte in ihren Plänen antizipieren, insbesondere Preissteigerungen, an die sie sich gewöhnt haben, nicht mehr nur ein konjunkturneutraler, sondern ein kontraktiver Vorgang[147].“

Zur Bestimmung der konjunkturneutralen Erhöhung des Preisniveaus für die jeweilige Planungsperiode gibt der Sachverständigenrat folgende vier Komponenten an[148]:

— Die Steigerung des Preisindex für das Bruttosozialprodukt, die selbst bei konstantem Verbraucherpreisniveau vorhanden ist.

— Am Jahresende liegt das Preisniveau in der Regel über dem Durchschnitt des gesamten Jahres. Selbst wenn im folgenden Jahr das Preisniveau konstant bleibt, liegt es um den Preisüberhang des letzten Jahres über dem Vorjahresdurchschnitt.

— Die Preisänderungserwartungen der Planungsperiode werden auch durch die Lohnsteigerungen und andere Kostenänderungen, die gerade eingetreten oder bereits vorhersehbar sind, mitbestimmt. Während die ersten beiden Komponenten noch relativ zuverlässig geschätzt werden können, ist die Schätzung des Einflusses von Kostenveränderungen auf das Preisniveau mit einer größeren Unsicherheit belastet. Ein eindeutiger Zusammenhang zwischen Kosten- und Preisniveauveränderungen ist nicht immer gegeben, da die Überwälzungsmöglichkeiten unterschiedlich sind.

---

[147] Jahresgutachten 1969, Ziff. 113. Daß der Preisindex des Sozialprodukts nicht immer über, sondern bei starker Verteuerung der Importe auch darunter liegen kann, hat sich 1973 gezeigt. Vgl. z. B. Jahreswirtschaftsbericht 1974, Anlage, Ziff. 5 ff.

[148] Vgl. Jahresgutachten 1970, Ziff. 336.

— Als vierte Komponente führt der Sachverständigenrat die Gewöhnung der Unternehmer und Haushalte an einen fortgesetzten Geldwertschwund an. So sei eine Zurückdrängung der Erwartungen eines steigenden Preisniveaus ähnlich zu beurteilen wie ein sinkendes Preisniveau in einer stabilitätsgewohnten Wirtschaft. Sie wirke daher eher kontraktiv. Wegen der Schätzschwierigkeiten hat der Sachverständigenrat diese Komponente bei seinen Berechnungen mit Null angesetzt.

In der folgenden Tabelle sind die Schätzungen der konjunkturneutralen Erhöhung des Preisniveaus und die tatsächliche Entwicklung gegenübergestellt.

Tabelle 15

Konjunkturneutrale (p_n) und tatsächliche (p_i) Erhöhung des Preisniveaus in der BRD für den Zeitraum von 1967—71 (Wachstumsraten)

	67	68	69	70	71
p_n	2,0	2,0	2,5	3,5	3,5
p_i	1,1	1,6	3,6	7,1	7,7
$p_i - p_n$	– 0,9	– 0,4	1,1	3,6	4,2

Quelle: Jahresgutachten 1972, Tabelle 28 und Tabelle 92.

In den beiden Jahren 1967 und 1968 lag die Schätzung der konjunkturneutralen Preisniveauerhöhung über der tatsächlichen Steigerungsrate des Preisindex für das Sozialprodukt, während sie seit 1969 darunter liegt. Damit hat sich die reale Staatsquote 1967 und 1968 erhöht, während sie seit 1969 gesunken ist[149]. Es wichen laufend die beanspruchte und die realisierte Staatsquote voneinander ab[150]. Um ein ständiges Absinken der realen Staatsquote, wie es sich bei einer Ausdehnung der Staatsausgaben nach der konjunkturneutralen Preisregel ab 1969 ergeben würde, zu verhindern, hat der Sachverständigenrat zusätzlich die Bedingung eingeführt, daß realistischerweise in jedem Fall „von dem inzwischen erreichten Preisniveau auszugehen“[151] ist. Das heißt aber nichts anderes, als daß für die konjunkturneutrale Ausdehnung der Staatsausgaben für die kommende Periode die Differenz zwischen konjunkturneutraler und tatsächlicher Veränderung des Preisniveaus in der laufenden Periode zu berücksichtigen ist.

Konfrontiert man dieses Verfahren mit dem Postulat der Konjunkturneutralität des Sachverständigenrats, nach dem sich der öffentliche

[149] Die Probleme einer Veränderung der Preisstruktur im öffentlichen Sektor bleiben weiterhin unberücksichtigt.

[150] Vgl. Jahresgutachten 1970, Ziff. 325.

[151] Ebenda.

Haushalt dann konjunkturneutral verhält, wenn der Auslastungsgrad des Produktionspotentials unverändert bleibt, so zeigt sich, daß diesem Postulat mit der Regel über die konjunkturneutrale Preisniveauerhöhung nicht Rechnung getragen wird. In Zeiten inflationärer Entwicklung wird durch die Einbeziehung einer „nur" konjunkturneutralen Preisniveauerhöhung der Zielsetzung eines stabilen Preisniveaus Rechnung getragen und gleichzeitig eine Verringerung des Auslastungsgrads in Kauf genommen. In der folgenden Periode wird diese Abweichung wieder korrigiert, um die allokative Zielsetzung zu berücksichtigen.

Die Kompromißlösung des Preisproblems durch den Sachverständigenrat ist unbefriedigend. Dies beginnt bereits damit, daß kein eindeutiges Kriterium vorliegt, wie hoch die konjunkturneutrale, die unvermeidliche Preisniveauerhöhung anzusetzen ist. Dadurch besteht aber für interessenbedingte Manipulationen ein breiter Spielraum[152]. Haben die verantwortlichen wirtschaftspolitischen Instanzen ein Interesse daran, daß ein anderer konjunktureller Effekt ausgewiesen wird, so brauchen sie nur eine andere Schätzung des konjunkturneutralen Preisniveaus vorzulegen. Will z. B. die Bundesregierung „beweisen", daß sie nicht so expansiv gewirkt hat, wie es die Berechnungen des Sachverständigenrats ergeben, dann braucht sie lediglich eine höhere Schätzung der unvermeidlichen Erhöhung des Preisniveaus vorzunehmen. Nach der Grundgleichung errechnet sich in diesem Fall ceteris paribus ein geringerer konjunktureller Effekt. Bei der gegenwärtigen Größenordnung der öffentlichen Haushalte in der Bundesrepublik führt bereits eine Differenz in der Schätzung von 1 Prozent zu einer Veränderung in der Höhe des konjunkturellen Effekts von etwa 2 Mrd. DM.

Um der ursprünglichen Intention des Konzepts, der Nichtbeeinflussung des Produktionspotentials, gerecht zu werden, müssen die tatsächlichen Preissteigerungen voll einbezogen werden, so daß die reale Staatsquote, wird nicht für entsprechende Entzugseffekte auf der Einnahmenseite gesorgt, konstant bleibt. Würde nach diesem Vorgehen die öffentliche Hand beispielsweise die Ausgaben „konjunkturneutral" inflationieren, so würde das nicht mehr als konjunkturneutraler, sondern als kontraktiver Vorgang gewertet. Dies entspräche auch der Aussage des Sachverständigenrats, daß ein Zurückdrängen der erwarteten Preissteigerungen als kontraktiver Vorgang zu beurteilen sei[153]. Bei dieser Verfahrensweise sagt der konjunkturelle Effekt nur etwas darüber aus, inwieweit der Auslastungsgrad des Produktionspotentials

---

152 Vgl. *M. Feldsieper*, Der konjunkturneutrale Haushalt als neuer Maßstab zur Beurteilung der konjunkturellen Wirkungen öffentlicher Haushalte, S. 413.

153 Vgl. Jahresgutachten 1969, Ziff. 113.

vom öffentlichen Haushalt beeinflußt wird, die Zielsetzung eines stabilen Preisniveaus bleibt unberücksichtigt[154]. Die Beschränkung auf ein Ziel erscheint solange vernünftig, bis es gelungen ist, die Fiskaleffekte nach ihren Beschäftigungs- und Preiseffekten aufzuspalten[155].

Zur Illustration wurden entsprechend diesem Neutralitätspostulat bei der in Tabelle 16 wiedergegebenen Berechnung des konjunkturellen Effekts die Preissteigerungen in die Bestimmung der konjunkturneutralen Ausgaben voll einbezogen.

Tabelle 16

Der konjunkturelle Effekt bei konjunkturneutraler (KE_n) und tatsächlicher (KE_i) Erhöhung des Preisniveaus in der BRD (in Mrd. DM), 1966—71

	66	67	68	69	70	71
KE_n	—	0,1	− 0,3	− 4,7	6,7	9,1
KE_i	—	1,5	0,6	− 6,3	0,2	0,6

Quelle: Jahresgutachten 1972, Tabelle 28 und eigene Berechnungen.

Die wichtigsten Unterschiede sind in den beiden Jahren 1970 und 1971 zu beobachten. Während der Sachverständigenrat einen expansiven konjunkturellen Effekt errechnet und damit auf dem Hintergrund der allgemeinen wirtschaftlichen Situation ein prozyklisches Verhalten der öffentlichen Hand konstatiert, ergibt sich bei Einbeziehung der tatsächlichen Preissteigerungsraten für die beiden Jahre ein in etwa konjunkturneutrales Verhalten des staatlichen Sektors. Dies gilt aber, das sei nochmals betont, nur bezüglich des Auslastungsgrads des Produktionspotentials.

Zur Stabilisierung des Preisniveaus wird dagegen kein Beitrag geleistet. Die Beschränkung auf die Beschäftigungszielsetzung weist gegenüber dem Verfahren des Sachverständigenrats den Vorteil auf, daß zumindest der staatliche Einfluß auf den Auslastungsgrad in etwa erfaßt werden kann. Demgegenüber ist bei den Berechnungen des Sach-

---

154 Daraus kann allerdings noch nicht geschlossen werden, daß entsprechend der „Auslastungsgrad“ des Arbeitskräftepotentials beeinflußt wird. Gerade die jüngste Vergangenheit hat gezeigt, daß eine zunehmende Auslastung der Kapazitäten bei in etwa gleichbleibender Arbeitslosenquote möglich ist.

155 Diese Aussage verweist auf das grundsätzliche Problem im Rahmen der auf Keynes basierenden makroökonomischen Betrachtungsweise. Die Nachfrageanalyse geht von der Vorstellung aus, daß in Zeiten der Unterbeschäftigung primär Beschäftigungseffekte, in Boomphasen vor allem Preiseffekte eintreten. Diese Annahmen sind jedoch, wie die jüngste Vergangenheit gezeigt hat, nicht zutreffend. Vgl. hierzu auch das Jahresgutachten 1973, Ziff. 314.

verständigenrats nicht zu ersehen, inwieweit der von ihm berechnete expansive konjunkturelle Effekt die Stabilität des Preisniveaus verletzt und/oder zu einer Überauslastung des Produktionspotentials geführt hat.

Die Unterschiede in den Ergebnissen der Tabelle 16 sind nicht überraschend. Nach Tabelle 15 lagen die Schätzungen für die konjunkturneutrale Erhöhung des Preisniveaus 1967 und 1968 über der tatsächlichen Preissteigerungsrate, in den folgenden Jahren darunter. Aus der Grundgleichung ist zu ersehen, daß dadurch der konjunkturelle Effekt bei voller Einbeziehung der Zunahme des Preisniveaus 1967 und 1968 höher, in den folgenden Jahren dagegen niedriger als der vom Sachverständigenrat berechnete sein muß, da die anderen Parameter bei beiden Berechnungen übereinstimmen.

Die volle Einbeziehung der Preisniveauerhöhung ist allerdings unter stabilitätspolitischen Gesichtspunkten nicht zufriedenstellend. Welche Möglichkeit gibt es, um interessenbedingte Manipulationen bei der Schätzung der „konjunkturneutralen" Veränderung des Preisniveaus zu verhindern, der Stabilitätszielsetzung aber dennoch Rechnung zu tragen? Für die ex-post-Analyse sollte auf die tatsächliche Veränderung des Preisniveaus abgestellt werden. Das Problem liegt in einer adäquaten Antizipation der künftigen Inflationsrate.

Manipulationen können dann weitgehend vermieden werden, wenn die offiziell von der Bundesregierung angestrebte Preissteigerungsrate, wie sie beispielsweise in den Jahreswirtschaftsberichten im Sinn einer „intentiellen" Prognose veröffentlicht wird, als Grundlage genommen wird. Damit würde die subjektive Festlegung über die anzustrebende Begrenzung der Erhöhung des Preisniveaus durch die vom politischen Entscheidungsträger festgelegte Steigerungsrate ersetzt, der auch die Verantwortung trägt. Das bedeutete z. B. für 1974, daß nicht nur 5 Prozent, sondern der Mittelwert der auf 6½ bis 8½ projektierten Zunahme anzusetzen ist[156].

4.6.3 Die Veränderung der Preisstruktur im staatlichen Sektor

Im letzten Abschnitt wurde gezeigt, daß das Postulat der Konjunkturneutralität die Konstanz der realen Staatsquote erfordert. Unter der in der Realität zu beobachtenden inflationären Entwicklung führt die Berücksichtigung der nur konjunkturneutralen Erhöhung des Preisniveaus dazu, daß das Postulat der Konjunkturneutralität verletzt wird.

---

[156] Vgl. Jahresgutachten 1973, Ziff. 348; Anlage zum Jahreswirtschaftsbericht 1974, Ziff. 17.

Deshalb wurde die Möglichkeit diskutiert, auf die tatsächliche Zunahme des Preisniveaus abzustellen.

Aber selbst wenn man die tatsächliche Zunahme des Preisniveaus unterstellt, stimmen die Zunahme der realen Staatsausgaben mit der Wachstumsrate des realen Produktionspotentials nur überein, wenn „die Struktur dieser Staatsausgaben genau der Struktur des nominellen Sozialprodukts entspricht“[157]. Das Preisniveau bildet einen gewogenen Durchschnitt aus den unterschiedlichen Preisänderungsraten der einzelnen Güter und Dienste. Nur wenn das „Wägungsschema“ des Sozialprodukts und der Staatsausgaben übereinstimmt, führt eine Inflationierung der öffentlichen Ausgaben mit dem Preisindex des Bruttosozialprodukts dazu, daß die reale Staatsquote konstant bleibt. Weichen die „Wägungsschemata“ voneinander ab, dann kann die reale Staatsquote konstant bleiben, wenn sich die verschiedenen Preisänderungsraten gerade so kompensieren, daß die Preisindices für den staatlichen Sektor und das Sozialprodukt gleich sind. Im folgenden soll kurz überprüft werden, ob diese Bedingungen zutreffen.

Zur Überprüfung der „Strukturgleichheit“ wird beispielhaft der Anteil der gesamten Anlageinvestitionen am Bruttosozialprodukt und der Anteil der Anlageinvestitionen des Staates an den gesamten öffentlichen Ausgaben für den Zeitraum von 1966—1971 gegenübergestellt.

Tabelle 17

Der Anteil der Anlageinvestitionen am BSP und der Anteil der staatlichen Anlageinvestitionen an den öffentlichen Gesamtausgaben in der BRD von 1966—71 (VGR-Basis)

	66	67	68	69	70	71
$\frac{I_g}{BSP}$	0,26	0,23	0,23	0,24	0,26	0,27
$\frac{I_{St}}{A}$	0,12	0,09	0,10	0,10	0,10	0,08

$\frac{I_g}{BSP}$ = Anteil der gesamten Anlageinvestitionen am Bruttosozialprodukt

$\frac{I_{ST}}{A}$ = Anteil der öffentlichen Investitionsausgaben an den gesamten Staatsausgaben

Quelle: Statistisches Bundesamt, Volkswirtschaftliche Gesamtrechnung, Reihe 1, Konten und Standardtabellen, Wiesbaden, 1970, S. 109/167 und 1971, S. 109/165.

Wie nicht anders zu erwarten war, weicht die Struktur der Anlageinvestitionen am Bruttosozialprodukt und an den staatlichen Ausgaben erheblich voneinander ab. Die erste Bedingung, unter der die reale

[157] *H. Timm*, Der konjunkturneutrale öffentliche Haushalt, S. 392 f.

Staatsquote bei einer Inflationierung der öffentlichen Ausgaben mit dem Preisindex des Bruttosozialprodukts konstant bleibt, ist also nicht erfüllt.

Es muß sich also, soll der Auslastungsgrad von staatlicher Seite unbeeinflußt bleiben, die Struktur der nominellen Staatsausgaben verändern[158], da davon auszugehen ist, daß nicht nur die Struktur der Staatsausgaben von der Struktur des nominellen Sozialprodukts abweicht, sondern auch die Preisänderungsraten der einzelnen Ausgabenkategorien verschieden hoch sind. Zur Bestimmung der konjunkturneutralen realen Wachstumsrate der Staatsausgaben sind die Preisänderungsraten der einzelnen, staatlich nachgefragten Güter und Dienstleistungen zu berücksichtigen. Bei stärkerer Inflationierung einzelner Kategorien müssen die nominellen Zuwachsraten entsprechend höher, bei niedrigeren Preissteigerungen entsprechend geringer sein[159].

In der Realität ist es schwierig, für alle einzelnen Güter und Dienste, die die öffentliche Hand nachfragt, die Preisänderungsraten zu berücksichtigen. Als Annäherung wird daher versucht, einen Preisindex für den staatlichen Sektor zu berechnen. Damit soll die zweite Bedingung, die Kompensation der Preisänderungsraten, überprüft werden.

Hier wird nicht der Anspruch erhoben, den Preisindex der Staatsnachfrage exakt zu bestimmen. Es soll nur der Versuch einer Annäherung gemacht werden, um die Konsequenzen für die Bestimmung des konjunkturneutralen Haushaltsvolumens aufzeigen zu können. Leider liegen keine offiziellen Berechnungen eines staatlichen Preisindex vor. Vom Statistischen Bundesamt werden die Preisindices für den Staatsverbrauch sowie für die öffentlichen Anlageinvestitionen veröffentlicht[160]. Für die restlichen Komponenten der staatlichen Nachfrage mußten daher Schätzgrößen verwandt werden. Die Berechnung erfolgt in zwei Varianten.

— Die Schätzung der Variante I folgt der Vorgehensweise des Sachverständigenrats[161]. Die laufenden Übertragungen an die privaten Haushalte und die übrige Welt sowie die Vermögensübertragungen an die Privathaushalte wurden mit dem Preisindex des privaten Verbrauchs deflationiert. Für die Berechnung des Index für die

---

[158] Vgl. *H. Timm*, Der konjunkturneutrale öffentliche Haushalt, S. 393; vgl. auch *B. Rahmann*, Grundlagen konjunkturbeeinflussender Haushaltspolitik, Berlin 1972, S. 45.

[159] Vgl. *H. Timm*, Der konjunkturneutrale öffentliche Haushalt, S. 393.

[160] Die Schwierigkeiten für die Berechnung eines staatlichen Preisindex liegen darin, daß für einen Teil der staatlichen Nachfrage keine Markt-, sondern nur Kostenpreise zur Verfügung stehen. Auf dieses Problem wird hier nicht näher eingegangen, da die grundsätzliche Problematik davon unberührt bleibt.

[161] Vgl. Jahresgutachten 1971, Ziff. 190.

staatlichen Subventionen erfolgte eine Gewichtung je zur Hälfte mit dem Deflator des privaten Verbrauchs und der Bruttoanlageinvestitionen. Für die Vermögensübertragungen an Unternehmen und die übrige Welt wurde der Preisindex der privaten Bruttoanlageinvestitionen verwandt. Bei dieser Variante sind die Abschreibungen auf die öffentlichen Bruttoanlageinvestitionen eliminiert[162].

— In Variante II ist der Preisindex der Staatsausgaben analog der Methode in Variante I für die Gebietskörperschaften, also ohne Sozialversicherung berechnet worden. Dies erfolgte deshalb, weil eine gewisse Vergleichbarkeit der Abgrenzung der Gebietskörperschaften auf der Basis der Volkswirtschaftlichen Gesamtrechnung mit dem vom Sachverständigenrat verwandten öffentlichen Gesamthaushalt in der Abgrenzung der Finanzstatistik möglich ist.

Die Preiserhöhung des staatlichen Sektors liegt, wie Tabelle 18 zeigt, während der gesamten Periode über der des Bruttosozialprodukts. Tendenziell steigen die Preise für die öffentlichen Güter mit zunehmender Inflation stärker an.

Tabelle 18

Die Veränderung des Preisniveaus für den öffentlichen Sektor in der BRD, 1966—71

Jahr	BSP	Var. I	Var. II
66	3,7	4,8	4,9
67	1,1	1,8	1,6
68	1,6	2,8	3,0
69	3,6	5,0	5,5
70	7,1	7,7	8,8
71	7,7	8,6	9,2

Quelle: Jahresgutachten 1972, Tabelle 28 sowie eigene Berechnungen.

Das Preisniveau für die Gebietskörperschaften liegt über dem des gesamten öffentlichen Sektors. Die Ursache hierfür liegt darin, daß der Anteil der Übertragungen beim gesamten Staatssektor größer als bei den Gebietskörperschaften ist. Da die Übertragungen mit dem Preisindex des privaten Verbrauchs deflationiert wurden, der seinerseits die niedrigsten Zuwachsraten aufweist, erklärt sich daraus die Differenz zwischen der ersten und der zweiten Variante. Dagegen haben in

[162] Es sind noch andere Möglichkeiten für die Deflationierung denkbar. So schlägt beispielsweise Willms vor, die Transferzahlungen und Vermögensübertragungen an die privaten Haushalte ebenso wie der Sachverständigenrat mit dem Lebenshaltungsindex zu deflationieren, die Subventionen dagegen nur mit dem Preisindex für die Investitionen. Vgl. *E. F. Willms*, Die Finanzierung der Staatsausgaben bei steigenden Preisen, „Finanzarchiv“, Bd. 31 (1972), S. 452.

Variante II die höheren Preisindices für den Staatsverbrauch und für die Anlageinvestitionen ein größeres Gewicht.

Wird das Postulat des Sachverständigenrats für die Konjunkturneutralität konsequent verfolgt, so ist aus den Überlegungen zur Preisentwicklung im öffentlichen Sektor die Folgerung zu ziehen, daß sich der öffentliche Sektor dann konjunkturneutral verhält, also den Auslastungsgrad unverändert läßt, wenn der reale Zuwachs des Produktionspotentials nicht mit der Erhöhung des konjunkturneutralen Preisniveaus oder dem Preisindex für das Bruttosozialprodukt inflationiert wird, sondern mit dem Preisindex für die Staatsnachfrage. Nur in diesem Fall bleibt die reale Staatsquote konstant.

Die Notwendigkeit, die nominellen Staatsausgaben überproportional auszudehnen, um die reale Staatsquote aufrecht zu erhalten, besteht auch dann, wenn das Preisniveau des Bruttosozialprodukts sich nicht verändert. Dies hängt damit zusammen, daß wegen der hohen Personalausgaben und dem großen Anteil der Bauinvestitionen die Preise im öffentlichen Sektor strukturell bedingt stärker ansteigen[163].

Der Sachverständigenrat hätte also nicht das Produktionspotential „konjunkturneutral" inflationieren müssen — und auch die hier angedeutete Möglichkeit, die Preissteigerungen des Sozialprodukts voll einzurechnen, reicht nicht aus —, sondern mit den in der zweiten Variante berechneten Preissteigerungen. Diese sind annäherungsweise für den öffentlichen Gesamthaushalt verwendbar.

Dieses Problem ist auch vom Sachverständigenrat gesehen worden, wenn er schreibt, daß bei einer solchen Betrachtungsweise die Staatsausgaben konjunkturneutral sind, „die mit der Wachstumsrate des Produktionspotentials zuzüglich der Rate der unvermeidlichen Preissteigerungen im Bereich staatlicher Nachfrage zunehmen"[164]. Hierbei ist allerdings der Ausdruck „unvermeidliche Preissteigerungen" nicht ganz klar. Sollte es sich hierbei um etwas Entsprechendes wie die konjunkturneutrale Erhöhung des Preisniveaus handeln, so ergeben sich für das Neutralitätspostulat die gleichen Konsequenzen, wenn auch quantitativ in geringerem Ausmaß, wie sie bei der Diskussion der konjunkturneutralen Preisniveauerhöhung zu konstatieren waren. Daher erfordert ein konsequentes Aufrechterhalten der Konjunkturneutralität, daß die Preissteigerungen des staatlichen Sektors voll einbezogen werden.

---

[163] Vgl. Jahresgutachten 1971, Ziff. 188 ff. Die nominale Staatsquote muß daher, soll die reale Staatsquote konstant bleiben, zunehmen. Über die Bedeutung der Abweichung der beiden Quoten vgl. *E. F. Willms*, Die Finanzierung der Staatsausgaben bei steigenden Preisen, S. 446 ff.

[164] Jahresgutachten 1970, Ziff. 337.

Hier taucht nun allerdings ein zusätzliches Problem auf. Da die mit dem Preisindex der Staatsnachfrage inflationierten Ausgaben stets private Einkommen schaffen[165], wird die Konjunkturneutralität beeinträchtigt. Zwar bleibt durch eine stärkere Ausdehnung der Staatsausgaben der Auslastungsgrad des Produktionspotentials von der Ausgabenseite des Haushalts her unverändert. Aber die Wiederausgabe des zusätzlichen Einkommens hat eine expansive Nachfrageentwicklung im privaten Bereich zur Folge. Daher ist es notwendig, durch erhöhte Einnahmen für kompensatorische Entzugseffekte zu sorgen.

Die Höhe des konjunkturellen Effekts, wie sie vom Sachverständigenrat auf der Grundlage der konjunkturneutralen Preisniveausteigerung oder der hier verwandten tatsächlichen Erhöhung des Preisniveaus berechnet wurde, ändert sich damit nicht. Der stärkeren Ausdehnung der Staatsausgaben steht ein größeres konjunkturneutrales Steueraufkommen gegenüber, so daß das konjunkturneutrale Haushaltsvolumen gleich bleibt. Unterschiedlich hoch ist die reale Staatsquote. Während sie bei Berücksichtigung der konjunkturneutralen oder tatsächlichen Preisniveauerhöhung zurückgeht, bleibt sie bei einer Inflationierung der Staatsausgaben mit dem Preisindex des öffentlichen Sektors konstant.

Schwierigkeiten ergeben sich bei dieser Verfahrensweise, wenn auf die zukünftige Entwicklung abgestellt wird. Die Probleme beziehen sich einmal auf die Projektion der staatlichen Preisänderungsrate. Zum zweiten muß die zukünftige Strukturveränderung des Budgets, es ist ein jährlich wechselndes Wägungsschema unterstellt, berücksichtigt werden.

4.6.4 Ergebnis

Die Kompromißformel, mit der der Sachverständigenrat dem Konflikt zwischen allokativer Zielsetzung und der Stabilität des Preisniveaus zu begegnen versucht, ist unbefriedigend. Sie trägt weder dem einen noch dem anderen Postulat hinreichend Rechnung. Es ergeben sich außerdem erhebliche Manipulationsmöglichkeiten, da eindeutige Kriterien für die Bestimmung der konjunkturneutralen Preisniveauerhöhung fehlen.

Soll die allokative Orientierung des Konzepts durchgehalten werden, dann ist nicht nur eine Berücksichtigung der tatsächlichen Veränderung des Preisindex für das Sozialprodukt, sondern des Preisindex für den öffentlichen Sektor notwendig. Wegen der hierbei auftretenden Schwierigkeiten ist die praktische Anwendbarkeit bisher beschränkt.

---

[165] Vgl. ebenda.

Eine Verminderung der Manipulationsmöglichkeiten könnte erreicht werden, wenn auf die von der Bundesregierung projektierte Preisentwicklung abgestellt wird[166]. Werden die Staatsausgaben stärker ausgedehnt, dann müßte für entsprechende Entzugseffekte auf der Einnahmenseite gesorgt werden.

4.7 Zur Konjunkturneutralität der Einnahmenseite des Budgets

Während die konjunkturneutrale Entwicklung der Staatsausgaben im wesentlichen durch das Wachstum des nominalen Produktionspotentials bestimmt ist, hängt die Entwicklung der Einnahmenseite des Haushalts von der des Sozialprodukts ab. Dies gilt sowohl für das Steueraufkommen als auch für die längerfristige Kreditaufnahme. Da nur in Ausnahmefällen die Zuwachsraten des Produktionspotentials und des Sozialprodukts übereinstimmen, gilt es zu untersuchen, welche Auswirkungen sich für die Konjunkturneutralität der Einnahmenseite dann ergeben, wenn die Wachstumsraten auseinanderfallen. Zuerst wird auf die Probleme eingegangen, die daraus für die konjunkturneutrale Entwicklung der Steuereinnahmen folgen. Anschließend wird die Frage der konjunkturneutralen Kreditaufnahme analysiert.

4.7.1 Die konjunkturneutralen Steuereinnahmen

Bei der Diskussion des Basisjahres wurde gezeigt, daß die Wahl eines Basisjahres dazu dient, die konjunkturneutrale Verschuldung des öffentlichen Haushalts zu bestimmen. Die Ausgabenquote für die Vollbeschäftigungssituation ist, so wird angenommen, politisch festgelegt. Mit der Bestimmung einer konjunkturneutralen längerfristigen Verschuldungsquote wird gleichzeitig die konjunkturneutrale Steuerdekkungsquote determiniert. Damit die Steuereinnahmen im Zeitablauf konjunkturneutral sind, also die Privatnachfrage weder zusätzlich zurückdrängen noch zusätzlich anregen, hat der Sachverständigenrat folgende Regel festgelegt: „Die Einnahmenseite der öffentlichen Haushalte ist ... dann konjunkturneutral, wenn bei unverändertem Steuersystem zu erwarten ist, daß die Steuereinnahmen — bei einem Wachstum des Sozialprodukts entsprechend dem Wachstum des Produktionspotentials — mit der gleichen Rate zunehmen wie das Sozialprodukt (Aufkommenselastizität gleich eins, das heißt, die Steuerbelastungsquote ist konstant). In unserem Steuersystem, dessen Aufkommenselastizität größer ist als eins, müßten also entweder in entsprechendem Umfange Steuersenkungen oder Ausgabeerhöhungen vorgenommen

[166] Vgl. zu anderen Vorschlägen O. *Gandenberger*, Zur Messung der konjunkturellen Wirkungen öffentlicher Haushalte, S. 69 ff.

werden, sollen die zusätzlichen Entzugseffekte bei den Privaten verhindert beziehungsweise kompensiert werden[167]."

Die Steuerregel bedarf einer näheren Interpretation, da sie etwas mißverständlich formuliert ist. Der Sachverständigenrat fordert eine gleichbleibende Steuerlastquote, eine Aufkommenselastizität des Steuersystems von eins, offensichtlich nur dann, wenn die Wachstumsraten des Sozialprodukts und des Produktionspotentials gleich sind. Dieser Zusatz verweist auf die Situation des mittelfristigen Wachstums, in der die staatlichen und die privaten Ausgaben mit der Wachstumsrate des Produktionspotentials zunehmen.

Da in der Bundesrepublik die Aufkommenselastizität des Steuersystems langfristig auf 1,1 bis 1,2 geschätzt wird[168], nehmen bei einer wirtschaftlichen Entwicklung entlang des mittelfristigen Wachstumspfads die Steuereinnahmen überproportional zu. Dieser mittelfristige Progressionseffekt führt nach Auffassung des Sachverständigenrats dazu, daß wegen des höheren Entzugseffekts die privaten Ansprüche zurückgedrängt werden und damit eine verringerte Auslastung durch den privaten Sektor verursacht wird[169]. Zum Ausgleich der Progressionswirkung sind deshalb entweder entsprechende Mehrausgaben zu tätigen, dies führt zu einer Erhöhung der Staatsquote, oder der Progressionseffekt muß durch Steuersenkungen ausgeschaltet werden.

Gegen diese Auffassung des Sachverständigenrats hat sich Timm gewandt[170]. Nach Timm führt die Ausschaltung des mittelfristigen Progressionseffekts dazu, daß die privaten Ausgaben über das gewünschte Ausmaß hinaus expandieren und eine Überauslastung des Produktionspotentials induzieren[171]. Die Steuerpolitik wäre in diesem Fall nicht mehr konjunkturneutral, sondern expansiv.

Timm vertritt die These, daß die Besteuerung dann konjunkturneutral ist, wenn der Staat seine Aktionsparameter in der Steuerpolitik — Steuersätze, Bemessungsgrundlagen und Zahlungsmodalitäten — konstant hält[172]. Dabei ist es gleichgültig, ob die Aufkommenselastizität des Steuersystems gleich oder größer als eins ist. So sei beispielsweise für die Konjunkturneutralität der Steuersätze nicht ihre Größe, sondern ihre Konstanz relevant.

---

[167] Jahresgutachten 1969, Ziff. 113.

[168] Vgl. *W. Albers*, *A. Oberhauser*, *W. Michalski*, *E. Thiel*, *E. Schmitz*, Sozialprodukt, öffentliche Haushalte und Bildungsausgaben in der Bundesrepublik, Stuttgart 1969, S. 37 ff.

[169] Vgl. Jahresgutachten 1970, Ziff. 340.

[170] Vgl. *H. Timm*, Der konjunkturneutrale öffentliche Haushalt, S. 393 ff.

[171] Vgl. ebenda, S. 396.

[172] Vgl. ebenda, S. 395.

Die Konsequenzen dieser unterschiedlichen Auffassungen auf die Höhe des konjunkturellen Effekts sind aus der Grundgleichung ersichtlich. Schreibt man für $BS_i = A_i - T_i$, so ergibt sich:

$$KE = A_i - T_i + e_o \cdot Y_i - POT_r \cdot a_o \cdot p_n \tag{22}$$

Nach der Interpretation des Sachverständigenrats wird der mittelfristige Progressionseffekt T_i zugerechnet. Dagegen würde sich nach Timm e_o jährlich um den mittelfristigen Progressionseffekt erhöhen und T_i entsprechend geringer sein. Sind die anderen Komponenten gleich, so würde nach der Verfahrensweise von Timm der konjunkturelle Effekt laufend höher als der positive bzw. kleiner als der negative konjunkturelle Effekt ausgewiesen als beim Sachverständigenrat, da T_i kleiner und $e_o Y_i$ entsprechend größer wäre.

Worauf ist diese unterschiedliche Auffassung über den Progressionseffekt zurückzuführen? Die Beantwortung dieser Frage hat an den Dispositionen der privaten Wirtschaftssubjekte anzusetzen. Richten sie ihre Ausgabenpläne am Wachstum des Produktionspotentials bei Konstanz des Datenkranzes aus, dann trifft die Auffassung von Timm zu, daß entscheidendes Kriterium für die Konjunkturneutralität der Steuerpolitik die Konstanz des Steuersystems ist, während die Höhe der Aufkommenselastizität nur eine untergeordnete Bedeutung hat. Nach Timm führt also die Vorhersehbarkeit des mittelfristigen Progressionseffekts im Steuersystem dazu, daß die privaten Wirtschaftssubjekte ihre Ausgabenpläne am Wachstum des Produktionspotentials unter Berücksichtigung dieses Progressionseffekts ausrichten. Dies ist nach Timm vor allem im Bereich der privaten Investitionsausgaben der Fall, die eine eventuell durch den Progressionseffekt bedingte Ausgabeneinschränkung beim privaten Konsum kompensieren[173].

Der Sachverständigenrat stimmt der Auffassung zu, daß für die Besteuerten die Vorhersehbarkeit der mittelfristigen Progressionswirkung des Steuersystems gegeben ist, dies brauche jedoch den Entzugseffekt der Mehrbelastung nicht zu mindern: „Stellen die Steuerpflichtigen sich bei ihren Ausgabenplänen auf die erhöhte Steuerlast ein, so heißt dies, daß sie ihre Ansprüche an das Produktionspotential relativ einschränken[174].“ Der Sachverständigenrat fordert deshalb die Ausschaltung des mittelfristigen Progressionseffekts durch erhöhte Staatsausgaben und/oder Steuersenkungen.

Eine Bestätigung oder Ablehnung der einen oder anderen Auffassung wäre letztlich nur bei einer empirischen Überprüfung möglich. Eine solche Überprüfung scheitert schon daran, daß sich faktisch die wirt-

---

[173] Vgl. ebenda, S. 396.

[174] Jahresgutachten 1970, Ziff. 340.

schaftliche Entwicklung nicht entlang des mittelfristigen Wachstumspfades, sondern in konjunkturellen Schwankungen vollzieht. Daher können nur einige Argumente angeführt werden, die für die eine oder andere These sprechen.

Die Aufkommenselastizität des Steuersystems hängt von der Progression des Steuertarifs, der Änderung der Besteuerungsmenge und der Änderung des Sozialprodukts ab[175]. Die Aufkommenselastizität von größer als eins ist im wesentlichen durch die Progression der Steuersätze bedingt. Es gilt daher zu fragen, bei welchen Einkommen die Progression am stärksten ist. Ohne auf nähere Einzelheiten eingehen zu wollen, kann doch davon ausgegangen werden, daß dies bei den mittleren Einkommensbeziehern der Fall ist. Da diese den größten Teil ihrer Ausgaben für den Konsum verwenden dürften, kann angenommen werden, daß die Konsumausgaben wegen des Progressionseffekts entsprechend reduziert werden. Diese Einkommensbezieher berücksichtigen also die steuerlich bedingte Mehrbelastung in ihren Ausgabeplänen. Diese These vertritt auch Timm und stimmt in dieser Beziehung mit dem Sachverständigenrat überein[176]. Die Wachstumsrate der privaten Investitionsausgaben, die nach Timm von der Konstanz des Steuersystems ausgeht, dürfte vom Progressionseffekt nur unwesentlich beeinflußt sein, da diejenigen, die investieren, sich bereits in der oberen Proportionalzone des Steuertarifs befinden.

Nach diesen kurzen Überlegungen spricht mehr für die Auffassung des Sachverständigenrats, daß der durch die mittelfristige Progression des Steuersystems bedingte Entzugseffekt zu einer Reduktion der privaten Ausgaben führen wird und durch ausgabe- und/oder steuerpolitische Maßnahmen zu kompensieren ist, soll die Konjunkturneutralität der Steuerpolitik gewahrt bleiben.

Die Ausschaltung des mittelfristigen Progressionseffekts begegnet in der Praxis allerdings einigen Schwierigkeiten. Die Reduktion der Steuersätze und/oder die zusätzliche Ausdehnung der Staatsausgaben kann nur von Zeit zu Zeit erfolgen. Damit wird aber gleichsam durch den Progressionseffekt zuerst eine Verringerung des Auslastungsgrads und damit Abweichung vom mittelfristigen Wachstumspfad verursacht. Werden dann die notwendigen Kompensationsmaßnahmen ergriffen, dann erfolgt wieder eine allmähliche Annäherung an die Zuwachsrate des Produktionspotentials, die allerdings nach einer gewissen Zeit durch den Progressionseffekt wieder überlagert wird.

---

[175] Vgl. *W. Albers*, Automatische Stabilisierungswirkung, in: H. C. Recktenwald (Hrsg.), Finanzpolitik, S. 286. Vgl. auch *F. Neumark*, Grundsätze gerechter und ökonomisch rationaler Steuerpolitik, S. 299 ff.

[176] Vgl. *H. Timm*, Der konjunkturneutrale öffentliche Haushalt, S. 396.

Die Forderung des Sachverständigenrats, daß die Steuerlastquote konstant sein muß, um eine konjunkturneutrale Steuerpolitik zu gewährleisten, gilt, dies haben die eben gemachten Ausführungen verdeutlicht, in mittelfristiger Sicht, bei der die Wachstumsraten des Sozialprodukts und des Produktionspotentials gleich sind. Da unter Berücksichtigung der konjunkturellen Entwicklung die beiden Zuwachsraten auseinanderfallen, gilt die Forderung einer Aufkommenselastizität von eins für diesen Fall offensichtlich nicht. Nimmt das Sozialprodukt einmal stärker und einmal weniger zu als das Produktionspotential, dann ist nach Auffassung des Sachverständigenrats den Steuereinnahmen, die sich bei gleichem Steuersystem ergeben, „ein unveränderter konjunktureller Effekt beizumessen“[177]. Dabei ist es irrelevant, ob sich die Steuereinnahmen über- oder unterproportional zur Zunahme des Sozialprodukts verändern.

Zur Begründung führt der Sachverständigenrat an, daß die stärkere Zunahme der Steuereinnahmen im Aufschwung lediglich das steuerliche Korrelat expansiver Ansprüche an das Produktionspotential im privaten Bereich sei[178]. Im Abschwung wird ein Steuerdefizit nicht schon als expansiv gewertet, wenn es sich nur um den Reflex des konjunkturellen Rückgangs handelt. Dahinter steht wohl die Auffassung, daß bei den Privaten die Ausgabenpläne von der konjunkturellen Entwicklung abhängig sind und diese durch größere Steuerzahlungen im Aufschwung und geringere Steuern im Abschwung nicht revidiert werden. Während also angenommen wird, daß der mittelfristige Progressionseffekt zu einer Revision der Ausgabenpläne im privaten Bereich führt, trifft dies nach Meinung des Sachverständigenrats beim konjunkturell bedingten Progressionseffekt der Steuereinnahmen nicht zu. Daher ist auch keine Kompensation des konjunkturell bedingten Progressionseffekts erforderlich.

In seinen empirischen Berechnungen hat der Sachverständigenrat jedoch keine Trennung zwischen den beiden Progressionseffekten vorgenommen, da dies bisher noch nicht möglich sei[179]. Die Veränderung der Steuerlastquote wurde, soweit sie nicht durch diskretionäre Maßnahmen verursacht ist, dem mittelfristigen Progressionseffekt zugerechnet. Je nach der Konjunkturlage wird daher die Progressionswirkung des Steuersystems über- oder unterschätzt. Die fehlende Trennung zwischen den beiden Progressionseffekten führt dazu, daß der positive konjunkturelle Effekt geringer bzw. der negative größer ist, als wenn die konjunkturell bedingte Progressionswirkung den konjunkturneutralen Steuereinnahmen zugerechnet wird. Damit beinhaltet

---

[177] Jahresgutachten 1970, Ziff. 338.
[178] Vgl. ebenda, Ziff. 339.
[179] Vgl. ebenda, Ziff. 341.

das konjunkturneutrale Haushaltsvolumen eine konjunkturelle Komponente. Bei Ausschaltung der konjunkturell bedingten Progressionswirkung würde z. B. ein expansiver konjunktureller Effekt höher sein als bei den Berechnungen des Sachverständigenrats. Allerdings sei die Bedeutung des kumulierten Progressionseffekts mehrerer Jahre gering[180].

Der Sachverständigenrat rechnet die durch die konjunkturellen Schwankungen verursachten Steuermehr- oder -mindereinnahmen dem konjunkturneutralen Haushaltsvolumen zu. Werden die Staatsausgaben mit der Wachstumsrate des Produktionspotentials und der entsprechenden Inflationsrate ausgedehnt, so erhöht sich im Abschwung ein Budgetdefizit, im Aufschwung verringert es sich. Nach Auffassung des Sachverständigenrats hat der mit den konjunkturellen Schwankungen variierende Budgetsaldo keine antizyklische Wirkung: „So werden Unternehmer nicht schon angeregt, unterlassene Investitionen nachzuholen, wenn der Staat die von ihm geplanten Ausgaben tätigt, ohne Rücksicht darauf, daß er wegen der unterlassenen privaten Investitionen Steuerausfälle hinzunehmen hatte[181].“ Die durch die „built-in-flexibility“ bewirkten automatischen Stabilisierungswirkungen werden also dem konjunkturneutralen Haushaltsvolumen zugerechnet. Damit trägt der Sachverständigenrat der Kritik an der Saldentheorie Rechnung.

Die Auffassung des Sachverständigenrats, daß ein mit den konjunkturellen Schwankungen sich verändernder Budgetsaldo als konjunkturneutral zu betrachten ist, trifft allerdings nur unter sehr restriktiven Prämissen zu. Eine Veränderung der Steuerstruktur sollte nicht eintreten, da ansonsten Multiplikatorwirkungen zu erwarten sind, die zu einer zusätzlichen oder verringerten Nachfrage von seiten der Privaten führen. Außerdem müssen die automatischen Effekte in der gleichen Periode wirksam werden. Wirken sie beispielsweise erst mit einer Verzögerung von einer Periode, so kann der Fall eintreten, daß das Budgetdefizit erst den konjunkturellen Verlauf beeinflußt, wenn bereits Voll- oder Überbeschäftigung vorherrscht. Dies kann wohl kaum mehr als konjunkturneutral bezeichnet werden. Die Wirkungsweise der automatischen Effekte muß in der Rezession und im Boom gleich sein, d. h., ein Budgetdefizit in der Unterbeschäftigungssituation ist hinsichtlich der konjunkturellen Wirkungen ebenso zu beurteilen wie ein gleich großer Überschuß im Boom.

Treffen die Prämissen des Sachverständigenrats zu? Das Problem der Veränderung der Steuerstruktur wurde bereits bei der Diskussion über

---

180 Vgl. ebenda, Fußnote 4.

181 Ebenda, Ziff. 339.

die Budgetstruktur und die Multiplikatorwirkung behandelt[182]. Dabei ergab sich, daß im Beobachtungszeitraum die Steuerstruktur relativ konstant war, die erste Prämisse also in etwa gültig ist.

Die Annahme, daß die Wirksamkeit der automatischen Effekte in derselben Periode eintritt, dürfte allerdings kaum zutreffen. So haben theoretische Untersuchungen zu der Schlußfolgerung geführt, daß bei Berücksichtigung eines Wirkungslags die automatischen Effekte der „built-in-flexibility“ destabilisierende Einflüsse haben können[183] und damit den Auslastungsgrad je nach Wirkungslag unterschiedlich beeinflussen. Empirische Überprüfungen dieses Problems sind allerdings bisher nicht versucht worden. Auch wird der konjunkturelle Einfluß der automatischen Effekte je nach Konjunkturphase unterschiedlich sein. So wird davon ausgegangen, daß er in Rezessionszeiten größer ist als in Boomphasen[184]. Dies erscheint plausibel, da die Wirkungsweise der automatischen Effekte in der Rezession den Zielen der Wirtschaftssubjekte nach einer Verbesserung ihrer Einkommensposition entspricht. Dagegen werden sie im Boom versuchen, Ausweichstrategien zu verfolgen, um eine relative Minderung ihrer Einkommensansprüche zu vermeiden.

Aber selbst wenn die Prämissen zutreffen sollten, sind die sich ergebenden Liquiditätseffekte vernachlässigt. So führt eine Verminderung des Steueraufkommens im konjunkturellen Abschwung dazu, daß sich das Budgetdefizit erhöht und damit die kurzfristige Verschuldung der öffentlichen Hand zunimmt. Die Liquiditätsausstattung der Banken und des privaten Publikums wird verbessert. Ob sich daraus Rückwirkungen auf den Auslastungsgrad ergeben, hängt von der Geldpolitik ab. Hier ist das grundsätzliche Problem angesprochen, ob die Schätzung der Fiskalwirkungen nur Nachfragewirkungen umfassen, oder ob die Liquiditätseffekte berücksichtigt werden sollten. Der Sachverständigenrat beschränkt sich auf die Analyse der Nachfrageeffekte. Die Liquiditätseffekte werden demnach in die Untersuchung über die geldpolitische Effizienz einbezogen.

Diese Beschränkung erscheint gerechtfertigt, da die Fiskalpolitik von ihrer Zielsetzung her primär auf die Einkommens- und Nachfrageeffekte und nicht auf die Liquiditätseffekte abstellt[185].

---

[182] Vgl. Abschnitt 4.5.

[183] *W. Albers*, Automatische Stabilisierungswirkung, S. 150 ff.

[184] Vgl. *F. Neumark*, Grundsätze gerechter und ökonomisch rationaler Steuerpolitik, S. 310.

[185] Vgl. *O. Gandenberger*, Zur Messung der konjunkturellen Wirkungen öffentlicher Haushalte, S. 23 f. Vgl. auch *O. Pfleiderer*, Transaktionen mit der Notenbank und mit Geschäftsbanken im System der antizyklischen Finanzpolitik, in: H. Haller u. a. (Hrsg.), Theorie und Praxis des finanzpolitischen Interventionismus, S. 528.

4.7.2 Die konjunkturneutrale Kreditaufnahme

Wie bei der Diskussion des Basisjahres gezeigt wurde, dient dessen Bestimmung dazu, die staatliche Verschuldungsquote zu bestimmen, die sich aus den Bedingungen der Gleichgewichtssituation ergibt[186]. Der Staat nimmt bei Vollbeschäftigung den Teil der privaten Ersparnis in Anspruch, an den sich die privaten Wirtschaftssubjekte gewöhnt haben.

Die längerfristige Kreditaufnahme ist nach Auffassung des Sachverständigenrats dann konjunkturneutral, wenn sie vom Basisjahr aus mit der gleichen Rate wächst wie das Sozialprodukt[187]. Bei konstanter Sparquote nimmt nach dieser Regel die öffentliche Hand einen gleichbleibenden Anteil der privaten Ersparnisse in Anspruch.

Bei einer trendmäßigen Veränderung der Sparquote kann die längerfristige Verschuldung variiert und entsprechend die Steuern gesenkt oder erhöht werden. Der öffentliche Haushalt bleibt dennoch konjunkturneutral[188]. Konjunkturell bedingte Veränderungen der Sparquote, z. B. eine Zunahme in Rezessionsphasen, geben dagegen Anlaß zu einer antizyklischen Fiskalpolitik.

Unter konjunkturpolitischen Gesichtspunkten ist die Frage nach den konjunkturellen Wirkungen von Bedeutung, wenn die tatsächliche von der konjunkturneutralen längerfristigen Kreditaufnahme abweicht. In diesem Fall führt die Verschuldung in Höhe der Differenz möglicherweise zu einem Entzugs- oder Expansionseffekt. Wird die Verschuldung über das von der Kreditregel vorgegebene Ausmaß hinaus erhöht, dann konkurriert der Staat mit den privaten Kreditnachfragern um das Sparangebot auf dem Kapitalmarkt. Da die öffentliche Hand bei ihren Kreditwünschen kaum Beschränkungen unterliegt, wird sie diese auch durchsetzen. Die Privaten werden daher ihre Kreditnachfrage und damit ihre Investitionen einschränken. Die zusätzliche staatliche Verschuldung ist in diesem Fall also mit einem Entzugseffekt verbunden.

Wegen der besonders großen Variabilität der Entzugseffekte der Schuldenaufnahme[189], die vor allem durch die Schuldenstruktur und die unterschiedliche Laufzeit der längerfristigen Schuldtitel bedingt ist, bereitet es erhebliche Schwierigkeiten, „bei Abweichung der tatsächlichen Staatsverschuldung von der konjunkturneutralen deren konjunkturellen Effekt zu ermitteln, so daß ein Vergleich mit den konjunkturellen Wirkungen der Steuereinnahmen kaum möglich ist“[190].

[186] Vgl. Abschnitt 4.4.1.

[187] Vgl. Jahresgutachten 1970, Ziff. 346.

[188] Vgl. ebenda. Vgl. auch *H. Haller*, Neue Motivation der Staatsverschuldung?, in: H. Haller, H. C. Recktenwald (Hrsg.), Finanz- und Geldpolitik im Umbruch, Mainz 1969, S. 310 ff.

[189] Vgl. *N. Andel*, Das Konzept des konjunkturneutralen Haushalts. S. 58.

[190] Jahresgutachten 1970, Ziff. 349.

Bei einer nichtneutralen langfristigen Schuldenpolitik des Staates wird der Geld- und Kapitalmarktzins nicht unbeeinflußt bleiben. Neben der „availability“ von Krediten ist also auch die Auswirkung auf den Zinssatz zu berücksichtigen[191]. In welchem Ausmaß die private Investitionsnachfrage beispielsweise durch eine Erhöhung der staatlichen Kreditquote zurückgedrängt wird, hängt einmal davon ab, wie stark der Zinssatz steigt und zum anderen von der Zinselastizität der Investitionsnachfrage[192].

Der Zinssatz wird nun aber von einer Vielzahl von Faktoren beeinflußt. Eine wesentliche Rolle spielen in diesem Zusammenhang die internationalen Kapitalbewegungen[193]. Da die internationalen Kapitalströme auf Zinsveränderungen relativ elastisch reagieren, kann die Situation eintreten, daß trotz einer Erhöhung der staatlichen Verschuldungsquote der Zinssatz sich kaum verändert und auch das Kapitalangebot insgesamt erhöht wird. Dadurch würde trotz der zusätzlichen Steigerung der Kreditaufnahme von seiten des Staates die private Investitionsnachfrage nicht tangiert. Die erhöhte Kreditquote hätte keinen Entzugseffekt. Genauso kann im umgekehrten Fall die Situation eintreten, daß eine stärkere Staatsverschuldung keine Kapitalimporte induziert. In diesem Fall würden sich ganz erhebliche Entzugseffekte ergeben. Außerdem hat auch die Kreditpolitik einen Einfluß darauf, ob das Kapitalangebot elastisch oder unelastisch ist.

Bei einer Verringerung der staatlichen Kreditquote ergeben sich dieselben Probleme mit umgekehrten Vorzeichen. So kann beispielsweise der Kapitalexport steigen, so daß das inländische Kapitalangebot und der Zinssatz unverändert bleiben und keine Anreize für eine stärkere Investitionsnachfrage ausgehen.

Wegen der eben skizzierten Schwierigkeiten, die konjunkturellen Wirkungen der staatlichen Nachfrage nach längerfristigen Krediten zu schätzen, „hat der Sachverständigenrat es bisher unterlassen, die öffentliche Schuldenpolitik vom Konzept des konjunkturneutralen Haushalts her zu beurteilen“[194]. Die empirischen Berechnungen des konjunkturellen Effekts enthalten deshalb nur die Wirkungen der Steuern, nicht dagegen die der Kreditaufnahme. Die Genauigkeit der Berechnungsergebnisse wird daher auch durch die Probleme beein-

---

[191] Vgl. *M. Feldsieper*, Der konjunkturneutrale Haushalt als neuer Maßstab zur Beurteilung der konjunkturellen Wirkungen öffentlicher Haushalte, S. 404.

[192] Auf die Bedeutung des Zinsniveaus hat auch Timm hingewiesen. Vgl. *H. Timm*, Der konjunkturneutrale öffentliche Haushalt, S. 398.

[193] Vgl. *N. Andel*, Das Konzept des konjunkturneutralen Haushalts, S. 58; *M. Feldsieper*, Der konjunkturneutrale Haushalt als neuer Maßstab zur Beurteilung der konjunkturellen Wirkungen öffentlicher Haushalte, S. 404.

[194] Jahresgutachten 1970, Ziff. 343.

trächtigt, die sich aus den Schätzschwierigkeiten für die konjunkturellen Wirkungen der öffentlichen Kreditaufnahme ergeben. Diese Aussage wird durch die folgende Tabelle erhärtet, in der die Veränderung der tatsächlichen und der konjunkturneutralen längerfristigen Kreditaufnahme des Staates erfaßt ist.

Tabelle 19

Die Veränderung der tatsächlichen (K_i) und der konjunkturneutralen (K_n) längerfristigen Kreditaufnahme der Gebietskörperschaften der BRD von 1966—71, in Mrd. DM

	66	67	68	69	70	71
K_ia)	7,0	8,3	10,7	8,7	9,3	14,3
K_n	7,5	7,6	8,3	9,3	10,5	11,5

a) Anleihen, verzinsliche Schatzanweisungen, Kredite von Banken und Sparkassen, Versicherungen (ohne Sozialversicherung) und Bausparkassen

Quelle: Jahresgutachten 1972, Tabelle 30.

Eine Vernachlässigung der konjunkturellen Wirkungen, die sich aus der Differenz zwischen der Veränderung der tatsächlichen und der konjunkturneutralen Kreditaufnahme ergibt, erscheint nach Tabelle 19 zumindest problematisch. So wird z. B. der vom Sachverständigenrat für 1971 errechnete konjunkturelle Effekt in Höhe von 12,9 Mrd. DM etwas vermindert, wenn man davon ausgeht, daß der größere Zuwachs der tatsächlichen langfristigen Verschuldung einen kontraktiven Effekt bewirkte. Hier wird allerdings auch das Schätzproblem ersichtlich. Wie hoch dieser Entzugseffekt anzusetzen ist, kann nach den bisherigen empirischen Kenntnissen nicht angegeben werden.

Die Verfahrensweise des Sachverständigenrats, die konjunkturellen Wirkungen der staatlichen Schuldenpolitik bei den Berechnungen des konjunkturellen Effekts nicht zu berücksichtigen, ist wegen des mangelnden empirischen Wissens verständlich. Allerdings sollte versucht werden, die Krediteffekte einzubeziehen. Eine Möglichkeit bestünde in einer Gewichtung der Differenz zwischen tatsächlicher und konjunkturneutraler Verschuldung. Dabei könnte auf die jeweiligen konjunkturellen Situationen, die Geldpolitik sowie die internationalen Bedingungen abgestellt werden. Dies würde bedeuten, daß z. B. 1968 wegen der expansiven Geldpolitik und der spekulativen Kapitalzuflüsse der Differenzbetrag mit Null anzusetzen wäre. Dagegen spricht 1971 wegen der erfolgten Freigabe des Wechselkurses und der restriktiven Geldpolitik mehr dafür, den Differenzbetrag mit einem Gewichtungsfaktor von eins anzusetzen.

Es soll nicht verkannt werden, daß bei einem solchen Verfahren Manipulationen nicht auszuschließen sind. Einmal dürften aber die

Ungenauigkeiten bei der bisherigen Berechnung des konjunkturellen Effekts vermindert werden. Andererseits besteht hiermit die Möglichkeit, das Konzept weiter zu verfeinern. Bei einer Einbeziehung der Krediteffekte wäre die (vereinfachte) Grundgleichung für die Berechnung des konjunkturellen Effekts wie folgt zu modifizieren:

$$KE = A_i - [A_n + (T_i - T_n) + (K_i - K_n)] \tag{22 b}$$

Der konjunkturelle Effekt umfaßt nach Gleichung (22 b) nicht nur die Differenz zwischen den tatsächlichen und den konjunkturneutralen Steuereinnahmen, sondern auch die Abweichung der tatsächlichen von der konjunkturneutralen längerfristigen Verschuldung.

Bisher wurde die Analyse der konjunkturneutralen Staatsverschuldung auf die längerfristige Kreditaufnahme abgestellt. Neben diesem „Übertragungskredit" kommt als zweite wesentliche Form der Staatsverschuldung die kurzfristige Kreditaufnahme, der „Schöpfungskredit"[195], in Frage. Wie ist die kurzfristige Verschuldung im Rahmen des Konzepts zu sehen? Da im konjunkturellen Gleichgewicht, der Vollbeschäftigungssituation des Basisjahres, nur eine längerfristige Verschuldung in Höhe der Differenz zwischen privater Ersparnis und Investition, bei Gleichheit von Export und Import, erfolgt, bildet die kurzfristige Verschuldung lediglich den Reflex der konjunkturellen Entwicklung. Sind die Wachstumsraten des Sozialprodukts und des Produktionspotentials verschieden, so ist die kurzfristige Verschuldung als Kompensation notwendig, um den geringeren Zuwachs der längerfristigen Kreditaufnahme auszugleichen. Damit treffen dieselben Aussagen, die bereits im Zusammenhang mit den konjunkturneutralen Steuereinnahmen über die kurzfristige Verschuldung gemacht wurden, auch für die konjunkturneutrale Kreditaufnahme zu.

Abschließend noch zu einem letzten Punkt. Während hier die kurzfristige Verschuldung als Reflex der konjunkturellen Entwicklung interpretiert wird, legen Timm[196] und Rahmann[197] eine konjunkturneutrale Regel auch für die kurzfristige Kreditaufnahme fest. Danach soll die Nettokreditaufnahme aus Geldschöpfung mit der Wachstumsrate des Produktionspotentials zunehmen[198], da sonst die Finanzierung der konjunkturneutralen Ausgaben nicht mehr gesichert ist.

---

[195] Vgl. *W. Wittmann*, Einführung in die Finanzwissenschaft, III. Teil: Öffentliche Schuld, öffentlicher Haushalt, Finanzausgleich, regionale Budgetwirkungen, kommunale Finanzen, öffentliche Unternehmen, Sozialversicherung, Stuttgart 1972, S. 18.

[196] Vgl. *H. Timm*, Der konjunkturneutrale öffentliche Haushalt, S. 398.

[197] Vgl. *B. Rahmann*, Grundlagen konjunkturbeeinflussender Haushaltspolitik, S. 55.

[198] Vgl. ebenda.

Diese Auffassung beruht auf einem Mißverständnis. Die Ursache für die mißverständliche Interpretation liegt darin, daß angenommen wird, im Basisjahr müßte ein Teil der Ausgaben durch Kredite aus Geldschöpfung gedeckt werden[199], soll der Haushalt konjunkturneutral sein. Dies trifft jedoch, wie gezeigt wurde, nicht zu. Das Basisjahr ist durch das Vorherrschen des konjunkturellen Gleichgewichts gekennzeichnet. Hier gibt es also keine kurzfristige Verschuldung. Daher bedarf es keiner Regel für die kurzfristige Kreditaufnahme. Die Argumentation steht nicht im Widerspruch dazu, daß es im Basisjahr 1966 eine kurzfristige Verschuldung von ca. 3 Mrd. DM gab. Dies ist darauf zurückzuführen, daß 1966 bereits von der beginnenden Rezession geprägt war und deshalb der tatsächliche unter dem der Vollbeschäftigung entsprechenden Auslastungsgrad lag.

4.7.3 Die sonstigen Einnahmen

Die sonstigen Einnahmen setzen sich aus einer Vielzahl von Einzelgrößen, wie Gebühren, Beiträgen, Mieten, Zinsen, Pachten etc. zusammen. Zur Berechnung der konjunkturneutralen Entwicklung der sonstigen Einnahmen müßte für jede Kategorie ein konjunkturneutraler Wert bestimmt werden[200]. Dies begegnet allerdings erheblichen Schwierigkeiten. Der Sachverständigenrat hat daher unterstellt, daß die sonstigen Einnahmen in jedem Jahr konjunkturneutral sind[201].

Solange der Sachverständigenrat sein Konzept nicht auf die einzelnen Gebietkörperschaften anwendet, wäre es zweckmäßiger, die Steuern und sonstigen Einnahmen zu einer einzigen Größe zusammenzufassen[202]. Einmal sind die sonstigen Einnahmen im Vergleich zu den Steuern zu unbedeutend, zum zweiten wird das Konzept dadurch unnötigerweise kompliziert.

4.7.4 Fazit

Die Bestimmung der Konjunkturneutralität auf der Einnahmenseite begegnet einigen Problemen. Bei der Diskussion der Steuereinnahmen zeigte sich, daß die Notwendigkeit, den mittelfristigen Progressionseffekt des Steuersystems auszugleichen, nicht eindeutig belegbar ist. Allerdings lassen sich einige Argumente anführen, die für die Auffassung des Sachverständigenrats sprechen. Ungelöst ist bisher auch das Problem, zwischen dem mittelfristigen und dem konjunkturell beding-

---

199 Vgl. ebenda, S. 54.

200 Vgl. Jahresgutachten 1970, Ziff. 353.

201 Vgl. ebenda.

202 Vgl. *O. Gandenberger*, Zur Messung der konjunkturellen Wirkungen öffentlicher Haushalte, S. 34 f.

ten Progressionseffekt zu trennen, da letzterer nicht eliminiert werden soll. Die Vernachlässigung der Multiplikatoreffekte aus einer Veränderung der Steuerstruktur ist für den Beobachtungszeitraum nicht problematisch, da keine größeren Verschiebungen festgestellt wurden.

Erhebliche Probleme bestehen bei einer Schätzung der konjunkturellen Wirkungen der längerfristigen Kreditaufnahme, die es bisher dem Sachverständigenrat unmöglich erscheinen ließen, diese bei der Berechnung des konjunkturellen Effekts zu berücksichtigen. Die Schwierigkeiten bestehen vor allem darin, den Einfluß der internationalen Kapitalströme auf das gesamte Kapitalangebot zu erfassen. Damit läßt sich auch nichts über die Entzugseffekte der staatlichen Kreditaufnahme und die Reaktion der privaten Investitionsnachfrage aussagen.

Weichen die Wachstumsraten des Produktionspotentials und des Sozialprodukts voneinander ab, so ist die daraus sich ergebende Differenz zwischen den Ausgaben und Einnahmen durch eine Vergrößerung oder Verringerung der kurzfristigen Verschuldung zu finanzieren. Der Haushalt ist dann immer noch konjunkturneutral. Vernachlässigt bleiben dabei aber die liquiditätspolitischen Wirkungen.

Wägt man die hier diskutierten Probleme ab, so müßte für eine genauere Berechnung des konjunkturellen Effekts versucht werden, die Kreditaufnahme zu berücksichtigen. Ein möglicher Weg bestünde darin, den konjunkturellen Effekt einmal nach dem Vorgehen des Sachverständigenrats, also ohne Einbeziehung der Kreditaufnahme, und in einer Alternativrechnung unter Berücksichtigung der Kreditaufnahme zu berechnen. Dabei könnte die Differenz zwischen der konjunkturneutralen und der tatsächlichen längerfristigen Verschuldung mit einem, je nach der Situation unterschiedlichen Gewichtungsfaktor angesetzt werden. Wirkt der so berechnete konjunkturelle Effekt in der gleichen Richtung wie ohne Einbeziehung der Kreditwirkungen, dann könnte zumindest über die Richtung der konjunkturellen Wirkungen des öffentlichen Haushalts eine besser abgesicherte Aussage gemacht werden.

4.8 Zwischenergebnis

In diesem Abschnitt wurden die Probleme diskutiert, die sich bei der empirischen „Auffüllung" der Bestimmungsfaktoren des konjunkturellen Effekts ergeben. Diese Probleme waren zum Teil primär für das Konzept des konjunkturneutralen Haushalts relevant, wie z. B. die Wahl des Basisjahres, teilweise stellen sie sich auch bei der empirischen „Auffüllung" der anderen, im ersten Kapitel diskutierten Budgetkonzepte. Es sei nur auf das Inflationsproblem und die Frage des Budgettyps verwiesen.

Zusammenfassend ist für die einzelnen Problembereiche folgendes festzustellen:

a) Der Sachverständigenrat verwendet für seine Berechnungen die Kassenrechnung des öffentlichen Haushalts. Vergleicht man diese Ergebnisse mit Berechnungen in der Abgrenzung der Volkswirtschaftlichen Gesamtrechnung und der Kassenbasis der Bundesbank, so zeigt sich, daß der konjunkturelle Effekt sowohl hinsichtlich der Höhe als auch teilweise der Richtung für den Beobachtungszeitraum erheblich voneinander abweicht, je nachdem, welchen Budgettyp man den Berechnungen zugrunde legt. Differenzen ergeben sich auch dann, wenn der konjunkturelle Effekt für den Staat insgesamt, also unter Einbeziehung der Sozialversicherung, oder nur für die Gebietskörperschaften, den öffentlichen Gesamthaushalt nach der Definition des Sachverständigenrats, bestimmt wird.

b) Den Bezugspunkt für das Konzept bildet die Entwicklung des Produktionspotentials. Obwohl der Sachverständigenrat den konjunkturneutralen Haushalt mittelfristig konzipiert, legt er seinen empirischen Berechnungen eine Schätzung des Produktionspotentials zugrunde, das von der konjunkturellen Entwicklung beeinflußt wird. Damit ist gleichsam ein „automatischer Stabilisator" eingeführt, da das konjunkturneutrale Haushaltsvolumen wegen der Ausgabenregel mit der konjunkturellen Entwicklung schwankt. Ein grundsätzliches Problem bilden die noch immer ungelösten Schätzschwierigkeiten des Produktionspotentials.

c) Eine conditio sine qua non für die Bestimmung des konjunkturneutralen Haushalts stellt die Wahl eines Basisjahres dar. Bisher sind keine eindeutigen Kriterien für die staatliche Ausgabenquote, die längerfristige Verschuldungs- oder Steuerquote und den Auslastungsgrad vorhanden, die im Basisjahr gegeben sein sollen. Damit ist aber auch das in der Realität zu bestimmende Basisjahr nicht eindeutig festzulegen. Die Analyse zeigte, daß, je nachdem, welches Basisjahr man zugrunde legt, die Berechnungsergebnisse für den konjunkturellen Effekt erheblich differieren.

d) Die Gültigkeit der Berechnungen impliziert die Konstanz der Budgetstruktur. Für den hier zugrunde liegenden Beobachtungszeitraum traf diese Prämisse annähernd zu. Daher ist eine Beschränkung auf die Multiplikandenanalyse zu akzeptieren.

e) Um dem Preisproblem Rechnung zu tragen, werden nur die konjunkturneutralen Preisniveauerhöhungen berücksichtigt. Die Diskussion ergab, daß die Kriterien für die Bestimmung der Konjunkturneutralität des Preisniveaus nicht eindeutig festzulegen sind. Damit ergeben sich interessenbedingte Manipulationsmöglichkeiten. Wird die allokatve Zielsetzung des Konzepts konsequent verfolgt, dann müßte die Veränderung der Preisstruktur im staatlichen Sektor berücksichtigt werden.

f) Auf der Einnahmenseite des Budgets ist das Problem der konjunkturellen Wirkungen der staatlichen Kreditaufnahme ungelöst. Zwar sprechen gute Gründe für die Vorgehensweise des Sachverständigenrats, die Effekte der öffentlichen Verschuldung wegen der Schwierigkeiten ihrer Erfassung in den Berechnungen des konjunkturellen Effekts nicht zu berücksichtigen. Allerdings muß man sich darüber im klaren sein, daß damit eine Beurteilung der Fiskalpolitik anhand der Berechnungsergebnisse des Sachverständigenrats mit einem Unsicherheitsfaktor belastet ist.

Um die empirische Absicherung der Berechnungen zu verbessern, sind hier zu den einzelnen Problembereichen einige Verbesserungsvorschläge unterbreitet worden. Diese bezogen sich auf folgende Aspekte:

a) Unter der Zielsetzung des Sachverständigenrats, die Nachfrageeffekte des öffentlichen Haushalts zu erfassen, erscheint die Volkswirtschaftliche Gesamtrechnung geeigneter als die Kassenrechnung.

b) Beim Produktionspotential sollte die mittelfristige Orientierung konsequent verfolgt werden. Dabei könnte entweder ein Glättungsverfahren oder ein anderer Ansatz zur Schätzung des Potentials verwandt werden. Außerdem wurde die Möglichkeit angesprochen, einen Korridor zu bilden, innerhalb dessen die Fiskalpolitik als konjunkturneutral betrachtet wird.

c) Da die Probleme des Basisjahres nicht zu lösen sind, sollte auf den Vorjahresvergleich abgestellt und die Konjunkturneutralität entsprechend uminterpretiert werden.

d) Bei der Frage nach einer Multiplikanden- oder Multiplikatorrechnung wurde vorgeschlagen, das Konzept in Richtung einer gewichteten Multiplikandenanalyse zu verfeinern.

e) Das Inflationsproblem würde dadurch etwas abgemildert, wenn auf die offiziellen Prognosen über die intendierte Preisniveauerhöhung abgestellt würde.

f) Bei der längerfristigen Kreditaufnahme wurde dafür plädiert, ebenso wie bei der Multiplikandenanalyse eine Gewichtung des Differenzbetrags zwischen tatsächlicher und konjunkturneutraler Verschuldung nach dem Primäreffekt durchzuführen.

Versucht man diese Verbesserungsvorschläge auf dem Hintergrund der bisherigen Erörterungen abzuwägen, so scheint eine zutreffendere Erfassung der Fiskalwirkungen möglich zu sein. Es soll aber nicht verkannt werden, daß noch beträchtliche empirische Probleme verbleiben, die die Aussagefähigkeit über die in praxi verfolgte Fiskalpolitik auch bei Berücksichtigung dieser Vorschläge weiterhin beschränken.

Aus der kritischen Diskussion des Konzepts des konjunkturneutralen Haushalts kann abschließend nur die Schlußfolgerung gezogen werden, daß die auf der Grundlage des Konzepts durchgeführten Berechnungen zu grob und zu ungenau sind, als daß damit die Fiskalpolitik auch nur einigermaßen zutreffend beurteilt werden kann und Leitlinien für ein stabilitätsgerechtes Verhalten der öffentlichen Hand abzuleiten sind. Die Urteile, die der Sachverständigenrat über die Fiskalpolitik in der Bundesrepublik für den Zeitraum von 1966 bis 1971 bisher gefällt hat, können nur eine sehr beschränkte Gültigkeit beanspruchen.

5. Der konjunkturneutrale Haushalt als Instrument der Fiskalpolitik

Die Stabilisierungskonzeption des Sachverständigenrats wurde als halbautomatischer Regelmechanismus klassifiziert. Sie ist grundsätzlich mittelfristig ausgerichtet, schließt aber antizyklische Maßnahmen nicht aus. Im Bereich der Fiskalpolitik entspricht das Konzept des konjunkturneutralen Haushalts mit der Orientierungs- und Maßstabsfunktion diesem stabilitätspolitischen Ansatz.

In der gegenwärtigen wirtschaftspolitischen Diskussion stehen im wesentlichen zwei stabilitätspolitische Strategien im Widerstreit. Die Konzeption der diskretionären Wirtschaftspolitik konkurriert mit der Idee eines regelgebundenen Verhaltens[203]. Beide Ansätze nehmen für sich in Anspruch, einen größeren Erfolg bei der Stabilisierung der konjunkturellen Schwankungen zu erzielen. Hier soll nicht auf das Pro und Contra für die eine oder andere Strategie eingegangen werden[204].

Die folgenden Überlegungen richten sich vielmehr darauf, wie der konjunkturneutrale Haushalt auf dem Hintergrund der kritischen Dis-

[203] Nach Brunner besteht nicht die Wahl zwischen diskretionärer und regelgebundener Wirtschaftspolitik, sondern im Grunde nur die Wahl zwischen verschiedenen Regelverfahren. Vgl. den Diskussionsbeitrag von K. Brunner, in: Bergedorfer Gesprächskreis, Globalsteuerung der Wirtschaft — Illusion oder Wirklichkeit?, Protokoll Nr. 39, 1971, S. 48.

[204] Vgl. hierzu *F. Neumark*, Ermessensfreiheit oder Automatismus?; *H. Besters*, Stabilitätspolitik muß nicht weh tun, „Wirtschaftswoche", Nr. 48 vom 27. 11. 1970, S. 76 ff.; *M. Friedman*, A Monetary and Fiscal Framework for Economic Stability, „American Economic Review", Bd. 38 (1948), S. 245 ff.; *Wissenschaftlicher Beirat* beim Bundeswirtschaftsministerium, Regelmechanismen und regelgebundenes Verhalten in der Wirtschaftspolitik.

kussion als fiskalpolitisches Instrument zu beurteilen ist. Dabei sind die Möglichkeiten der diskretionären Fiskalpolitik auf der Grundlage dieses Konzepts sowie die Anwendung im Rahmen einer regelgebundenen Stabilisierungsstrategie zu analysieren. Abschließend wird kurz auf die Konsequenzen für die gesamte Stabilisierungskonzeption des Sachverständigenrats eingegangen.

5.1 Antizyklische Fiskalpolitik und konjunkturneutraler Haushalt

Bei seiner konkreten Beratertätigkeit beurteilt der Sachverständigenrat die fiskalpolitische Effizienz anhand des konjunkturneutralen Haushalts. Damit wendet er sich gegen die bisher in der Praxis verwendeten Budgetkonzepte, die Saldentheorie und den Vergleich der Steigerungsraten der Staatsausgaben und des Sozialprodukts.

Diese beiden Konzepte beinhalten eine konjunkturelle Komponente und können deshalb zu einer Fehlbeurteilung des fiskalpolitischen Stabilisierungsbeitrags führen und ein prozyklisches Verhalten der öffentlichen Hand verursachen. So kann beispielsweise die Situation eintreten, daß eine antizyklische, stabilitätsadäquate Fiskalpolitik indiziert wird, während sie in Wirklichkeit prozyklisch gewirkt hat.

Eine auf dem Konzept des konjunkturneutralen Haushalts basierende Fiskalpolitik vermeidet diese Schwächen. Mit der Orientierung an der Entwicklung des Produktionspotentials wird der konjunkturelle Einfluß beim Vergleich zwischen den Steigerungsraten der Ausgaben und des Sozialprodukts auszuschalten versucht, da, wie betont wurde, davon ausgegangen wird, daß das Produktionspotential durch konjunkturelle Schwankungen weniger beeinflußt wird. Auch gegenüber der Saldentheorie weist das Konzept den Vorzug auf, den konjunkturellen Einfluß auf den Budgetsaldo zu eliminieren. Insofern bildet das Konzept des Sachverständigenrats eine bessere konzeptionelle Grundlage für die diskretionäre Fiskalpolitik.

Zur Beurteilung der in praxi betriebenen Fiskalpolitik stellt der Sachverständigenrat auf den für die einzelnen Jahre errechneten konjunkturellen Effekt ab. Ob dieser stabilisierend oder destabilisierend gewirkt hat, läßt sich auf dieser Kennziffer nicht ablesen. Zu diesem Zweck muß auf die allgemeine konjunkturelle Situation abgestellt werden.

Tabelle 20 illustriert, wie die fiskalpolitische Effizienz auf dem Hintergrund einiger ausgewählter Indikatoren, die üblicherweise zur Kennzeichnung der konjunkturellen Situation verwandt werden, anhand des konjunkturellen Effekts beurteilt wird.

Tabelle 20

Konjunktureller Effekt (in Mrd. DM) und konjunkturelle Situation (Veränderungsraten) in der BRD, 1966—71

	66	67	68	69	70	71
KE_{SVR}	—	0,1	– 0,3	– 4,7	6,7	9,1
$w^r{}_Y$	2,9	– 0,2	7,3	8,2	5,8	2,7
p_Y	3,7	1,1	1,6	3,5	7,1	7,8
p_n	—	2,0	2,0	2,5	3,5	3,5

$w^r{}_Y$ = jährliche Wachstumsrate des realen Sozialprodukts
p_Y = jährliche Preissteigerungsrate des Sozialprodukts
p_n = konjunkturneutrale Preisniveauerhöhung pro Jahr

Quelle: Jahresgutachten 1972, Tabelle 28, 63 und 92.

Wie ist nach Tabelle 20 die stabilitätspolitische Wirksamkeit der Fiskalpolitik zu beurteilen? In den Jahren 1967 und 1968 hat die öffentliche Hand annähernd konjunkturneutral gewirkt und nicht zur Überwindung der Rezession beigetragen. Der kontraktive Effekt von 1969 hat stabilisierend gewirkt, da die Wachstumsrate des realen Sozialprodukts über das mittelfristig angestrebte Maß von 4—4½ Prozent hinausging und die Inflationsrate bereits zunahm. 1970 hat die Fiskalpolitik prozyklisch gewirkt. Schwieriger ist die Wirkung im Jahr 1971 zu interpretieren. Bezogen auf die Erhöhung des Preisniveaus ist ein prozyklisches Verhalten zu konstatieren. Stellt man dagegen auf die Zunahme des Sozialprodukts ab, so war der expansive Effekt der Situation angemessen. Ob das Budget nun stabilisierend oder destabilisierend gewirkt hat, kann aber nicht mehr eindeutig festgestellt werden. Hier ergibt sich bereits eine erste Beschränkung.

Bei rückläufiger gesamtwirtschaftlicher Produktion und sich beschleunigender Inflation, wie sie in den letzten Jahren zu beobachten waren, kann mit der Kennziffer des konjunkturellen Effekts kein eindeutiges Urteil mehr über das pro- oder antizyklische Verhalten des Staates abgegeben werden.

Welche Konsequenzen ergeben sich für die Beurteilung der Fiskalpolitik anhand des konjunkturneutralen Haushalts, wenn die kritischen Einwände, die gegen das Konzept angeführt wurden, berücksichtigt werden? Die Gültigkeit der Aussagen des Sachverständigenrats über die praktische Fiskalpolitik wird durch den Mangel an eindeutigen Kriterien und die Schätzschwierigkeiten erheblich vermindert.

Dies soll kurz anhand eines Beispiels illustriert werden. In Tabelle 21 werden der Berechnung des Sachverständigenrats zwei Ergebnisse gegenübergestellt, die sich bei Berücksichtigung der tatsächlichen Preisniveauerhöhung und nach der Berechnung von BHJL ergeben.

Tabelle 21

Vergleich unterschiedlicher Berechnungen des konjunkturellen Effekts für die BRD (in Mrd. DM), 1966—71

	66	67	68	69	70	71
KE_{SVR}	—	0,1	– 0,3	– 4,7	6,7	9,1
KE_P	—	1,5	0,6	– 6,3	0,2	0,6
KE_{BHJL}	—	– 1,9	4,1	2,0	13,8	8,7

KE_P = konjunktureller Effekt bei tatsächlicher Erhöhung des Preisniveaus

KE_{BHJL} = konjunktureller Effekt auf der Grundlage der Volkswirtschaftlichen Gesamtrechnung für den gesamten öffentlichen Sektor, Basisjahr 1966, Multiplikandenanalyse

Quelle: Jahresgutachten 1972, Tabelle 28, BHJL, Measuring the Demand Effects of Fiscal Policy, Tabelle 6, S. 240; eigene Berechnungen.

Die Urteile über die Effizienz der Fiskalpolitik in dem Beobachtungszeitraum differieren ganz erheblich voneinander, wenn auf die verschiedenen Berechnungen abgestellt wird. Sie weichen nicht nur hinsichtlich der Höhe, sondern auch hinsichtlich der Richtung teilweise voneinander ab. So kann z. B. 1967 der Fiskalpolitik ein stabilisierendes und destabilisierendes Verhalten bescheinigt werden.

Diese Probleme werden auch dann nicht umgangen, wenn man auf die kardinale Messung verzichtet und etwa dem Vorbild des Konjunkturindikators folgend ein Skalenniveau festgelegt wird, an dem abgelesen werden kann, ob das Budget „mäßig" oder „stark" expansiv gewirkt hat[205]. Die Beispiele in Tabelle 21 verdeutlichen, daß auch bei diesem reduzierten Meßanspruch die Urteile z. B. zwischen „gemäßigt" expansiv und „gemäßigt" kontraktiv schwanken können. Die Grundlage für eine diskretionäre Fiskalpolitik wird damit nicht wesentlich verbessert.

Während der konjunkturneutrale Haushalt als Konzept gegenüber den bisher gebräuchlichen Budgetkonzepten Vorzüge aufweist, wird die praktische Verwendbarkeit des Konzepts als Grundlage einer antizyklischen Fiskalpolitik durch die empirischen Probleme beschränkt.

Die sonstigen Probleme einer diskretionären Politik, so vor allem die lag-Problematik im institutionellen Bereich und die Wirkungsverzögerungen der Maßnahmen, bleiben auch beim Konzept des Sachverständigenrats bestehen.

Insgesamt kann festgehalten werden, daß der konjunkturneutrale Haushalt wegen der empirischen Probleme ein zu grobes Instrument

---

[205] Vgl. *O. Gandenberger*, Zur Messung der konjunkturellen Wirkungen öffentlicher Haushalte, S. 22.

darstellt, um die Bedingungen für eine diskretionäre Fiskalpolitik wesentlich zu verbessern[206].

In dieselbe Richtung zielt die Kritik von Krause-Junk, daß die praktische Konjunkturpolitik ex-ante und erst recht nicht ex-post der Bestimmung des konjunkturneutralen Haushalts bedarf. Für die Konjunkturpolitik sei allein wichtig, daß man die konjunkturellen Wirkungen bestimmter Veränderungen der Instrumentvariablen kennt und auch über die sonstigen Voraussetzungen einer antizyklischen Fiskalpolitik, wie z. B. ein feinfühliges Diagnosesystem verfüge[207]. Da auch bei Verwendung des konjunkturneutralen Haushalts diese Voraussetzungen gegeben sein müssen, bedarf die Berechnung des konjunkturneutralen Haushaltsvolumens zusätzlicher Informationen, die, wie gezeigt wurde, nur sehr schwer zu gewinnen sind.

5.2 Der konjunkturgerechte Haushalt

Um die anti- oder prozyklischen Wirkungen des öffentlichen Haushalts an einer Kennziffer ablesen zu können, ist das Konzept des Sachverständigenrats in Richtung eines konjunkturgerechten Haushalts weiterentwickelt worden[208]. Dabei wird entsprechend den Ansätzen über die Erfassung der Konjunkturgerechtigkeit versucht, den Stabilitätsbeitrag der Fiskalpolitik zur Schließung der Lücke zwischen dem tatsächlichen und dem potentiellen Sozialprodukt zu schätzen.

Die Zielbezogenheit wird erreicht, indem der auf der Grundlage des konjunkturneutralen Haushalts berechnete konjunkturelle Effekt auf den konjunkturellen Effekt bezogen wird, der erforderlich ist, um die Nachfragelücke zu schließen[209]. Dabei ist auf die Multiplikatoranalyse abzustellen, da es ansonsten notwendig wäre, bei einer Lücke, wie sie z. B. 1967 in der Größenordnung von 30—40 Mrd. DM festgestellt wurde, den öffentlichen Haushalt in derselben Größenordnung expansiv anzulegen, um Vollbeschäftigung zu erreichen.

Der Beitrag des Staates zur Zielerreichung errechnet sich beim konjunkturgerechten Haushalt aus folgender Gleichung:

$$z = \frac{KE}{Y_v - (Y - KE)} \cdot 100 \qquad (24)$$

---

[206] Vgl. *G. Krause-Junk*, Probleme des konjunkturneutralen Haushalts, „WIST", 2. Jhrg. (1972), S. 487.

[207] Vgl. ebenda.

[208] Vgl. BHJL, Zu den konjunkturellen Wirkungen der Haushaltspolitik, S. 142.

[209] Vgl. ebenda.

Im Zähler von Gleichung (24) steht der für das jeweilige Jahr errechnete konjunkturelle Effekt. Im Nenner wird der zur Gewährleistung der Vollbeschäftigungssituation notwendige konjunkturelle Effekt aus der Differenz zwischen dem Sozialprodukt bei Vollbeschäftigung (Y_v) und dem Sozialprodukt bestimmt, das sich ohne den Einfluß des tatsächlichen konjunkturellen Effekts ergeben hätte. Zu diesem Zweck wird aus dem jeweiligen Sozialprodukt der tatsächlich errechnete konjunkturelle Effekt eliminiert.

Die Bestimmung des fiskalpolitischen Stabilitätsbeitrags auf der Grundlage des konjunkturgerechten Haushalts entspricht methodisch der Vorgehensweise von Musgrave und Snyder. Musgrave berechnet die Stabilisierungswirkung aus dem Quotienten des tatsächlichen finanzpolitischen Hebels und dem finanzpolitischen Hebel, der notwendig ist, um die Lücke zwischen dem Vollbeschäftigungseinkommen und dem tatsächlichen Volkseinkommen zu schließen[210]. Snyder verfährt in der gleichen Weise. Die Budgeteffekte werden allerdings unterschiedlich ermittelt[211].

Zur Interpretation der Werte von z ist die Kenntnis der tatsächlichen konjunkturellen Situation als zusätzliche Information notwendig[212]. Zwar gibt z an, ob die Fiskalpolitik stabilisierend oder destabilisierend gewirkt hat. Aus dem Wert selbst kann aber nicht abgelesen werden, ob die stabilisierende oder destabilisierende Wirkung bei Unter- oder Überauslastung des Produktionspotentials eintritt.

Die Werte von z sind wie folgt zu interpretieren[213]:

— Liegt z zwischen 0 und 100, so hat die Fiskalpolitik stabilisierend gewirkt, es wurde eine antizyklische Haushaltspolitik betrieben. Je näher z bei 100 liegt, desto vollkommener gelang die fiskalpolitische Stabilisierung. Bei einem Wert von 100 wurde die Lücke zwischen dem Vollbeschäftigungseinkommen und dem Einkommen „ohne Staat" durch die Haushaltspolitik gerade ausgeglichen. Je näher z bei Null liegt, desto geringer war der fiskalpolitische Einfluß auf die stabilitätspolitische Zielvariable.

— Negative Werte von z indizieren ein prozyklisches Verhalten der öffentlichen Hand. Eine bereits bestehende Überauslastung des Produktionspotentials wird durch die Fiskalpolitik verschärft. Bei

---

[210] Vgl. *R. A. Musgrave*, On Measuring Fiscal Performance, S. 216 ff. Vgl. auch in dieser Arbeit Kapitel I, 6.3.

[211] Vgl. *W. W. Snyder*, Measuring Economic Stabilization: 1955—65, S. 930. Vgl. auch Kapitel I, 7.3.

[212] Vgl. BHJL, Zu den konjunkturellen Wirkungen der Haushaltspolitik, S. 143.

[213] Vgl. BHJL, Measuring the Demand Effects of Fiscal Policy, S. 231.

einer Unterauslastung wirkt der Haushalt noch zusätzlich kontraktiv.

— Ist z größer als 100, dann hat das fiskalpolitische Verhalten des Staates bewirkt, daß eine Unterauslastung in eine Überauslastung oder eine Überauslastung in eine Unterauslastung des Produktionspotentials übergeht.

Das Konzept des konjunkturgerechten Haushalts stellt gegenüber dem konjunkturneutralen Haushalt konzeptionell insofern eine Erweiterung dar, als der Stabilitätsbeitrag der Fiskalpolitik zur Erreichung der konjunkturpolitischen Zielsetzung anhand einer Kennziffer geschätzt wird. Damit ist für die ex-post-Beurteilung der Fiskalpolitik ein Maß für die Konjunkturgerechtigkeit gegeben. In der ex-ante-Betrachtung dient der konjunkturgerechte Haushalt als eine Norm für die Fiskalpolitik.

Da der konjunkturelle Effekt des öffentlichen Haushalts auf der Grundlage des konjunkturneutralen Haushalts berechnet wird, sind beim Konzept des gerechten Haushalts dieselben empirischen Probleme vorhanden, die im letzten Punkt für den konjunkturneutralen Haushalt herausgearbeitet wurden. Je nachdem, welche Annahmen man über den Budgettyp, Ausgaben- und Steuerquote im Basisjahr, Auslastungsgrad, Multiplikatorrechnung, Schätzung des Produktionspotentials, konjunkturneutrale Erhöhung des Preisniveaus und die Berücksichtigung der Staatsverschuldung macht, ergeben sich erhebliche Unterschiede in den Berechnungsergebnissen für das konjunkturneutrale Haushaltsvolumen und den konjunkturellen Effekt. Damit variiert aber auch z, der Stabilisierungsbeitrag der Fiskalpolitik, in beträchtlichem Ausmaß. Die Verwendbarkeit des konjunkturgerechten Haushalts wird dadurch beschränkt.

Zur Illustration der eben gemachten Ausführungen werden beispielhaft zwei Berechnungen von z einander gegenübergestellt. Sie wurden von BHJL durchgeführt und geben den Stabilitätsbeitrag an, der sich beim Basisjahr 1966 (Beispiel 1) und beim Basisjahr 1960 (Beispiel 2) ergibt.

Tabelle 22

Der fiskalpolitische Stabilitätsbeitrag in der BRD zwischen 1967 und 1971

	67	68	69	70	71
Beispiel 1	– 16	17	906	– 156	– 502
Beispiel 2	33	62	132	316	211

Quelle: BHJL, Measuring the Demand Effects of Fiscal Policy, Tabelle 5, S. 239 und Tabelle 7, S. 241.

Die beiden Beispiele in Tabelle 22 erhärten die oben gemachten Ausführungen. Es ergeben sich teilweise recht beträchtliche Unterschiede in der Beurteilung der Fiskalpolitik für den Beobachtungszeitraum. Am eklatantesten ist die Diskrepanz im Jahr 1971. Während in Beispiel 1 der öffentliche Sektor prozyklisch gewirkt hat, führt nach Beispiel 2 das Budget dazu, daß eine bestehende Überauslastung in eine Unterauslastung überging.

Die Bestimmung des fiskalpolitischen Stabilitätsbeitrags ist einer weiteren Einschränkung unterworfen. In Gleichung (24) wird der zur Gewährleistung der Vollbeschäftigungssituation notwendige konjunkturelle Effekt aus der Lücke zwischen Vollbeschäftigungseinkommen und dem tatsächlichen Sozialprodukt, bereinigt um den konjunkturellen Effekt, bestimmt. Die Höhe des tatsächlichen Sozialprodukts ist aber auch von anderen wirtschaftspolitischen Maßnahmen, wie z. B. der Geld- und Kreditpolitik, wesentlich beeinflußt. Der Erfolg oder Mißerfolg der sonstigen wirtschaftspolitischen Maßnahmen wird also der Fiskalpolitik zugerechnet, obwohl diese möglicherweise bedeutend stärker stabilisierend oder destabilisierend gewirkt hat. Hier stellt sich also dasselbe Problem wie beim Konzept der potentiellen Stabilisierung[214].

Insgesamt ist daher zu urteilen, daß durch die Entwicklung des konjunkturgerechten Haushalts eine Verbesserung der Erfolgsbedingungen für die diskretionäre Fiskalpolitik nicht erreicht wird.

5.3 Der konjunkturelle Haushalt als Instrument einer potentialorientierten Regelbindung

Die Strategie des Sachverständigenrats ist potentialorientiert. In diesem Abschnitt sind auf dem Hintergrund der kritischen Analyse die Möglichkeiten des konjunkturneutralen Haushalts im Rahmen der mittelfristigen Konzeption zu diskutieren und die Konsequenzen für die Potentialstrategie zu ziehen.

Die Potentialorientierung der Fiskalpolitik beinhaltet eine mittelfristige Regelbindung des staatlichen Verhaltens[215]. Damit sollen die

---

[214] Vgl. W. W. *Snyder*, Measuring Economic Stabilization: 1955—65, S. 926 f. Vgl. auch die Ausführungen zum Konzept der potentiellen Stabilisierung, Kapitel I, 7.3.

[215] Zur Problematik der Regelmechanismen vgl. den *Wissenschaftlichen Beirat* beim Bundeswirtschaftsministerium, Regelmechanismen und regelgebundenes Verhalten in der Wirtschaftspolitik; *M. Schäfer*, Konjunkturpolitik nach dem Stabilitätsgesetz oder regelgebundene Konjunkturpolitik, in: Tagungsbeiträge der politischen Akademie Eichholz der Konrad-Adenauer-Stiftung, 4/1971, S. 1 ff.; *H. J. Barth*, Bessere Stabilisierungspolitik durch Regelmechanismen oder regelgebundenes Verhalten?, in: B. Gahlen, H. K. Schneider (Hrsg.), Grundfragen der Stabilitätspolitik, Tübingen 1974, S. 147 ff.

Probleme der diskretionären Politik, vor allem die lag-Problematik, und das daraus folgende prozyklische Verhalten der öffentlichen Hand vermieden werden. Von einer trendorientierten Regelbindung wird erwartet, daß sie unmittelbar verstetigend wirkt und durch „Verstetigung der Erwartungsbildung anderer öffentlicher und privater Wirtschaftssubjekte noch weitere Verstetigungen des Handelns auslösen würde“[216].

Das Konzept des konjunkturneutralen Haushalts ist an der Zielsetzung der mittelfristigen Verstetigungsstrategie ausgerichtet[217]. Mit der Ausgaben-, Einnahmen-, Haushalts- und Preisregel beinhaltet es die Grundsätze für ein mittelfristig-potentialorientiertes Verhalten im Bereich der Fiskalpolitik. Prima facie ist der konjunkturneutrale Haushalt ein Instrument par excellence für ein potentialorientiertes, fiskalpolitisches Verhalten.

Hinzu kommt in konzeptioneller Hinsicht noch ein weiterer Vorzug. Mit der Wirkungsweise der automatischen Stabilisatoren, die sich aus der Ausgaben- und Einnahmenregel ergibt, werden die bei einer Potentialorientierung verbleibenden konjunkturellen Schwankungen gedämpft. So erhöht sich beispielsweise bei Unterbeschäftigung das Budgetdefizit automatisch und wirkt dadurch stabilisierend.

Aus der Wirkungsweise der automatischen Stabilisierung ist abgeleitet worden, daß der konjunkturneutrale Haushalt nicht konjunkturneutral, sondern antizyklisch wirke[218]. Dies trifft nicht zu. Der Sachverständigenrat betrachtet die konjunkturell bedingte Verringerung oder Vergrößerung des Budgetdefizits als konjunkturneutral. Antizyklische Fiskalpolitik ist erst bei einer Variation der staatlichen Aktionsparameter gegeben.

Wie ist die Verwendbarkeit des Konzepts als Instrument einer mittelfristigen Regelbindung auf dem Hintergrund der in dieser Arbeit erfolgten, immanenten Kritik zu beurteilen? Auf diese Frage ist nun näher einzugehen.

Die Potentialorientierung erfordert die Kenntnis über die Entwicklung des Produktionspotentials. Während bereits die Schätzung des Potentials für die Vergangenheit erhebliche Schwierigkeiten bereitet, werden diese bei Abschätzung der zukünftigen Produktionsmöglichkeiten noch größer. Wie sich das Produktionspotential in den nächsten vier oder fünf Jahren entwickeln wird, kann nach dem bisherigen Wissensstand auch nicht annähernd angegeben werden.

---

216 *Wissenschaftlicher Beirat*, Regelmechanismen und regelgebundenes Verhalten in der Wirtschaftspolitik, Ziff. V.6.

217 Vgl. Jahresgutachten 1967, Ziff. 184 und 1969, Ziff. 270.

218 Vgl. *B. Rahmann*, *B. Rürup*, Der konjunkturneutrale Haushalt als Instrument der Regelbindung, „Konjunkturpolitik“, 18. Jhrg. (1972), S. 269 f.

Neben der realen muß auch die künftige nominale Entwicklung bekannt sein. Die Erfahrungen mit den Konjunkturzyklen in der Bundesrepublik stützen die These, daß weder die durchschnittliche Preissteigerungsrate über die Zyklen gleich ist, noch angegeben werden kann, wie hoch sie für einen Zyklus sein wird. Damit sind aber Anpassungen der Haushaltsentwicklung an die sich verändernden Inflationsraten erforderlich. Dies wird durch die Schätzungen der konjunkturneutralen Preisniveauerhöhung zwischen 1966 und 1971 bestätigt, wo die Schwankung zwischen 2,0 und 3,5 Prozent liegt. Durch die Notwendigkeit, wegen der mangelnden Kenntnis der realen und nominalen Entwicklung, Anpassungen für den öffentlichen Haushalt vorzunehmen, wird aber der wesentliche Vorzug, der einer Potentialorientierung zugeschrieben wird, die Verstetigung der wirtschaftlichen Entwicklung, in Frage gestellt.

Dies bestätigt die folgende Tabelle, in der die Veränderungsraten des konjunkturneutralen Haushaltsvolumens nach den Berechnungen des Sachverständigenrats und von BHJL den Steigerungsraten der tatsächlichen Ausgaben gegenübergestellt werden.

Tabelle 23

Veränderung des konjunkturneutralen Haushalts und der tatsächlichen Staatsausgaben in der BRD von 1967—71, (Wachstumsraten)

	67	68	69	70	71
SVR	6,3	2,5	12,7	8,7	9,9
BHJL	6,6	3,2	10,5	5,5	10,8
A_i	6,4	2,3	9,7	12,6	14,6

Quelle: Jahresgutachten 1972, Tabelle 28; BHJL, Measuring the Demand Effects of Fiscal Policy, Tabelle 6, S. 240.

Die Schwankungen in den Wachstumsraten des konjunkturneutralen Haushaltsvolumens sind kaum geringer als die der tatsächlichen Staatsausgaben. Eine Verstetigung der wirtschaftlichen Entwicklung, die durch die Potentialorientierung dadurch erreicht werden soll, daß die Zunahme der Staatsausgaben geringeren Schwankungen unterliegt, als es bei der bisherigen Praxis der Fall ist, tritt bei der konjunkturneutralen Erhöhung des Haushalts für den Beobachtungszeitraum nicht ein. So liegt z. B. die Schwankungsbreite beim Sachverständigenrat zwischen 2,5 und 12,7 Prozent.

Die Möglichkeit, den Haushalt an einer anderen Größe zu orientieren, also eine andere Sollwertgröße einzuführen, die geringeren Schwankungen unterliegt, besteht nicht, soll der Grundansatz des Konzepts, die Auslastungsneutralität, erhalten bleiben. Würde z. B. eine stetige Entwicklung des konjunkturneutralen Budgetsaldos (BS_n) angestrebt, so wäre wegen der Einnahmenregel die bekannte Parallelpolitik die Folge. Würden die Ausgaben mit einer bestimmten Rate, z. B. 10 Prozent, jährlich zunehmen, so ist zwar eine Verstetigung gegeben. Wegen der unterschiedlichen Inflationsraten wird aber die Auslastung und damit die allokative Zielsetzung beeinflußt. Die Verstetigung der Erwartungen ist damit nicht mehr gewährleistet.

Aus der Potentialorientierung folgt als weiteres Problem die Frage des Normaljahres, in der die gesamtwirtschaftliche Nachfrage gerade so hoch ist, daß sich die angestrebte Vollbeschäftigung und Stabilität des Preisniveaus ergibt. Die Diskussion des Basisjahres hat gezeigt, welchen Schwierigkeiten die Wahl eines solchen Normaljahres begegnet. Eindeutige Kriterien zur Bestimmung sind bisher nicht vorhanden. Eine mittelfristige Potentialorientierung erfordert aber, daß einmal ein bestimmtes Basisjahr festgelegt wird und daß darüber hinaus die Bedingungen des Basisjahres auch in den folgenden Jahren vorherrschen. Davon kann nicht ausgegangen werden. Dies zeigen wiederum die Erfahrungen in der Bundesrepublik, die auf einen zunehmenden Konflikt zwischen Vollbeschäftigung und Stabilität des Preisniveaus hindeuten. Damit ändern sich aber die Bedingungen für das Normaljahr.

Diese aus der immanenten Kritik des Konzepts sich ergebenden Einwände gegen die Potentialorientierung der Fiskalpolitik auf der Grundlage des konjunkturneutralen Haushalts führen zu der grundsätzlichen Frage, ob die Voraussetzungen, auf denen die potentialorientierte Stabilisierungsstrategie des Sachverständigenrats basiert, zutreffen.

Die mittelfristige Regelbindung geht davon aus, daß die Instabilitäten der wirtschaftlichen Entwicklung primär der staatlichen Konjunkturpolitik zuzurechnen sind, der private Sektor dagegen stabil ist. Dahinter steht die Vorstellung, daß sich die marktwirtschaftliche Entwicklung entlang eines Normaltrends vollzieht, also ein Regelablauf des Wirtschaftsprozesses vorherrscht[219]. Abgesehen von dem Problem der Operationalisierung des Normaltrends, das Gegenstand der Diskussion beim Basisjahr war, basiert das Regelverhalten auf der Vorstellung gleichbleibender Grundstrukturen[220]. Diese Vorstellung ist nicht auf die Konstanz der Budgetstruktur beschränkt, sondern betrifft auch die anderen Bereiche der Volkswirtschaft, so z. B. die Konstanz der Nachfragestruktur und der Machtstruktur zwischen Unternehmen und Gewerkschaften.

---

[219] Vgl. *G. Zeitel*, Das System der Regelmechanismen in der Finanzpolitik als Beitrag zur Erweiterung der „built in stability", in: Tagungsbeiträge der politischen Akademie Eichholz der Konrad-Adenauer-Stiftung, 4/1971, S. 65.

[220] Vgl. ebenda, S. 67.

Was jedoch den Wirtschaftsprozeß kennzeichnet, ist nicht eine Strukturkonstanz, sondern sind permanente Strukturveränderungen. Die Prämisse gleichbleibender Grundstrukturen ist damit nicht a priori gegeben. Änderungen in der Wirtschaftsstruktur bedeuten veränderte Abläufe des Wirtschaftsprozesses bzw. Trendabweichungen[221]. Damit ist aber auch die Prämisse eines stabilen privaten Sektors in Frage gestellt, denn gerade zur Wiederherstellung der Stabilität bei Abweichungen vom Normaltrend wird ein Eingriff der Wirtschaftspolitik gefordert. Die These von der Stabilität des privaten Sektors konnte bisher nicht bestätigt werden[222]. Das theoretische Fundament, auf dem das Konzept des konjunkturneutralen Haushalts basiert, steht also auf schwachen Pfeilern.

Ein weiteres Problem der Potentialorientierung bildet die Koordination zwischen der Sozialversicherung und den Gebietskörperschaften sowie zwischen den einzelnen Gebietskörperschaften. Die Verwendung des konjunkturneutralen Haushalts als Instrument einer mittelfristigen Regelbindung erfordert, daß der gesamte öffentliche Sektor berücksichtigt wird[223]. Unter konjunkturpolitischen Gesichtspunkten sind die Beitragseinnahmen und die Zahlungen der Sozialversicherung wie die Steuern und Ausgaben der Gebietskörperschaften zu behandeln. Unterschiede bestehen hinsichtlich der Zielsetzung. Die Sozialversicherung verfolgt primär sozialpolitische Ziele, die konjunkturellen Wirkungen sind quasi ein Nebenprodukt. Die Berechnung des konjunkturneutralen Haushalts für die Gebietskörperschaften hat dies zu berücksichtigen. Sind die konjunkturellen Wirkungen der Sozialversicherung beispielsweise expansiv, dann sind die Zuwachsraten des Haushaltsvolumens bei den Gebietskörperschaften durch diskretionäre Maßnahmen geringer anzusetzen, soll der öffentliche Gesamthaushalt insgesamt konjunkturneutral sein.

Schwieriger wird das Problem, wenn bestimmt werden soll, wie die einzelnen Gebietskörperschaften ihren Haushalt unter der Bedingung der Konjunkturneutralität auszudehnen haben. Ohne auf dieses Problem, das nicht Gegenstand dieser Arbeit ist, näher eingehen zu wollen, bleibt doch festzuhalten, daß für den Erfolg einer regelgebundenen

---

[221] Vgl. ebenda.

[222] Das Problem der Stabilität oder Instabilität des privaten Sektors bildet einen der strittigen Punkte in der Monetarismus-Fiskalismus-Kontroverse. Vgl. z. B. *H. J. Thieme*, Geld- und fiskalpolitische Prozeßsteuerung in der Marktwirtschaft — Alternative Stabilisierungskonzepte?, in: D. Cassel u. a. (Hrsg.), 25 Jahre Marktwirtschaft in der Bundesrepublik Deutschland, Stuttgart 1972, S. 233 ff.

[223] Zur Anwendbarkeit des Konzepts auf die Sozialversicherung vgl. *D. Schäfer*, Über die Anwendbarkeit des Konzepts des konjunkturneutralen Haushalts auf die Sozialversicherung, S. 185 ff.

Fiskalpolitik entweder eine einheitliche Zentralinstanz vorhanden sein muß oder eine Institution notwendig wäre, die die Budgets der einzelnen Gebietskörperschaften so koordiniert, daß der öffentliche Gesamthaushalt mit der Rate des konjunkturneutralen Haushaltsvolumens zunimmt. Beide Bedingungen sind in der Bundesrepublik nicht gegeben. Vielmehr besitzen wegen des Föderalismusprinzips die einzelnen Gebietskörperschaften Ausgabenautonomie. Es ist nicht damit zu rechnen, daß die Länder und vor allem die Gemeinden ihre Ausgaben so gestalten werden, wie es durch den konjunkturneutralen Haushalt vorgezeichnet ist. Der Bund müßte für die entsprechende Kompensation sorgen, d. h. er müßte bei expansivem Verhalten der Gemeinden seine Ausgaben in geringerem Ausmaß erhöhen, damit der Gesamthaushalt der Gebietskörperschaften konjunkturneutral bleibt. Damit sind aber wiederum diskretionäre Aktionen erforderlich, die gerade durch die Bindung der Ausgaben an einen mittelfristigen Trend vermieden werden sollten. Die mittelfristige Regelbindung erfordert die Lösung des Koordinationsproblems, die bisher zumindest für die Bundesrepublik nicht erfolgt ist.

An das Koordinationsproblem schließt sich die weitergehende Frage an, inwieweit potentialorientierte Verhaltensregeln für die konkrete Gestaltung des Budgets überhaupt relevant sein können. Hier wird die gesamte Finanzpolitik in ihrer Ausgestaltung tangiert. Mit der Festlegung der Ausgaben-, Einnahmen-, Preis- und Haushaltsregel werden die politischen Entscheidungsträger in ihren Gestaltungsmöglichkeiten beträchtlich beschränkt. Dies betrifft einmal die eigenen politischen Zielsetzungen, die sich in einer Veränderung des Ausgabenvolumens und der Ausgabenstruktur niederschlagen. Diese werden quasi den Regeln der Potentialorientierung untergeordnet. Zwar ist prinzipiell über die Haushaltsregel eine Veränderung der Staatsquote und Ausgabenstruktur möglich, aber die Durchsetzungsmöglichkeiten sind wegen der Ausweichstrategien der betroffenen Gruppen beschränkt. Hier auf die Abstimmung der autonomen Gruppen etwa auf der Grundlage der kostenniveauneutralen Lohnpolitik zu hoffen, stellt nur eine Verlagerung des Problems dar[224].

Zum zweiten werden durch die starre Bindung des Budgets an die Entwicklung des Produktionspotentials die Anpassungsmöglichkeiten an sich verändernde Bedingungen in den anderen Bereichen der Volkswirtschaft beeinträchtigt. Gerade in einer sich ständig verändernden Wirtschaft ist die Notwendigkeit angezeigt, einen Spielraum für die Gestaltung der Finanzpolitik offenzuhalten.

---

[224] Vgl. Jahresgutachten 1969, Ziff. 270.

5.4 Folgerungen

Die Bedingungen einer antizyklischen Fiskalpolitik werden durch den konjunkturneutralen Haushalt gegenüber den bisher in der Praxis verwandten Budgetkonzepten konzeptionell verbessert. Dieser Vorzug erfährt durch die empirischen Schwierigkeiten allerdings eine Einschränkung. Die sonstigen Probleme der diskretionären Politik bleiben auch beim Konzept des Sachverständigenrats bestehen.

Der konjunkturneutrale Haushalt ist als Instrument einer potentialorientierten Fiskalpolitik konzipiert. Sowohl die immanente Kritik als auch die grundsätzlichen Erörterungen zur Potentialorientierung ergaben, daß die Bedingungen für eine mittelfristige Regelbindung nicht erfüllt sind.

Damit stellt sich aber die Frage, ob der Grundansatz des Sachverständigenrats, die Orientierung an der mittelfristigen Entwicklung des Produktionspotentials, einen erfolgversprechenden Ansatz der Stabilitätspolitik darstellt. Die Erörterungen in diesem Punkt legen den Schluß nahe, daß eine immanente Verbesserung des Konzepts die Erfolgsbedingungen nur unwesentlich verbessern dürfte. Daher sind weitergehende Überlegungen für eine effizientere Fiskalpolitik notwendig. Die Potentialorientierung stellt nur einen möglichen Ansatz der Stabilitätspolitik dar. Die Erörterungen in diesem Kapitel ergaben, daß die potentialorientierte Fiskalpolitik nicht die ultima ratio darstellt.

Die Diskussion um eine Verbesserung der fiskalpolitischen Erfolgsbedingungen sollte nicht beim Konzept des Sachverständigenrats stehenbleiben. So könnte, um nur einen möglichen Weg anzusprechen, untersucht werden, ob die lag-Problematik bei der diskretionären Fiskalpolitik durch die Installierung eines Handlungszwangs bei freier Entscheidung über die anzuwendenden Mittel gelöst werden kann. Jedenfalls sollte man sich nicht auf eine immanente Verbesserung des vom Sachverständigenrat entwickelten Konzepts beschränken.

6. Zusammenfassung

In dem vorstehenden Kapitel wurden am Konzept des konjunkturneutralen Haushalts die Probleme expliziert, denen die Schätzung der konjunkturellen Wirkungen öffentlicher Haushalte anhand der eindimensionalen Messung begegnet. Als Ergebnis der Analyse ist folgendes festzuhalten:

a) Gegenüber den herkömmlichen Meßkonzepten, der Saldentheorie und der Orientierung an der Wachstumsrate des Sozialprodukts, weist der konjunkturneutrale Haushalt den Vorzug auf, daß der konjunkturell bedingte Einfluß auf das Budget eliminiert wird.

b) Eine Operationalisierung des Konzepts begegnet erheblichen Schwierigkeiten. Diese beziehen sich auf folgende Problembereiche:

— die Frage des Budgettyps

— die Schätzung des Produktionspotentials

— die Wahl des Basisjahres

— Multiplikanden- und Multiplikatoranalyse

— das Inflationsproblem

— die Konjunkturneutralität der Einnahmenseite.

Bisher ist es nicht gelungen, die Bestimmungsfaktoren des konjunkturneutralen Haushalts empirisch so weit abzusichern, daß die Fiskalwirkungen adäquat erfaßt werden können.

c) Aus den empirischen Schwierigkeiten und dem Mangel an eindeutigen Kriterien folgt, daß der konjunkturneutrale Haushalt der Anforderung der praktischen Fiskalpolitik nach einem einfachen und „korrekten“ Meßkonzept in seiner bisherigen Ausgestaltung nicht genügt. Bei unterschiedlichen Annahmen über die einzelnen Bestimmungsfaktoren weicht die Beurteilung der Fiskalpolitik erheblich voneinander ab. Die Aussagen des Sachverständigenrats über die stabilisierenden oder destabilisierenden Wirkungen des öffentlichen Haushalts können in dem hier zugrunde gelegten Zeitraum daher nur beschränkte Gültigkeit beanspruchen.

d) Eine Verbesserung der Erfolgsbedingungen für die Fiskalpolitik ist mit der Verwendung des konjunkturneutralen Haushalts im politisch-praktischen Bereich kaum zu erwarten. Diese Aussage trifft sowohl auf eine diskretionäre als auch auf eine mittelfristig-potentialorientierte Fiskalpolitik zu. Die Begründung für die Schlußfolgerung ergibt sich einmal aus der immanenten Kritik des Konzepts. Darüber hinaus wurde gezeigt, daß die Grundkonzeption des Sachverständigenrats, die potentialorientierte Stabilisierungsstrategie, auf der der konjunkturneutrale Haushalt basiert, in Frage zu stellen ist.

Abschließend bleibt festzustellen, daß der konjunkturneutrale Haushalt als fiskalpolitisches Instrument zwar gewisse Verbesserungen gegenüber den herkömmlichen Meßkonzepten beinhaltet; andererseits aber damit wegen der immanenten und grundsätzlichen Probleme die fiskalpolitische Effizienz nicht wesentlich erhöht werden kann.

Abschließende Bemerkungen

In diesen abschließenden Bemerkungen sollen nicht mehr die Ergebnisse der vorliegenden Arbeit zusammengestellt werden. Dies erfolgte jeweils am Schluß der beiden Kapitel. Es wird dagegen auf die in der Einleitung aufgeworfene Frage abgestellt, ob mittels der mit den Budgetkonzepten intendierten, eindimensionalen Messung die öffentliche Diskussion versachlicht, die Beurteilung der Haushaltspolitik verbessert und die fiskalpolitische Effizienz erhöht werden kann.

Zur Beantwortung dieser Frage wird entsprechend der Zielsetzung bei der eindimensionalen Messung von den Erfordernissen der praktischen Fiskalpolitik ausgegangen. Danach sollte ein Budgetmaßstab einfach, zutreffend und überzeugend sein, da nur dann zu erwarten ist, daß Parlament und Öffentlichkeit bereit sind, ein solches Meßkonzept zu übernehmen[1].

Wie sind die hier diskutierten Konzepte auf diesen Hintergrund zu beurteilen? Die Maßstäbe von Musgrave, Auld, Hansen und Snyder, die die Konjunkturgerechtigkeit der Fiskalpolitik zu erfassen versuchen, sind für die praktischen Belange nicht brauchbar. Dieses Urteil gründet einmal auf der Notwendigkeit, bei diesen Konzepten die gesamten Multiplikatorwirkungen einbeziehen zu müssen. Das begegnet jedoch, wie bei der Diskussion der Multiplikatoranalyse gezeigt wurde, bisher erheblichen Schwierigkeiten. Darüber hinaus sind diese Maßstäbe in der Interpretation der Ergebnisse bereits zu kompliziert, so daß eine Übernahme in die Öffentlichkeit nicht erwartet werden kann. Schließlich wird der Erfolg oder Mißerfolg der gesamten konjunkturpolitischen Maßnahmen der Fiskalpolitik zugerechnet. Eine eindeutige Beurteilung der fiskalpolitischen Effizienz ist daher nicht mehr möglich.

Somit verbleiben nach den gegenwärtigen Möglichkeiten nur die Konzepte, die an einer Neutralitätslinie orientiert sind. Auf welches sollte in praxi abgestellt werden? Aus der Analyse dieser Maßstäbe folgt, daß sich die größten Schwierigkeiten bei den Konzepten ergaben, die bei der Beurteilung der Fiskalpolitik von einer hypothetischen Situation ausgehen. Dies zeigte sich beim Vollbeschäftigungsüberschuß-

---

[1] Vgl. *M. Schlüter*, Fiscal Policy in Recession: The German Experience, in: H. Giersch (Hrsg.), Fiscal Policy and Demand Management — Fiskalpolitik und Globalsteuerung, S. 201.

konzept bei der Umrechnung der relevanten Größen auf die Vollbeschäftigungssituation sowie beim konjunkturneutralen Haushalt mit dem Basisjahrproblem. So wird z. B. der konzeptionelle Vorzug, den der konjunkturneutrale Haushalt durch die Abkehr vom Vorjahres-Vergleich und die Abstellung auf die mittelfristige Bezugsgröße über das Basisjahr bietet, durch die empirisch-praktischen Probleme eher in das Gegenteil verkehrt. Bei Budgetkonzepten sollte nicht auf hypothetische Situationen abgestellt werden.

Unter Abwägung dieser Gesichtspunkte erscheint gegenwärtig das holländische Impulskonzept den Erfordernissen der praktischen Fiskalpolitik am besten zu entsprechen. Die Mängel der bisher in praxi verwandten Maßstäbe werden durch die Ausschaltung des konjunkturell bedingten Einflusses auf das Budget beseitigt. Die Schwierigkeiten bei der Festlegung einer hypothetischen Situation treten bei der Impulsanalyse nicht auf, da auf die tatsächlichen Verhältnisse abgestellt wird. Es erfordert daher einen geringeren Informationsbedarf als beispielsweise der konjunkturneutrale Haushalt. Für die praktischen Belange ist es deshalb geeignet, weil keine größeren Interpretationsprobleme bei der mit dem Impulskonzept errechneten Kennziffer auftreten.

Es soll nicht verkannt werden, daß auch die Impulsanalyse erhebliche Probleme beinhaltet. Dies zeigt sich dann, wenn man berücksichtigt, daß dieses Konzept dengleichen Schierigkeiten begegnet, die beim konjunkturneutralen Haushalt diskutiert wurden, ausgenommen das Basisjahrproblem. Unter den gegenwärtig vorhandenen Budgetkonzepten erscheint das Impulskonzept trotz dieser Schwierigkeiten für die praktischen Belange noch am besten geeignet, da die Probleme auch bei den anderen Meßkonzepten vorhanden sind, die Impulsanalyse aber einige Probleme der anderen Maßstäbe umgeht.

Die weiterführende Frage, die sich an die bisherigen Überlegungen anschließt, richtet sich auf die zukünftige Forschungsstrategie. In welcher Richtung soll der Ansatz der eindimensionalen Messung weiter verfolgt werden? Nach den Erörterungen in der vorliegenden Untersuchung kann prinzipiell festgehalten werden, daß die eindimensionale Messung einen erfolgversprechenden Ansatz für die Erhöhung der Messung der fiskalpolitischen Effizienz darstellt. Allerdings sind weitere Arbeiten nötig, um zu zutreffenderen Aussagen über die Fiskalpolitik als bisher zu kommen. Hierbei bietet sich eine kurzfristige und eine langfristige Strategie an.

Kurzfristig sollte die Intention weniger darauf gerichtet sein, den bisher entwickelten Meßkonzepten ein neues hinzuzufügen. Nach den hier herausgearbeiteten Ergebnissen scheinen bei den gegenwärtigen Möglichkeiten im Rahmen der eindimensionalen Messung nur mehr marginale Verbesserungen erreichbar zu sein. Deshalb sollte vielmehr darauf abgestellt werden, die empirische Informationsbasis zu verbessern. Dies betrifft vor allem drei Aspekte:

— die Verbesserung der Auftragsvergabestatistik für den investiven Bereich des öffentlichen Sektors;

— die Gewichtung der wichtigsten Ausgabe- und Einnahmekategorien des Budgets nach ihrem Primäreffekt mittels einfacher Verfahren der empirischen Sozialforschung;

— eine befriedigende Berücksichtigung der Preisniveauerhöhung.

Wird die Impulsanalyse auf dem Hintergrund dieser verbesserten Informationsbasis durchgeführt, so dürften die gegenwärtigen Möglichkeiten weitgehend ausgeschöpft sein.

In welcher Richtung sollte der Ansatz der eindimensionalen Messung längerfristig weiterentwickelt werden? Es wurde gezeigt, daß die Budgetkonzepte aus der zugrunde liegenden Stabilisierungsstrategie abgeleitet wurden. So ist das Vollbeschäftigungsüberschußkonzept auf die diskretionäre Fiskalpolitik ausgerichtet, die strukturelle Budgetregel entspricht einer mittelfristigen „Budgetphilosophie" und der konjunkturneutrale Haushalt mt der Orientierungs- und Maßstabsfunktion dem halbautomatischen Regelmechanismus des Sachverständigenrats. Damit ist aber bei weiteren Arbeiten an Budgetkonzepten an den Stabilisierungsstrategien selbst anzusetzen.

Die gegenwärtigen Stabilisierungskonzepte basieren auf der aus dem Keynesianismus abgeleiteten Globalsteuerung. Diese beinhaltet einen Stabilitätsbegriff, der gleichzeitig die Preisniveau- und Beschäftigungsstabilisierung einschließt. Konsequent sind daher die Budgetkonzepte eindimensional an dem „Hebel" der gesamtwirtschaftlichen Nachfrage ausgerichtet. Das stabilitätspolitische Gleichgewicht (stabiles Preisniveau und hoher Beschäftigungsgrad) soll allein durch die Nachfragesteuerung erreicht werden.

Der nachfrageorientierte Stabilisierungsansatz ist nach den bisherigen Erfahrungen zur Rezessionsbekämpfung geeignet, bei der primär die Beschäftigung als Problem gesehen wird. Die gegenwärtige Entwicklung in den westlichen Industrieländern scheint dagegen die Ansicht zu bestätigen, daß das Inflationsproblem keineswegs simultan mit der Vollbeschäftigung zu lösen ist, wenn die Stabilisierung allein über die Gesamtnachfrage erreicht werden soll. Vielmehr ist eher davon auszugehen, daß die Beeinflussung der gesamtwirtschaftlichen Nachfrage primär die Beschäftigung, jedoch kaum das Preisniveau berührt, jedenfalls nicht im Bereich der politisch tragbaren Beschäftigungsschwankungen.

Diese These wird durch die Analyse der in dieser Arbeit diskutierten Budgetkonzepte erhärtet. Alle Maßstäbe sind vor allem am Beschäftigungsziel, also den Mengeneffekten orientiert. Sie vernachlässigen jedoch den zweiten Aspekt des herkömmlichen Stabilitätsbegriffs, die Konstanz des gesamtwirtschaftlichen Preisniveaus. Die Budgetkonzepte berücksichtigen somit nicht den tatsächlich zu beobachtenden Zielkonflikt.

Je mehr sich aber der Konflikt zwischen den beiden Zielen, Vollbeschäftigung und stabiles Preisniveau, verschärft — für eine solche Tendenz spricht die Entwicklung in der jüngsten Vergangenheit —, um so deutlicher wird die einseitige Orientierung der Budgetkonzepte. Längerfristig ist somit auch die Theorie der Fiskalpolitik gezwungen, diesen Zielkonflikt zu berücksichtigen.

Entweder wird man einräumen müssen, daß die herkömmliche Fiskaltheorie nur eine Theorie der Beschäftigungspolitik ist. Dann bedarf aber die Wirtschaftspolitik anderer Strategien zur Bekämpfung des Inflationsproblems, die außerhalb des Bereichs der Fiskalpolitik liegen. Oder es muß eine neue Konzeption der Budgetpolitik entwickelt werden, die auch gesamtwirtschaftliche Preiswirkungen erzielt. Es war nicht Aufgabe dieser Arbeit, eine solche Neukonzeption der Fiskalpolitik zu versuchen und daraus ein adäquates Budgetkonzept abzuleiten.

Diese skizzenhaften Überlegungen verdeutlichen aber, daß längerfristig die Frage des Budgetmaßstabs ein Problem geeigneter Stabilisierungsstrategien darstellt. Ein neues und praktikables Budgetkonzept kann nur aus einem Neuansatz der Stabilitätspolitik abgeleitet werden.

Literaturverzeichnis

Albers, W.: Automatische Stabilisierungswirkungen, in: H. C. Recktenwald (Hrsg.), Finanzpolitik, Köln—Berlin 1969, S. 280 ff.

— Anforderungen an eine moderne Haushaltswirtschaft, in: H. Haller, L. Kullmer, C. S. Shoup, H. Timm (Hrsg.), Theorie und Praxis des finanzpolitischen Interventionismus, F. Neumark zum 70. Geburtstag, Tübingen 1970, S. 347 ff.

Albers, W., A. *Oberhauser*, W. *Michalski*, E. *Thiel* und E. *Schmitz*: Sozialprodukt, öffentliche Haushalte und Bildungsausgaben in der Bundesrepublik, Stuttgart 1969.

Andel, N.: Das Konzept des konjunkturneutralen Haushalts, „Finanzarchiv", N. F. Bd. 32 (1973), S. 46 ff.

Auld, D. A. L.: Fiscal Policy Performance in Canada 1957—67, „Public Finance", Bd. 24 (1969), S. 427 ff.

— Automatic Fiscal Stabilizers: Problems of Identification and Measurement, „Public Finance", Bd. 26 (1971), S. 513 ff.

— Budget Results and Theory of Fiscal Leverage, „Finanzarchiv", N. F. Bd. 31 (1972), S. 224 ff.

Bartels, H.: Das Kontensystem für die Volkswirtschaftlichen Gesamtrechnungen der Bundesrepublik Deutschland, „Wirtschaft und Statistik", 12. Jhrg. (1960), S. 317 ff.

Barth, H. J.: Bessere Stabilisierungspolitik durch Regelmechanismen oder regelgebundenes Verhalten?, in: B. Gahlen, H. K. Schneider (Hrsg.), Grundfragen der Stabilitätspolitik, Tübingen 1974, S. 147 ff.

Bauer, W.: Der Sachverständigenrat. Einige Bemerkungen zu seinem Wesen und seinen Funktionen, in: H. Besters (Hrsg.), Theoretische und institutionelle Grundlagen der Wirtschaftspolitik, Berlin 1967, S. 349 ff.

Besters, H.: Stabilitätspolitik muß nicht weh tun, „Wirtschaftswoche", Nr. 48 vom 27. 11. 1970, S. 76 ff.

Biehl, D.: Budget und Konjunktur. Zur Analyse der Wirkungen öffentlicher Haushalte, Kiel 1971.

Biehl, D., G. *Hagemann*, K.-H. *Jüttemeier* und H. *Legler*: Zu den konjunkturellen Wirkungen der Haushaltspolitik in der Bundesrepublik Deutschland 1960—1970, „Die Weltwirtschaft", Heft 2, 1971, S. 128 ff.

— Measuring the Demand Effects of Fiscal Policy, in: H. Giersch (Hrsg.), Fiscal Policy and Demand Management — Fiskalpolitik und Globalsteuerung, Symposium 1972, Tübingen 1973, S. 223 ff.

Brown, E. C.: Fiscal Policy in the ‚Thirties': A Reappraisal, „American Economic Review", Bd. 46 (1956), S. 857 ff.

Brunner, K.: Diskussionsbeitrag, in: Bergedorfer Gesprächskreis, Globalsteuerung der Wirtschaft — Illusion oder Wirklichkeit?, Protokoll Nr. 39, 1971, S. 48.

Burger, H.: Possible Concepts for Better Planning and Evaluating Fiscal Policy Experiences in the Netherlands, in: H. Giersch (Hrsg.), Fiscal Policy and Demand Management — Fiskalpolitik und Globalsteuerung, Symposium 1972, Tübingen 1973, S. 210 ff.

Burkhead, J.: The Balanced Budget, in: Readings in Fiscal Policy, London 1955, S. 3 ff.

Bundesministerium der Finanzen (Hrsg.): Finanzberichte 1969—1973.

— Das neue Haushaltsrecht, Bonn 1969.

Bundesministerium für Wirtschaft (Hrsg.): Zur Entwicklung des gesamtwirtschaftlichen „Produktionspotentials" der Bundesrepublik Deutschland, „Studienreihe", Nr. 1, Bonn—Duisburg 1973.

Bundesregierung: Abschlußbericht über das erste Konjunkturprogramm und das zweite Programm für besondere konjunktur- und strukturpolitische Maßnahmen 1967/68, Bundestagsdrucksache V/3630 (1968/69).

Clauss, J. F.: Konjunktur und Neoklassik, Berlin 1968.

Colm, G. und P. *Wagner*: Einige Bemerkungen zur Form des Budgets, in: H. C. Recktenwald (Hrsg.), Finanztheorie, Köln—Berlin 1969, S. 107 ff.

Colwell, P. F. und N. A. *Lash*: Comparing Fiscal Indicators, „Review of Economics and Statistics", Bd. 55 (1973), S. 321 ff.

Committee for Economic Development: Taxes and the Budget: A Program for Prosperity in a Free Economy, A Statement on National Policy by the Research and Policy Committee for Economic Development, in: Readings in Fiscal Policy, London 1955, S. 360 ff.

Corrigan, E. G.: The Measurement and Importance of Fiscal Policy Changes, „Federal Reserve Bank of New York", „Monthly Review", June 1970, S. 133 ff.

— Budgetary Measures of Fiscal Performance — A Comment, „Southern Economic Journal", Bd. 36 (1970), S. 470 ff.

Council of Economic Advisers: The Effects of Tax Reduction on Output and Employment, in: W. L. Smith, R. L. Teigen (Hrsg.), Readings in Money, National Income, and Stabilization Policy, Homewood, Illinois 1970, S. 339 ff. Reprinted from The Annual Report 1963.

— Fiscal Policy in Perspective, in: J. Lindauer (Hrsg.), Macroeconomic Readings, Toronto 1968, S. 377 ff. Reprinted from The Annual Report 1963.

— Automatic Stabilizers and Fiscal Drag, in: W. L. Smith, R. L. Teigen (Hrsg.), Readings in Money, National Income, and Stabilization Policy, Homewood, Illinois 1970, S. 328 ff. Reprinted from The Annual Report 1969.

— The Full Employment Surplus Concept, in: W. L. Smith, R. L. Teigen (Hrsg.), Readings in Money, National Income, and Stabilization Policy, Homewood, Illinois 1970, S. 329 ff. Reprinted from The Annual Report 1962.

— Annual Report 1971, 1972.

Courchene, T. J.: Measures of the Change in Secular Impact of Successive Federal Budgets, „The American Economist", Bd. 7 (1963), S. 15 ff.

Deutsche Bundesbank: Geschäftsberichte 1971, 1972.

— Das Produktionspotential in der Bundesrepublik Deutschland, „Monatsbericht", 25. Jhrg., Oktober 1973, S. 28 ff.

Deutsche Bundesbank: Die Gebietskörperschaften im Konjunkturverlauf seit 1967, „Monatsbericht", 25. Jhrg., November 1973, S. 12 ff.

Dixon, D. A.: Techniques of Fiscal Analysis in the Netherlands, „IMF-Staff-Papers", Bd. 19 (1972), S. 615 ff.

— The Full Employment Budget Surplus Concept as a Tool of Fiscal Analysis in the United States, „IMF-Staff-Papers", Bd. 20 (1973), S. 203 ff.

Dreissig, W.: Zum Begriff des Budgetüberschusses und Budgetfehlbetrages, in: H. Jecht (Hrsg.), Probleme des öffentlichen Budgets, Schriften des Vereins für Socialpolitik, N. F. Bd. 31, Berlin 1964, S. 37 ff.

— Probleme des Haushaltsausgleichs, in: H. Haller (Hrsg.), Probleme der Haushalts- und Finanzplanung, Schriften des Vereins für Socialpolitik, N. F. Bd. 52, Berlin 1969, S. 9 ff.

Evans, M. K.: Macroeconomic Activity, New York etc. 1969.

Federal Reserve Bank of New York: The Initial Effects of Federal Budgetary Changes on Aggregate Demand, „Monthly Review", July 1965, S. 141 ff.

Feldsieper, M.: Der konjunkturneutrale Haushalt als neuer Maßstab zur Beurteilung der konjunkturellen Wirkungen öffentlicher Haushalte, „Jahrbuch für Sozialwissenschaft", Bd. 21 (1970), S. 400 ff.

Fox, K.-P.: Noch einmal: Zum Konzept des konjunkturneutralen öffentlichen Haushalts, „Finanzarchiv", Bd. 31 (1972), S. 18 ff.

— Das FEBS-Konzept — Fortschritt mit Einschränkungen, „Wirtschaftsdienst", 52. Jhrg. (1972), Heft 11, S. 610 ff.

Freund, E.: Die Neugestaltung der Finanzstatistik ab 1970, „Wirtschaft und Statistik", 22. Jhrg. (1970), S. 543 ff.

Friedman, M.: A Monetary and Fiscal Framework for Economic Stability, „American Economic Review", Bd. 38 (1948), S. 245 ff.

Gandenberger, O.: Zur Messung der konjunkturellen Wirkungen öffentlicher Haushalte, Tübingen 1973.

Gesetz über die Finanzstatistik vom 8. Juni 1960, BGBl. I, S. 322 ff.

— über die Bildung eines Sachverständigenrats zur Begutachtung der gesamtwirtschaftlichen Entwicklung vom 14. August 1963, BGBl. I, S. 685.

— zur Förderung der Stabilität und des Wachstums der Wirtschaft vom 8. Juni 1967, BGBl. I, S. 582 ff.

— über die Grundsätze des Haushaltsrechts des Bundes und der Länder vom 19. August 1969, BGBl. I, S. 1273 ff.

— über die Bundeshaushaltsordnung vom 19. August 1969, BGBl. I, S. 1284 ff.

Gramlich, E. M.: The Behaviour and Adequacy of the United States Federal Budget, 1952—1964, „Yale Economic Essays", Bd. 6 (1966), S. 99 ff.

— Measures of the Aggregate Demand Impact of the Federal Budget, in: W. Lewis (Hrsg.), Budget Concepts for Economic Analysis, Washington 1968, S. 110 ff.

— Maßstäbe für den Einfluß des Budgets auf die Gesamtnachfrage, in: H. C. Recktenwald (Hrsg.), Finanztheorie, Köln—Berlin 1969, S. 192 ff.

— The Usefulness of Monetary and Fiscal Policy as Discretionary Stabilization Tools, „Journal of Money, Credit and Banking", Bd. 3 (1971), S. 506 ff.

Haavelmo, T.: Multiplier Effects of a Balanced Budget, „Econometrica", Bd. 13 (1945), S. 311 ff.

Habermas, J.: Verwissenschaftlichte Politik und öffentliche Meinung, in: J. Habermas, Technik und Wissenschaft als „Ideologie“, 4. Aufl., Frankfurt 1970, S. 120 ff.

Haller, H.: Staatsbudgetsalden und Konjunktur, „Konjunkturpolitik“, Bd. 7 (1961), S. 321 ff.

— Bemerkungen zur sogenannten Parallelpolitik der öffentlichen Hand, „Jahrbuch für Nationalökonomie und Statistik“, Bd. 180 (1967), S. 164 ff.

— Finanzpolitik, 4. Aufl., Tübingen—Zürich 1968.

— Neue Motivation der Staatsverschuldung?, in: H. Haller, H. C. Recktenwald (Hrsg.), Finanz- und Geldpolitik im Umbruch, Mainz 1969, S. 301 ff.

Hanschel, J.: Kreislauftheorie und Staatshaushalt, Zürich und St. Gallen 1967.

Hansen, A. H.: Fiscal Policy and Business Cycles, New York—London 1941.

Hansen, B. assisted by W. W. *Snyder*: Fiscal Policy in Seven Countries 1955—1965, OECD, Paris 1969.

Heller, W. W.: CED's Stabilizing Budget Policy after Ten Years, „American Economiv Review“, Bd. 47 (1957), S. 634 ff.

— New Dimensions of Political Economy, New York 1967.

Weller, W. W., C. *Goedhart*, G. *Guidney*, J. *van Boutte*, A. *Lindbeck*, R. *Sayers*, S. *Steve* und J. C. R. *Dow*: Fiscal Policy for a Balanced Economy, OECD, Paris 1968.

Henseler, P.: Stabilisierungseffekte der Budgetpolitik des Bundes, 1956—1969, Wien 1972.

Herber, B. P.: Modern Public Finance, 3. Aufl., Homewood, Illinois, 1968.

Jahresgutachten des Sachverständigenrats zur Begutachtung der gesamtwirtschaftlichen Entwicklung 1964—1973.

Jahreswirtschaftsbericht der Bundesregierung 1969, 1974.

Keiser, N. F.: The Development of the Concept of ‚Automatic Stabilizers‘, „Journal of Finance“, Bd. 11 (1956), S. 422 ff.

Keynes, J. M.: Allgemeine Theorie der Beschäftigung, des Zinses und des Geldes, Berlin 1966.

Kirner, W.: Zeitreihen für das Anlagevermögen der Wirtschaftsbereiche in der Bundesrepublik Deutschland, „Beiträge zur Strukturforschung“, Deutsches Institut für Wirtschaftsforschung, Heft 5, 1968.

König, H.: Makroökonometrische Modelle: Ansätze, Ziele, Probleme: „Schweizerische Zeitschrift für Volkswirtschaft und Statistik“, Bd. 107 (1971), S. 546 ff.

Krause-Junk, G.: Zum Konzept des konjunkturneutralen öffentlichen Haushalts, „Finanzarchiv“, N. F. Bd. 30 (1971), S. 212 ff.

— Probleme des konjunkturneutralen Haushalts, „WIST“, 2. Jhrg. (1972), Heft 11, S. 483 ff.

Laaser, W.: Der konjunkturneutrale Haushalt, „Wirtschaftsdienst“, 50. Jhrg. (1970), Heft 9, S. 546 ff.

Lehnert, G.: Zur Weiterentwicklung des Haavelmo-Theorems, „WISU“, 2. Jhrg. (1973), Heft 1, S. 23 ff., Heft 2, S. 75 ff., Heft 3, S. 127 ff.

Lerner, A. P.: Functional Finance and the Federal Debt, in: Readings in Fiscal Policy, London 1955, S 468 ff.

Levy, M. E.: Fiscal Policy, Cycles and Growth, New York 1963.

— Budgetüberschuß bei Vollbeschäftigung, in: H. C. Recktenwald (Hrsg.), Finanzpolitik, Köln—Berlin 1969, S. 270 ff.

Lewis, W. jr. (Hrsg.): Budget Concepts for Economic Analysis, Washington 1968.

Lindbeck, A.: Fiscal Policy as a Tool of Economic Stabilization, „Kyklos", Bd. 23 (1970), S. 7 ff.

Löbbe, K.: Ein System gesamtwirtschaftlicher Wirkungen der staatlichen Aktivität, „RWJ-Mitteilungen", 23. Jhrg. (1972), S. 25 ff.

Lotz, J.: Technics of Measuring the Effects of Fiscal Policy, „Economic Outlook", OECD, 1971, S. 3 ff.

— Measuring the Effects of Fiscal Policy in Developing Countries, „Finanzarchiv", Bd. 29 (1970), S. 238 ff.

Lundberg, E.: Instability and Economic Growth, New Haven and London 1968.

McLure, C. E. jr.: Fiscal Failure: Lessons of the Sixties, in: P. Cagan, M. Estey, W. Fellner, C. E. McLure jr., T. G. Moore, Economic Policy and Inflation in the Sixties, Washington 1972, S. 7 ff.

Ministry of Finance: The Netherlands Budget Memorandum, 1970, 1971, 1973.

Morss, E. R. und A. T. *Peacock*: The Measurement of Fiscal Performance in Developing Countries, in: A. T. Peacock (Hrsg.), Quantitative Analysis in Public Finance, New York etc. 1969, S. 174 ff.

Musgrave, R. A.: On Measuring Fiscal Performance, „Review of Economics and Statistics", Bd. 46 (1964), S. 213 ff.

— Finanztheorie, 2. Aufl., Tübingen 1969.

Myrdal, G.: Fiscal Policies in the Business Cycle, in: Readings in Fiscal Policy, London 1955, S. 67 ff.

Neumann, M. J. M.: Zur relativen Bedeutung fiskalischer und monetärer Impulse, Evidenz vom Konjunkturzyklus 1967 bis 1971, „WSJ-Mitteilungen", 26. Jhrg. (1973), Heft 1, S. 14 ff.

Neumark, F.: Grundsätze und Arten der Haushaltsführung und Finanzbedarfsdeckung, in: Handbuch der Finanzwirtschaft, 2. Aufl., Bd. 1, Tübingen 1952, S. 606 ff.

— Grundsätze gerechter und ökonomisch rationaler Steuerpolitik, Tübingen 1970.

— Ermessensfreiheit oder Automatismus?, Zürich 1971.

Oakland, W. H.: Budgetary Measures of Fiscal Performance, „Southern Economic Journal", Bd. 35 (1969), S. 347 ff.

Okun, A. M.: Potential GNP: Its Measurement and Significance, in: W. L. Smith, R. L. Teigen (Hrsg.), Readings in Money, National Income, and Stabilization Policy, Homewood, Illinois 1970, S. 313 ff.

— The Political Economy of Prosperity, Washington 1970.

— Have Fiscal and/or Monetary Policies Failed?, „American Economic Review", Papers and Proceedings, Bd. 62 (1972), S. 24 ff.

Okun, A. M. und N. H. *Teeters*: The Full Employment Surplus Revisited, „Brookings Papers on Economic Activity", Heft 1, 1970, S. 77 ff.

Ollmann, P.: Der konjunkturneutrale Haushalt, „Wirtschaftsdienst", 50. Jhrg. (1970), Heft 4, S. 255 ff.

Peacock, A. T. und G. K. *Shaw*: The Economic Theory of Fiscal Policy, London 1971.

Pfleiderer, O.: Transaktionen mit der Notenbank und mit Geschäftsbanken im System der antizyklischen Finanzpolitik, in: H. Haller, L. Kullmer, C. S. Shoup, H. Timm (Hrsg.), Theorie und Praxis des finanzpolitischen Interventionismus, F. Neumark zum 70. Geburtstag, Tübingen 1970, S. 511 ff.

Pohl, R.: Bestätigt die westdeutsche Konjunktur von 1965—1971 den Monetarismus?, „WSJ-Mitteilungen“, 26. Jhrg. (1973), Heft 4, S. 153 ff.

Raabe, K.-H.: Projektionen der mittelfristigen Wirtschaftsentwicklung in der Bundesrepublik Deutschland, „BMWI-Texte“, Bonn 1969.

Rahmann, B.: Vom High Employment Budget Surplus zum konjunkturneutralen Haushalt (I), „WISU“, 1. Jhrg. (1972), Heft 3, S. 129 ff.

— Grundlagen konjunkturbeeinflussender Haushaltspolitik, Berlin 1972.

Rahmann, B. und B. *Rürup*: Der konjunkturneutrale Haushalt als Instrument der Regelbindung?, „Konjunkturpolitik“, 18. Jhrg. (1972), S. 261 ff.

Recktenwald, H. C.: Integrierte Wirtschafts- und Finanzpolitik, in: H. C. Recktenwald (Hrsg.), Finanzpolitik, Köln—Berlin 1969, S. 13 ff.

Roskamp, K. W.: Fiscal Policy and Effects of Government Purchases: An Input-Output-Analysis, „Public Finance“, Bd. 24 (1969), S. 33 ff.

Schachtschabel, H. G.: Bemerkungen zur Ausgestaltung des wirtschafts- und konjunkturpolitischen Instrumentariums, „Hamburger Jahrbuch für Wirtschafts- und Gesellschaftspolitik“, 17. Jhrg. (1972), S. 117 ff.

Schäfer, D.: Über die Anwendbarkeit des Konzepts des konjunkturneutralen Haushalts auf die Soziale Sicherung, „Jahrbuch für Wirtschafts- und Sozialwissenschaften“, 92. Jhrg. (1972), S. 185 ff.

Schäfer, M.: Konjunkturpolitik nach dem Stabilitätsgesetz oder regelgebundene Konjunkturpolitik, in: Tagungsbeiträge der Politischen Akademie Eichholz der Konrad-Adenauer-Stiftung, 4/1971, S. 1 ff.

Scherer, J.: On Measuring Fiscal Performance, „Journal of Finance“, Bd. 20 (1965), S. 683 ff.

Schiff, F. W.: Alternative Tax and Spending Policies 1971—1976, in: H. Giersch (Hrsg.), Fiscal Policy and Demand Management — Fiskalpolitik und Globalsteuerung, Symposium 1972, Tübingen 1973, S. 188 ff.

Schlüter, M.: Fiscal Policy in Recession: The German Experience, in: H. Giersch (Hrsg.), Fiscal Policy and Demand Management — Fiskalpolitik und Globalsteuerung, Symposium 1972, Tübingen 1973, S. 195 ff.

Schmidt, W. und E. *Wille*: Die mehrjährige Finanzplanung, Wunsch und Wirklichkeit, Tübingen 1970.

Schultze, C. L.: Hearings on the Current Economic Situation and Short-Run Outlook, Joint Economic Committee, December 1960.

Sievert, O.: Zum Konzept des „konjunkturneutralen Haushalts“, Kurzfassung eines Vortrags im Bundesfinanzministerium, Sommer 1971.

Smyth, D. J.: Can „Automatic Stabilizers“ be Destabilizing?, „Public Finance“, Bd. 19 (1964), S. 357 ff.

Snyder, W. W.: Measuring Economic Stabilization: 1955—1965, „American Economic Review“, Bd. 60 (1970), S. 924 ff.

Snyder, W. W.: Measuring the Effects of German Budget Policies, „Weltwirtschaftliches Archiv", Bd. 104 (1970), S. 302 ff.

— Measuring the Stabilizing Effects of Social Security Programs in Seven Coutries, 1955—65, „National Tax Journal", Bd. 23 (1970), S. 263 ff.

— Are the Budgets of State and Local Government Destabilizing? A Six Country Comparison, „European Economic Review", Bd. 4 (1973), S. 197 ff.

Snyder, W. W. und T. *Tanaka*: Budget Policy and Economic Stability in Post-war Japan, „International Economic Review", Bd. 13 (1972), S. 85 ff.

Solomon, R.: A Note on the Full Employment Budget Surplus, „Review of Economics and Statistics", Bd. 46 (1964), S. 105 ff.

SPD: Entwurf eines ökonomisch-politischen Orientierungsrahmens für die Jahre 1973—1985, Bonn 1972.

Statistisches Bundesamt: Finanzen und Steuern, Reihe 1: Die Haushaltswirtschaft von Bund, Ländern und Gemeinden, Wiesbaden 1969.

— Volkswirtschaftliche Gesamtrechnungen, Reihe 1, Konten und Standardtabellen, Stuttgart und Mainz 1970, 1971.

Stein, H.: Hearings on the President and Economic Situation and Outlook, Joint Economic Committee, Februar 1961.

— The Fiscal Revolution in America, Chicago 1969.

Stevers, T. A.: Some Aspects of Social Development on Public Finance, in: R. Regul (Hrsg.), The Budget Today, Semaine de Bruges 1967, De Tempel 1968, S. 43 ff.

Strümpel, B.: Der Primat der Fiscal Policy. Wirtschaftspolitische Lehren aus der Aera Kennedy—Johnson, in: H. Haller, H. C. Recktenwald (Hrsg.), Finanz- und Geldpolitik im Umbruch, Mainz 1969, S. 147 ff.

Teeters, N. H.: Estimates of the Full Employment Surplus, 1955—1964, „Review of Economics and Statistics", Bd. 47 (1965), S. 309 ff.

— „Built-in-Flexibility" of Federal Expenditures, „Brookings Papers on Economic Activity", Heft 3, 1971, S. 615 ff.

Thieme, H. J.: Geld- und fiskalpolitische Prozeßsteuerung in der Marktwirtschaft — Alternative Stabilisierungskonzepte?, in: D. Cassel u. a. (Hrsg.), 25 Jahre Marktwirtschaft in der Bundesrepublik Deutschland, Stuttgart 1972, S. 233 ff.

Timm, H.: Der konjunkturneutrale öffentliche Haushalt, in: H. Haller, L. Kullmer, C. S. Shoup, H. Timm (Hrsg.), Theorie und Praxis des finanzpolitischen Interventionismus, F. Neumark zum 70. Geburtstag, Tübingen 1970, S. 385 ff.

Veselsky, E. E.: Vom Saldenfetischismus zu rationaler Finanzpolitik, „Konjunkturpolitik", 13. Jhrg. (1967), S. 8 ff.

Wagner, A.: Die Auswirkung der öffentlichen Haushalte auf den Konjunkturverlauf in der Schweiz, 1955—1970, „Schweizerische Zeitschrift für Volkswirtschaft und Statistik", 109. Jhrg. (1973), S. 17 ff.

Willms. E. F.: Die Finanzierung der Staatsausgaben bei steigenden Preisen, „Finanzarchiv", Bd. 31 (1972), S. 446 ff.

Wissenschaftlicher Beirat beim Bundesministerium für Wirtschaft und Finanzen: Regelmechanismen und regelgebundenes Verhalten in der Wirtschaftspolitik, Gutachten vom 10./11. Dezember 1971.

Wittmann, W.: Einführung in die Finanzwissenschaft, I. Teil: Die öffentlichen Ausgaben, Stuttgart 1970.

Wittmann, W.: Einführung in die Finanzwissenschaft, III. Teil: Öffentliche Schuld, öffentlicher Haushalt, Finanzausgleich, regionale Budgetwirkungen, Kommunale Finanzen, Öffentliche Unternehmung, Sozialversicherung, Stuttgart 1972.

Zeitel, G.: Das System der Regelmechanismen in der Finanzpolitik als Beitrag zur Erweiterung der „built-in-stability", in: Tagungsbeiträge der Politischen Akademie Eichholz der Konrad-Adenauer-Stiftung, 4/1971, S. 65 ff.

Zijlstra, J.: Möglichkeiten und Grenzen der Konjunkturpolitik, Kiel 1962.

Zijlstra, J. und B. *Goudzwaard*: Wirtschaftspolitik und Wettbewerbspolitik in der EWG und ihren Mitgliedsstaaten, „EWG-Studien", Reihe Wettbewerb, Bd. 2, Brüssel 1966, S. 47 ff.

FSC
www.fsc.org
MIX
Papier | Fördert gute Waldnutzung
FSC® C083411

Kolibri 360 GmbH
Ferdinand-Jühlke-Straße 7
99095 Erfurt, Deutschland
produktsicherheit@kolibri360.de

Druck:
CPI Druckdienstleistungen GmbH
im Auftrag der
Kolibri 360 GmbH
Ferdinand-Jühlke-Str. 7
99095 Erfurt